O Trabalho como Prática Espiritual

Uma Abordagem Budista ao Crescimento Interior e à Realização Profissional

O Trabalho como Prática Espiritual

Lewis Richmond

Tradução
ZILDA HUTCHINSON SCHILD SILVA

EDITORA CULTRIX
São Paulo

Título do original: *Work as a Spiritual Practice.*

Agradecemos a autorização para reproduzir o seguinte:
p. 20 Permissão concedida por Ann Landers e Creators Syndicate.
p. 59 Das *Letters to a Young Poet*, de Rainer Maria Rilke, traduzidas para o inglês por Stephen Mitchell. Copyright © 1984 Stephen Mitchell. Reproduzidas com autorização da Random House, Inc.
p.76 De *Healing Anger: The Power of Practice from a Buddhist Perspective,* de H. H. o Dalai Lama, 1997, Snow Lion Publications, Ithaca, NY.
p.107 De *The Farther Shore,* de Don Gifford. Reproduzida com autorização de Atlantic Monthly Press.

O primeiro número à esquerda indica a edição, ou reedição, desta obra. A primeira dezena à direita indica o ano em que esta edição, ou reedição, foi publicada.

Edição	Ano
1-2-3-4-5-6-7-8-9-10	01-02-03-04-05-06-07

Direitos de tradução para o Brasil
adquiridos com exclusividade pela
EDITORA PENSAMENTO-CULTRIX LTDA.
Rua Dr. Mário Vicente, 368 – 04270-000 – São Paulo, SP
Fone: 272-1399 – Fax: 272-4770
E-mail: pensamento@cultrix.com.br
http://www.pensamento-cultrix.com.br
que se reserva a propriedade literária desta tradução.

Impresso em nossas oficinas gráficas.

Ao

meu mestre e

inspiração de toda uma vida

SHUNRYU SUZUKI-ROSHI

Sumário

PARTE DOIS: CONFLITO

Parte Três: Estagnação

Parte Quatro: Inspiração

Parte Cinco: Realização

Agradecimentos

Este livro contém muitas vozes além da minha – não só dos participantes dos meus seminários, cujas histórias aparecem em quase todas as páginas, mas também de muitos trabalhadores que encontrei em minhas viagens; cada um deles teve algo muito importante a me ensinar. Meus sinceros agradecimentos a cada uma dessas pessoas.

Minha agente Eileen Cope viu a possibilidade deste livro dormitando dentro de mim antes que eu fosse capaz de vê-lo por mim mesmo. Muitos agradecimentos por seu entusiasmo obstétrico e desenfreado! Stephanie Gunning deu valorosa ajuda editorial nos primeiros estágios, continuando a perguntar "Mas qual é o assunto deste livro?" até eu poder dar uma resposta satisfatória, não só a ela mas também a mim mesmo.

Agradeço também aos amigos e à família, que assumiram a tarefa de ler o manuscrito – Sylvia Boorstein, Lama Surya Das, Steve Tipton, e minha mulher, Amy. Seu apoio incondicional e suas críticas úteis foram inestimáveis para aprimorar a voz e o tom de cada capítulo e história.

Sou muito grato a todas as pessoas da Broadway Books, cuja visão e trabalho árduo ajudaram a criar o produto final, especialmente minha editora Suzanne Oaks, que entendeu este livro em seu íntimo. Sua destreza ao ordenar os assuntos em partes foi uma grande ajuda para dar forma ao livro e torná-lo mais claro.

Finalmente, quero reconhecer uma dívida que nunca poderei pagar para com meu mestre budista Shunryu Suzuki Roshi. Encontrei muitos mestres budistas ao longo dos anos, mas poucos tinham a profundidade de caráter e uma visão tão clara e palpável como a de Suzuki Roshi. Embora ele tenha falecido em 1972, continuo aprendendo com ele todos os dias.

parte um

INTRODUÇÃO

O Brilhante Gafanhoto Azul

Possam todos os seres estar despertos.
Possam todos os seres ser felizes.
Possam todos os seres viver em paz.

PRECE UNIVERSAL PELO BEM-ESTAR DE TODOS OS SERES

CERTA MANHÃ de fins de setembro, durante nosso grupo de meditação das quartas-feiras, nas sombras que antecedem o amanhecer, um gafanhoto começou sua lenta jornada pelo chão de madeira de lei. Enquanto eu o observava com o canto do olho, fiquei imaginando, "Como o gafanhoto sabe para onde ir?" Do seu ponto de observação, o chão era imenso e sem traços característicos, como um oceano. Uma direção se assemelhava muito à outra. Ele poderia até mesmo vir até onde eu estava. Fiquei imaginando se viria.

Lentamente, em velocidade de inseto, rastejando, não saltando, ele passou por todos nós e desapareceu nas sombras.

Mais tarde, quando eu dava uma palestra, mencionei o gafanhoto e perguntei: "Como ele sabia para onde ir?" Essa é uma pergunta importante. Como qualquer de nós sabe para onde ir? Como sabemos o que fazer? Quais serão nossas escolhas? Onde trabalhar? A quem amar? Como viver?

Quando eu estava terminando a palestra, voltei-me para apontar a estatueta de madeira do Buda no altar, e ali, para surpresa de todos, empoleirado no alto da cabeça do Buda, estava o gafanhoto azul esverdeado, brilhando à luz do sol que no momento jorrava através das janelas.

Essa é uma história verdadeira. Não a estou enfeitando ou mesmo exagerando um pouco. Seis outras pessoas estavam presentes, e elas podem confirmar o que digo. Mas por que você se admiraria? Esse tipo de pequeno milagre acontece a toda hora. Acontece comigo e acontece com você. Ele está à nossa volta. Por que o gafanhoto escolheu a cabeça do Buda? Ele sentiu-se atraído pela luz das velas? Estava tentando esconder-se do gato que tínhamos ouvido miar na entrada?

Essas são explicações, mas não tratam do ponto principal. A questão não é dizer, "Nossa! Que milagre! Que milagre especial, espiritual!", mas simplesmente notar que é assim que o mundo é. Gafanhotos azuis brilhantes sempre estão reluzindo no alto da cabeça dos Budas ou no alto da minha cabeça ou na cabeça do seu chefe ou do seu colega de trabalho. Não se trata de milagre, trata-se de notá-lo.

Quando leio notícias sobre pessoas que afirmam ter visto a imagem da Virgem Maria ao lado de um prédio, ou nos desenhos do tronco de uma velha árvore, as histórias em geral incluem uma explicação de um cientista especializado em refração do vidro ou nos fungos do carvalho. O que esse especialista pensa que a Virgem Maria é? Uma pessoa que viveu há dois mil anos e que, portanto, não pode *realmente* estar ali? Uma pessoa que vive *apenas* na imaginação de alguém? O que é imaginação, e por que ela é menos real do que a refração do vidro?

Esses temas são muito mais interessantes como perguntas do que como respostas, porque as perguntas abrem o horizonte da nossa vida, elas a fazem brilhar, a iluminam como o sol e a tornam translúcida. Permitem que você note o gafanhoto azul brilhante mesmo no trabalho, mesmo na rua, mesmo quando está cansado e desanimado.

O gafanhoto azul brilhante é aquilo para o que vivemos, trabalhamos e amamos. E embora os gafanhotos azuis brilhantes possam ser encontrados em qualquer lugar, este livro fala sobre encontrá-los no local de trabalho, no emprego, entre nossos colegas de trabalho, espalhados por todos os lugares da empresa. Este livro fala sobre como fazer nossa vida profissional brilhar.

Quando estávamos desmontando o altar e retirando as almofadas e esteiras, levei a estatueta do Buda até a janela, com o gafanhoto ainda empoleirado nela, e deixei que ele saltasse para o peitoril. O inseto ficou ali por um momento, quieto como uma pedra, e então, lenta e deliberadamente, abriu as asas e se foi.

Mas não se retirou totalmente. A partir desse momento, o gafanhoto ficou dentro de mim e de todos os que estavam ali e o viram chegar e ir embora. E agora que falei sobre ele, o gafanhoto está dentro de você também. É assim que o gafanhoto se move em meio a todos nós.

Se pudéssemos trabalhar com o sentimento que o gafanhoto nos inspira, o local de trabalho poderia tornar-se um lugar maravilhoso e alegre. Mesmo que não possamos fazer isso, o gafanhoto está empoleirado aqui e ali, à espera de que o notemos.

Onde o gafanhoto está agora?

O Koan da Vida Diária 1

"Então, o que você faz?" Quantas vezes lhe fizeram essa pergunta e você respondeu, sem pensar, "Sou advogado" ou "Sou instrutor de ginástica aeróbica" ou "Sou músico". Mas, além dessa conversa superficial, essa pergunta sugere uma questão mais profunda. O que, na verdade, você FAZ aqui na Terra, aqui na sua vida? Qual é o seu trabalho? Qual é a sua paixão? Qual é a sua aspiração, o seu sonho, a sua vocação? Você sente prazer com seu trabalho? Você desistiu de esperar ter prazer com o trabalho? Ou você gosta tanto dele que não tem tempo para se divertir com mais nada? Por que tem o emprego que tem? Ele é apenas um meio de sobreviver ou é algo mais? Qual é o relacionamento entre o seu eu interior e a sua vida pública, exterior, no emprego?

Este livro busca guiá-lo no caminho da descoberta espiritual no trabalho e oferecer modos práticos de tornar o trabalho mais ligado à sua vida interior. Não sei se o que você vai aprender irá melhorar seu emprego no sentido convencional. Quem sabe ele talvez deixe você suficientemente aborrecido com seu emprego para desistir dele e procurar um melhor! Mas este livro pode ajudá-lo no sentido espiritual.

Ter alegria no trabalho é a melhor coisa para um ser humano.

HARRY ROBERTS: agrônomo, vaqueiro, carpinteiro, soldador, boxeador, orientador de tiro, mestre espiritual na tradição nativa norte-americana e parceiro de dança de Ginger Rogers

Eu sou budista, o que significa que também sou realista. Em nossa sociedade, não se espera que o trabalho seja espiritualmente satisfatório. Durante a maior parte do tempo, nossos empregos destinam-se a dar lucro a alguém. Ouça o que alguém escreveu recentemente a Ann Landers sobre o trabalho:

> *Por que alguém daria o melhor de si no trabalho? Ninguém mais se importa com o trabalhador. Quem foi criado nos anos 60 aprendeu que render o máximo sempre assegura um bom emprego. Isso é bobagem. Manter ou não um emprego é sempre uma questão aleatória. Fui despedido duas vezes sem cometer nenhuma falta.*

Talvez algum dia o trabalho evolua até o ponto em que novamente seja integrado à família, à comunidade, à espiritualidade e à natureza, como era na época pré-industrial. Até então, a ideologia budista começa com o hoje, tal como é, para o bem e para o mal – o emprego de hoje, a vida de hoje, o seu "você" de hoje.

O que este livro oferece são maneiras de ajudá-lo a ficar mais consciente, mais desperto e mais engajado em sua vida profissional. Mesmo o pior dos empregos tem suas compensações, e até mesmo o melhor dos empregos tem suas desvantagens. Este livro não pode tornar o seu emprego perfeito, mas pode tornar mais fácil dedicar-se a ele. A razão de eu pensar assim deve-se ao fato de que, em termos espirituais, você está no comando. O seu empregador pode ditar todos os aspectos de sua vida profissional, mas, não importa o tipo de emprego que tenha, você é o chefe da sua vida interior.

A maioria das pessoas pensa que budistas são pessoas que meditam. Em parte é verdade, passei vários anos vivendo num centro de retiro budista, onde de fato passei muitas horas por dia em meditação silenciosa. Mas o Budismo tem seu lado ativo também, e algumas de suas práticas são adaptáveis a uma vida ocupada, repleta de compromissos. Muitas delas não são meditação no sentido comum do termo, mas antes exercícios de atenção e concentração. Algumas práticas lidam com vários estados emocionais, tais como a raiva, o medo, a frustração e o tédio. Outras trabalham o modo como nos relacionamos com as outras pessoas ou a velocidade e o ritmo da nossa atividade. Todas elas são destinadas a despertar o questionamento espiritual básico: Quem sou eu? O que estou fazendo aqui? Como posso realizar o meu potencial de vida? Essas práticas são baseadas na convicção de que temos os recursos de que necessitamos para fazer essa indagação vir à baila, e que as circunstâncias de nossa vida diária podem ser a matéria-prima desse empreendimento.

De uma coisa tenho certeza: você não tem de *ser* budista para beneficiar-se dessas práticas. Quando era professor de meditação, lidei e pratiquei com monges católicos, rabinos, ministros protestantes, maometanos, adoradores da natureza, agnósticos, ateus – pessoas de muitas religiões e convicções não-religiosas, muitas das quais, tenho certeza, não se consideravam budistas. Mas todas elas beneficiaram-se das práticas budistas.

VIDA PROFISSIONAL E VIDA ESPIRITUAL

Você já ouviu o ditado em inglês cuja tradução é "Ele não é minha mulher e não é a minha vida?" É algo que se diz quando as coisas vão mal no trabalho. Bem, o seu emprego não precisa ser sua mulher (ou seu marido), mas ele é a sua vida, ou grande parte dela. Estudos demonstraram que o norte-americano médio trabalha 150 horas a mais do que trabalhava em 1910 – é algo em que se pensar! Quando nos dissociamos do nosso trabalho, dizendo algo como, "Esta não é a parte da minha vida que realmente conta; faço isso apenas para viver", nós nos fechamos para aquilo que, segundo meu mestre Harry Roberts costumava dizer, é a melhor coisa para um ser humano – ter alegria com o próprio trabalho.

Como se sente com relação ao seu emprego? Você gosta do seu trabalho, mas acha que ele toma tanto do seu tempo que de fato é a sua vida? Ou o seu trabalho é melancólico e monótono, mas você não se importa porque está freqüentando a escola noturna para aprender uma profissão diferente, mais satisfatória? Talvez você seja um profissional que presta assistência a outras pessoas ou que trabalha na área da educação, e não seja o seu chefe mas seus clientes (pacientes, alunos ou pais) que o deixam maluco.

Independentemente da sua situação, existem certas características no trabalho que são universais. A menos que trabalhe em casa, você tem de ir ao trabalho. Ao chegar lá, você executa alguma tarefa, tal como programação de computadores, carpintaria ou gerenciamento, pela qual é financeiramente recompensado. Você relaciona-se com outras pessoas num ambiente em que o poder é compartilhado de forma desigual. O seu desempenho no emprego é avaliado de alguma maneira. Você compete com os outros por recompensas. Você pode pedir demissão do emprego. Como pode perdê-lo. E você tem (esperamos) uma vida particular, separada do seu emprego.

Vamos comparar a descrição da vida de trabalho com a vida do espírito. Em nossa vida espiritual, não estamos competindo com ninguém mais por recompensas espirituais. O fato de agirmos bem ou mal não é algo realmente importante. Respeitamos e apreciamos todas as pessoas (inclusive nós mesmos) por sua humanidade intrínseca. Preocupamo-nos com os outros, compartilhamos e somos generosos, perdoamos. O mundo do espírito não é uma questão de bônus, promoções ou recompensas. O progresso não está em questão. Já somos inteiros e completos da forma como somos.

Sendo assim, parece que a vida espiritual está perto de ser o oposto da vida profissional! Mas imagine se paramos por um momento para perguntar a nós mesmos por que o local de trabalho moderno é do jeito que é. Será que é porque tiranos diabólicos criaram o local de trabalho moderno a fim de nos atormentar? Ou é porque durante os últimos cem anos as pessoas cooperaram para criar um mundo em que vivamos melhor, por mais tempo e mais felizes e que nos dê a chance de providenciar um futuro mais seguro para nossos filhos? Todos somos coletivamente responsáveis pelo modo como o trabalho é atualmente; e visto que a situação está longe de ser perfeita, temos de continuar analisando, experimentando e tentando. Pode ser que, com o tempo, a natureza do trabalho passe por uma grande transformação. Alguns teóricos sociais acham que esse tipo de mudança já está acontecendo. Também sou dessa opinião e, no capítulo 19, "A Transformação do Trabalho", analiso algumas dessas tendências. Mas não esperemos pelo grande momento. Hoje já há algo que podemos fazer. Hoje já podemos fazer uma mudança. Hoje já é possível deixar uma marca.

À medida que começa a analisar este livro – e você não precisa lê-lo do começo até o fim, pois foi feito para ser folheado e lido na ordem que melhor lhe convier – peço que assuma um único compromisso, o de confiar em si mesmo. Confie nos próprios instintos, em sua intuição, em seu julgamento. O conhecimento de que precisa para mudar sua vida profissional para melhor já está dentro de você. Deixe de lado, por enquanto, a idéia de que trabalha para outra pessoa. Na vida espiritual, você é seu próprio chefe. Você trabalha para si mesmo. Ninguém precisa saber sobre esse seu emprego interior. Ele pode ser seu segredo. Sejam quais forem os esforços que fizer, eles estarão fora do reino do sucesso ou do fracasso. Eu não sei o que acontecerá se experimentar as práticas deste livro, mas tenho certeza de uma coisa: *algo* acontecerá.

O motivo para eu estar tão certo é que algo sempre está acontecendo. O mundo está repleto de oportunidades espirituais. O truque é estar suficientemente atento para percebê-las. Esse é o verdadeiro trabalho, e a alegria do trabalho e, se continuarmos nessa trilha, não importa qual é nosso atual emprego. No final, se formos gentis com nós mesmos, nossos esforços darão frutos.

O KOAN DA VIDA DIÁRIA

Mas que tipo de fruto será? Um aumento, um emprego melhor, um trabalho e uma vida doméstica mais felizes? Talvez, mas não necessariamente. A prática espiritual trata mais de perguntas do que de respostas, mais de busca do que de descoberta, mais de esforço do que de realização. Numa escola de Budismo, as pessoas ponderam sobre questões espirituais chamadas *koans.* Há centenas de histórias memoráveis, em geral tiradas da vida de antigos mestres budistas, que são usadas como koans. Alguns deles se tornaram parte da cultura popular. Por exemplo, a pergunta "Qual é o som de uma mão batendo palmas?" foi apresentada num episódio do seriado de televisão *Os Simpsons.*

Além dessas perguntas pré-fabricadas, existe um outro tipo de koan, chamado o koan da vida diária. A própria vida humana, o mistério de ser confiado ao mundo pelo nascimento e varrido dele com a morte, é um enigma imponderável, um enigma que podemos tentar ignorar mas do qual não podemos fugir. Muito do que passa por vida "comum", se visto com outros olhos, não é nada comum, porém repleto de potencial para o aprendizado espiritual. Praticar o koan da vida diária significa enfrentar cada situação como se fosse uma profunda questão espiritual. Nesse sentido, toda história koan é um exemplo do koan da vida diária.

Uma dessas histórias é a seguinte:

Um monge perguntou ao mestre: "Quem é o Buda?" e o mestre respondeu: "O cipreste no jardim."

O que significa isso? O que um cipreste tem que ver com Buda, isto é, com nosso eu desperto? Vamos imaginar um cipreste plantado no caminho do jardim do mosteiro. O que poderia ser mais comum ou mais familiar do que uma velha árvore pela qual cada monge passa todos os dias durante toda a vida? Há alguma coisa familiar pela qual você passa todos os dias? É a sua mesa de cozinha? O seu carro? O seu amigo do peito? Sua mulher ou filhos? Seus colegas de trabalho? A copiadora no canto do escritório?

Este livro se baseia na premissa de que nossa rotina comum contém numerosos tesouros e os detalhes de nosso dia de trabalho – desde a ida ao escritório até o intervalo do café, a hora do almoço, os encontros da tarde, a volta para casa à noite – contêm um grande número de dádivas para o nosso espírito, basta que estejamos receptivos a elas.

Eis aqui uma história real para exemplificar o fato.

Uma mulher chamada Julie dirigia um departamento de atendimento ao público em uma companhia de seguros. Devido a cortes no orçamento, além de suas responsabilidades de gerenciamento, ela tinha de passar algumas horas por dia atendendo a enxurrada de chamados telefônicos. A pior parte do seu trabalho, ela me disse, era o toque inesperado do telefone. À medida que transcorriam os dias da semana, ela foi ficando cada vez mais irritada com aquele som. Tentou abaixar o volume, mas se o toque fosse demasiado baixo ela não conseguiria ouvi-lo, o que seria ainda pior.

Certo dia, sem de fato pensar no caso, ela se viu mexendo no botão a fim de diminuir o volume do telefone, no mesmo ritmo em que ele tocava, e, de repente, pensou, "Sou eu que estou fazendo o telefone tocar". A partir de então, cada vez que o toque mexia com seus nervos, ela se levantava e abaixava o volume do som enquanto o telefone tocava, como se o dedo dela o estivesse fazendo tocar.

– É uma tolice – disse ela. – Mas me faz sentir dona da situação outra vez.

Nesse caso, o koan da vida diária assumiu a forma do som do telefone. Qualquer pessoa que trabalhe num escritório entende muito bem como o barulho do telefone tocando pode tomar grande vulto. Todos temos de lidar com isso, e nenhum de nós gosta, e, no entanto, esse telefone tocando pode ser um chamado de despertar para nossa vida interior. Tendo de enfrentar a irritação provocada pelo telefone tocando, também nos defrontamos com coisas essenciais a respeito de quem somos e de quem queremos ser. O telefone tocando representa tudo o que não conseguimos controlar em nossa vida, tudo o que torna nossa vida imprevisível, confusa e difícil. Para aqueles de nós que acham que a vida espiritual é algo que se encontra numa igreja, num centro de retiro, numa caminhada pela praia, o telefone tocando é a última coisa que desejamos ouvir.

Mas para aqueles que estão dispostos a ver uma oportunidade espiritual nas circunstâncias comuns do dia-a-dia, o telefone tocando não é um encontro menos profundo do que o cipreste no jardim.

O que faz a diferença é o recurso usado na prática espiritual, que é um modo de transformar o mundano em sagrado, o comum em algo profundo. No caso de Julie, seu instinto de assumir o toque do telefone não como algo externo, porém como algo interior, foi um exemplo da prática "Vendo e Ouvindo com o Coração", que vamos analisar depois. Ela não estava ouvindo o telefone com os ouvidos mundanos, porém com um órgão mais espiritual.

Entender que um som não é algo que está fora de nós mesmos, mas algo que está dentro, representa uma mudança de consciência que pode levar a um entendimento diferente de quem somos para os outros e de quem os outros são para nós. Desse conhecimento vem a generosidade, a compaixão e a sabedoria.

Não parece um grande feito mexer o dedo no ritmo do toque do telefone. Mas o aprendizado espiritual nada mais é do que o acúmulo, ao longo do tempo, desses pequenos e modestos despertares. Isso pode acabar levando a uma mudança fundamental de perspectiva, uma mudança no sentido de quem "eu" sou e de que é "o mundo".

Diz-se que, ao ouvir as palavras *o cipreste no jardim,* o monge passou pela experiência dessa mudança de perspectiva. Ao entender essa história, é importante compreender quão intimamente essa árvore era parte da vida diária do monge, assim como o toque do telefone fazia parte da vida diária de Julie. O cipreste no jardim estava realmente no coração dele. Ele passava pela árvore todos os dias quando levava água para a cozinha, ou lenha para o banheiro, assim como nós talvez passemos na copiadora do escritório ou no porta-xícaras, à medida que caminhamos pelo saguão. Isso é porque ouvir as palavras *o cipreste no jardim* fez com que o coração dele se abrisse. Por meio da prática espiritual, por meio da atenção concentrada durante um longo período de tempo, a árvore de fato estava crescendo dentro dele.

O cipreste no jardim pode ser qualquer coisa, enquanto realmente a vermos e ouvirmos, enquanto estivermos abertos para ela e enquanto tivermos uma mente alerta, cuidadosa e inquiridora.

Esse é o koan da vida diária. Esse é o potencial para o local de trabalho ser um local espiritual, para cada um de nós. Esse é o mundo visto através dos olhos despertos, um mundo em que todas as coisas que vemos e tocamos nos são oferecidas como um presente.

Erga os olhos desta página, olhe para cima, olhe ao seu redor. Note a primeira coisa que vê. O que é? Uma luminária de mesa? A veneziana de uma janela? Um lápis? Esses modestos objetos podem, na verdade, tornar-se amigos espirituais muito próximos.

Saúde esses objetos como amigos, porque, à medida que prosseguir com a leitura deste livro, eles serão tanto seus amigos como o desafiarão.

Se não fizer mais nada, da próxima vez que o telefone tocar espero que lembre de Julie com seu dedo tocando no volume do telefone, do monge e do cipreste, e considere a possibilidade de a voz do outro lado da linha ser de uma pessoa diferente da que fez o chamado.

Poder ser a sua própria voz.

O Que é Prática Espiritual? 2

Quando menino, eu era um aluno aplicado de piano e praticava ao menos duas horas por dia depois da escola, às vezes mais. Ainda posso ouvir minha mãe chamando da cozinha: "Pare de ficar desperdiçando tempo, pratique!" Ela era professora de música, portanto eu não tinha como enganá-la. Isso é o que em geral chamamos de "prática" – praticar piano, praticar nossa tacada de golfe, praticar para um discurso em público. Esse tipo de prática é um ensaio, ou um modo de aperfeiçoar uma habilidade.

A prática espiritual não se assemelha a isso. Uma prática espiritual não é um aquecimento ou ensaio, porém, um fim em si mesmo, uma atividade que expressa e desenvolve nossa vida interior. Práticas espirituais são mais fáceis de descrever do que de definir, portanto, permita que eu apresente alguns exemplos conhecidos.

Os católicos fazem o sinal-da-cruz. Judeus praticantes comem comida *kosher*. Pessoas de várias religiões dão graças pelas refeições ou jejuam durante determinados períodos. Esses são exemplos conhecidos de prática espiritual. Usar uma aliança de casamento é um exemplo menos óbvio, mas é a expressão visível de um voto conjugal. Dizer "Deus te abençoe" quando alguém espirra, era originalmente uma oração para proteger contra o mal. Dizer "Adeus" (forma reduzida de "Deus esteja contigo") certa vez também foi uma bênção.

A prática espiritual
não é ensaio,
mas um fim em si mesmo,
uma atividade que
nos muda interiormente
e que reverbera
na alma.

E, naturalmente, a prática ritual mais comum no mundo inteiro é a oração.

Para algumas pessoas, essas práticas estão imbuídas na vida diária, como parte de sua identidade religiosa. Outras podem ter se distanciado dessas práticas, talvez porque lhes pareçam vazias e mecânicas, ou por estarem associadas a sentimentos de culpa e de dever. Isso é uma pena, porque a verdadeira intenção da prática espiritual não é nos fazer obedecer regras mecanicamente, mas desenvolver uma percepção do sagrado. Comer comida *kosher*, por exemplo, em parte diz respeito a respeitar e honrar a comida que ingerimos e o modo como ela chega até nós. Fazer o sinal-da-cruz é um modo de expressar fisicamente uma ligação com o sofrimento de Jesus. Abençoar alguém quando ele ou ela espirra mostra simpatia e preocupação. Esses não são apenas rituais sem sentido. Eles têm potencial para nos mudar por dentro, desenvolver nosso caráter e nos tornar mais conscientes de nossa responsabilidade maior para com nós mesmos, para com os outros e para com Deus.

Muitas dessas práticas são exclusivas das tradições a que pertencem. Por exemplo, os católicos não comem comida *kosher*, nem os judeus fazem o sinal-da-cruz. Mas há muitas práticas espirituais que podem ser feitas por pessoas de qualquer religião ou sem religião nenhuma. O Budismo é particularmente rico nessas práticas, razão pela qual despertou tanto interesse no Ocidente. Tradicionalmente, o Budismo dá mais ênfase à prática do que à doutrina e à crença. Na verdade, podemos dizer que suas práticas *são* as suas crenças. Nesse sentido, pode-se pensar no Budismo não apenas como uma religião por si só, mas como um "conjunto de ferramentas" para uma religião. Assim como um martelo, um serrote ou um alicate têm um propósito definido, cada uma das várias práticas espirituais do Budismo destina-se a trabalhar algum aspecto do nosso caráter e da nossa vida interior.

A RAZÃO DA PRÁTICA ESPIRITUAL

Nosso eu espiritual faz as perguntas básicas: Quem sou eu? Por que estou aqui? Qual é o meu propósito? A prática espiritual é algo que nós FAZEMOS (em oposição a algo em que acreditamos) para nos ajudar a responder essas perguntas. É uma atividade que nos muda por dentro, que reverbera na alma.

Em nossa vida amorosa, procuramos paixão, companheirismo e intimidade. Em nossa vida familiar, construímos um lar, criamos filhos e tomamos conta de nossos parentes. Em nossa vida profissional, construímos uma carreira, ganhamos dinheiro e contribuímos com nossas energias para algum empreendimento. Nossa vida espiritual é nossa vida mais profunda e abrangente, envolvendo todas essas outras vidas como um manto ou vestimenta. Independentemente de quanto somos bem-sucedidos exteriormente, nossa vida espiritual determina o tipo de pessoa que de fato somos – uma pessoa bondosa, autoritária e satisfeita, ou uma pessoa perseguida pela insegurança e pelo medo.

Em certa ocasião, estudei com Harry Roberts, que era meio irlandês, meio nativo norte-americano. Ele recebeu ensinamentos espirituais do tio, um curandeiro tradicional. Quando Harry era pequeno, ele observava o tio costurar penas num cocar usado numa dança cerimonial tradicional. Ficou intrigado ao vê-lo rasgar toda uma parte já costurada e preparar-se para repetir o processo.

– Por que você está rasgando essa parte? – Harry perguntou. – A dança é à noite. Ninguém a verá. Quem saberá?

– Eu saberei – o tio respondeu.

Para o tio de Harry, costurar o cocar não era apenas um trabalho. O que importava não era apenas a aparência do adereço, mas também o seu estado de espírito enquanto costurava. Como líder espiritual da sua comunidade, não lhe bastava fazer um trabalho razoável. Ele tinha de ser suficientemente bom para satisfazer seu próprio senso de valor interior. Pois, muito mais do que o próprio cocar, era isso que ele levaria à dança cerimonial. Costurar o cocar não dizia respeito a pontos e bordados. Dizia respeito ao espírito, à responsabilidade, ao caráter. Era uma prática espiritual.

O CARÁTER VALE MUITO

Quando foi a última vez que você disse que alguém era uma pessoa de bom caráter? Talvez tenha sido num tribunal ou numa carta de referência. Falar sobre o "caráter" de alguém desse modo é um pouco antiquado. É mais provável que usemos a palavra na expressão "Mas que figura!*" ou quando falamos da personagem** que um ator representou num filme.

* N. T. Em inglês, *What a character!*

** N. T. A palavra inglesa *character* também significa personagem.

Em seu sentido formal, caráter é aquela parte de nós verdadeira, arraigada, interior. Não a nossa personalidade exterior, porém a parte de nós que abrange nossos valores, nossa ética, nossas convicções. As outras pessoas podem fiar-se no nosso caráter, porque ele não é fabricado, "maquiado"; ele não é um ato.

O caráter não é algo que muda de acordo com a moda, nem é um estilo de penteado. Ele não é algo construído num dia, mas antes a soma total de como vivemos nossa vida, das escolhas que fizemos, das lições que aprendemos com nossos pais e mestres, bem como dos desafios que enfrentamos.

O caráter é o que vem à tona em tempos de crise. Sob ameaça, nossa personalidade superficial se esvai. Não há tempo para pensar: "Qual é a coisa certa a fazer ou dizer?" A voz que fala nesses momentos é a Voz da Verdade, a realidade genuína de quem somos. Também é a parte de nós mesmos que podemos compartilhar com os outros mais profundamente. Por isso era tão importante para o tio de Harry que ele chegasse à dança cerimonial com o estado de espírito correto. Ele era líder da sua comunidade. Seu caráter era algo em que os outros podiam confiar e de onde tiravam forças. Ele não podia enganar ninguém. Quem ele era ficava evidente para todos verem. Se costurasse o cocar de qualquer jeito, se imaginasse que o que fazia com a agulha e a linha era algo sem importância e particular, ele estaria trapaceando com seu povo e deixando todos desapontados.

Pode parecer que o ambiente de trabalho dos dias de hoje não veja o caráter dessa maneira. Contanto que tenhamos um bom desempenho, façamos nosso trabalho e atendamos às expectativas do nosso patrão, quem somos intimamente é assunto nosso.

É o que parece na superfície. Na realidade, o caráter sempre deixa uma marca. O caráter é o que nos permite controlar nossa vida interior. Ele nos dá força, nos ajuda a enfrentar a adversidade e a injustiça, e nos mantém calmos enquanto reina o caos.

Segundo minha experiência pessoal em relacionamentos profissionais, eles dependem muito mais do caráter do que gostaríamos de admitir. Muitas vezes tenho de negociar contratos complexos, mas, em meio a todas as minúcias, estou consciente de que, no final das contas, o contrato apenas define os termos sob os quais as partes podem processar uma à outra. Para ser bem-sucedido, um relacionamento profissional tem de ser construído com base numa certa dose de confiança, e confiança depende de caráter.

Embora o mundo dos negócios possa pautar-se no caráter, a importância dele nem sempre é explicitamente reconhecida. Essa é mais uma razão para nos esforçarmos por cultivar o caráter. Quando tratamos o caráter como algo importante, ele se evidencia para todos os que nos cercam. Na medida em que o local de trabalho carece de coração, nosso esforço por desenvolver o caráter pode ajudar a restabelecer esse coração. Na medida em que o local de trabalho exige algo que não podemos realizar de forma razoável, o caráter pode nos ajudar a fazer o melhor possível. O caráter é uma resposta para a pergunta: Quem sou eu? O que estou fazendo aqui?

O caráter vale muito.

TUDO ESTÁ VIVO

No filme de 1970 *O Pequeno Grande Homem*, um garoto pioneiro foi capturado e criado por nativos norte-americanos. Seu padrasto era chefe da tribo. Certo dia, o chefe tentou explicar ao menino a diferença entre pessoas brancas, que o chefe chamava de "loucos", e os nativos norte-americanos, que ele chamava em sua linguagem de "seres humanos".

– A diferença entre os loucos e os seres humanos – o chefe disse – é que os loucos acham que tudo está morto, e nós, seres humanos, achamos que tudo está vivo.

Tudo está vivo! Não só as plantas e os animais, mas as pedras, os rios, o céu, as nuvens, as partículas de pó dançando num raio de sol. Essa idéia é a base da vida espiritual. Muitas pessoas seguem tradições como o Budismo na esperança de ter uma experiência como essa, e acreditam que a razão para a prática espiritual é fazê-la acontecer. Mas a prática espiritual não é apenas um meio para fazer tudo adquirir vida.

Tudo já está vivo.

Nesse sentido, a prática espiritual não é um meio para chegar a um fim, mas um fim em si mesmo, um modo de nos expressarmos plena e completamente. O poeta Wallace Stevens disse certa vez: "A verdadeira força religiosa do mundo não é a igreja, porém o próprio mundo." Igrejas, templos e centros de retiro são importantes. Pertencer a alguma comunidade religiosa nos permite compartilhar nossa vida espiritual com outras pessoas e ser encorajado por elas. Mas também devemos nos lembrar de que tudo no mundo, inclusive o aparelho de fax que zumbe no canto do escritório, inclusive a lata de lixo ao seu lado, transbordando de latas de Pepsi e de papel amassado, já é sagrado. Uma velha lata de Pepsi é uma daquelas coisas que desconsideramos por não ser importante, por acharmos que é lixo, algo inútil. Mas através da prática espiritual podemos vir a entender o que o chefe estava tentando dizer em *O Pequeno Grande Homem*. Tudo é importante. Tudo tem seu lugar. Tudo é sagrado.

Certa vez perguntaram ao meu primeiro mestre budista, Shunryu Suzuki Roshi, por que meditamos.

– Para polir nosso caráter – ele respondeu.

Polir alguma coisa é fazê-la brilhar. Polir nosso caráter não é diferente de polir um objeto – uma escultura de madeira, um candelabro de prata, uma lente de vidro, o tampo de uma mesa, um veleiro em miniatura. Por que queremos que tudo brilhe? Por que queremos brilhar? Pelo prazer que dá, eu acho. Não posso pensar em motivo melhor.

Por que essas coisas nos dão prazer como seres humanos? Por que somos feitos do modo como somos? Não posso responder a essas perguntas. A prática espiritual não se destina a saber por que, mas a saber como.

A PRÁTICA ESPIRITUAL NO AMBIENTE DE TRABALHO

Mesmo as pessoas que se sentem à vontade com a noção de prática espiritual são céticas quando digo que ela pode ser feita não só em casa ou num centro de retiro, mas também no local de trabalho. Este livro se baseia na premissa de que isso é possível, de que as circunstâncias e desafios de nossa vida profissional podem ser transformadas em oportunidades para o crescimento interior. Quero que, ao encerrar a leitura deste livro, você fique com a sensação de que sua vida interior não precisa ser dividida em compartimentos, cada um com seu tempo certo, mas que pode ser viva e animada o tempo todo, mesmo no local de trabalho. Quero que sinta que, quer ame quer odeie o seu emprego, você pode estar desperto e consciente em seu trabalho. Pretendo redefinir o termo *satisfação no trabalho*; ele não significa um emprego em que tudo sempre vá bem e em que subamos rapidamente ao topo, mas um emprego em que possamos crescer, desenvolver-nos e amadurecer como seres humanos, independentemente do que aconteça.

Passei os primeiros quinze anos da minha vida adulta como sacerdote budista e mestre de meditação e os quinze anos seguintes como executivo, empresário e músico/compositor. Tive sorte em dispor de todo esse tempo para dedicar-me a um treinamento espiritual formal. No entanto, as lições espirituais mais profundas que aprendi foram no mundo lá fora – durante os quinze anos seguintes, não durante os primeiros.

Depois que saí do mosteiro e da sala de meditação, fiquei perguntando a mim mesmo: "Até que ponto o meu treinamento espiritual funciona no local de trabalho, na sala de aula, na vida familiar, no governo, nos relacionamentos pessoais? Como ele pode ser usado?" Meu propósito ao escrever este livro é compartilhar algumas das práticas e técnicas que usei, tanto na minha própria vida como nas aulas e cursos que dei, para ajudar-me a responder essas perguntas.

De um certo ponto de vista, o local de trabalho dos dias de hoje está longe de ser o ambiente ideal para o desenvolvimento espiritual. Ele valoriza a competição, a eficiência, a tecnologia e o lucro. Contrastando com isso, o reino espiritual diz respeito a significado, totalidade, conexão e cooperação. À primeira vista, podemos pensar que os dois mundos não poderiam ser mais distantes um do outro. Mas o serviço não é feito por robôs, mas por pessoas como você e eu, que, independentemente da classe social, do título e do *status*, compartilham do mesmo desejo básico de ter um propósito, encontrar um significado e levar uma vida que contribua com algo de valor para o mundo.

Admito que o local de trabalho moderno não torna fácil manter uma perspectiva espiritual enquanto o telefone toca, o aparelho de fax zumbe e nos pedem que façamos em oito horas um trabalho que só pode ser feito em dez. Tudo isso é motivo de sobra para nos levantarmos e considerarmos o local de trabalho não como um bloqueio de estrada, mas como uma oportunidade de dizer, "Graças a Deus é hoje", em vez de dizer "Graças a Deus é Sexta-feira". As práticas de que falo neste livro são mais do que técnicas. Elas são meios de se ver o trabalho com outros olhos, de focalizar a parte do trabalho que está além do fracasso e do sucesso. Se sentimos que nossa vida interior se perde quando estamos no nosso local de trabalho, isso se deve não só porque as exigências do trabalho nos sobrecarregam, mas também porque a perdemos de vista e não sabemos como encontrá-la, reformulá-la e cultivá-la.

Independentemente da frustração e indignação que corroem nosso senso de valor exterior no trabalho, por dentro continuamos vivamente animados. Independentemente de quanto seja instável a nossa posição no trabalho, ninguém pode mostrar um bilhete azul para nossa alma. Ninguém pode dizer a ela: "Você está despedida!" Vou repetir: você é o patrão da sua vida interior. Você é mesmo.

Dessa maneira, o trabalho não é apenas um contracheque, não é um mero emprego. O trabalho pode ser, e é, uma prática espiritual.

A Roda da Energia 3

Quantos dias de idade você tem? Se estiver com 35 anos, viveu 12.775 dias. De quantos deles você realmente consegue se lembrar? Certamente nos lembramos dos pontos altos da nossa vida – nosso primeiro dia na escola, nosso primeiro beijo, nossos triunfos e recompensas – bem como de nossos pontos baixos, talvez o divórcio dos nossos pais, uma morte na família, uma derrota ou o fim de um relacionamento. Mas a maioria dos dias da nossa vida se apaga da nossa memória como dias praticamente sem acontecimentos.

Mas suponha que tivéssemos um modo melhor de marcar nossos dias. Suponha que pudéssemos marcar num tipo de calendário gigante uma única palavra que caracterizasse o espírito dominante de cada dia. E, para facilitar, imagine que nos limitássemos a usar apenas quatro palavras: *tenso, inspirado, alegre* e *triste.* Será que poderíamos pensar em nossa vida de 35 anos como num cordão de 12.775 grãos de milho de pipoca, cada um marcado com uma dessas quatro palavras? Poderia ser algo como isto:

A questão espiritual fundamental que a vida nos apresenta é a seguinte: A roda nos gira, ou nós giramos a roda?

Dia 10.143	Tenso
Dia 10.144	Tenso
Dia 10.145	Inspirado
Dia 10.146	Triste
Dia 10.147	Alegre

A Roda da Energia

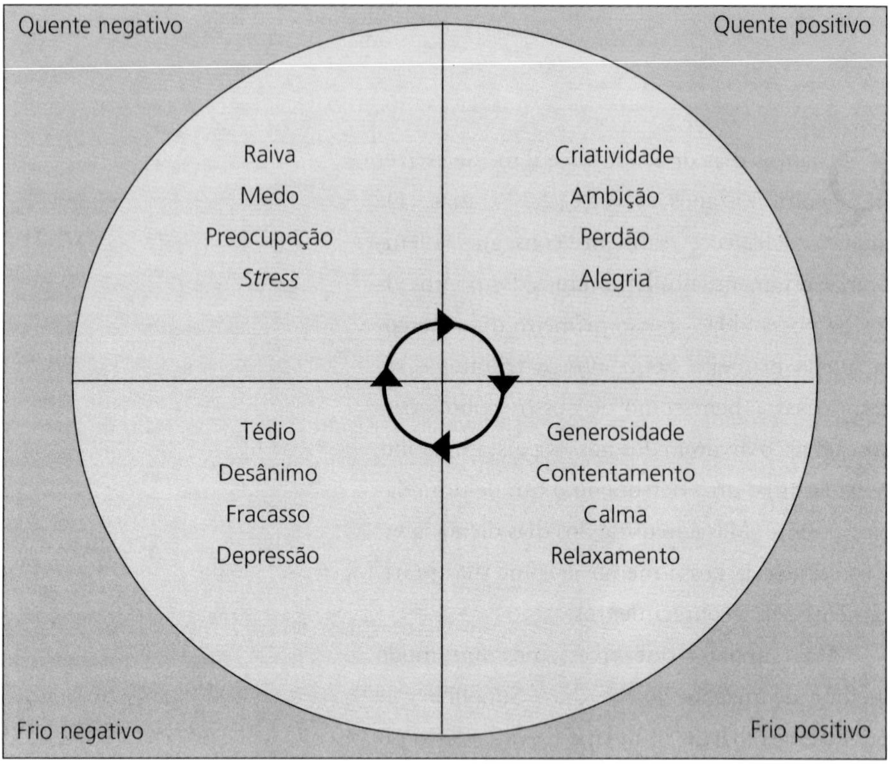

Ou talvez cada dia, todos os 12.775, esteja assinalado com a palavra "alegre"! Se a sua vida foi assim, parabéns! É provável que você não precise deste livro!

Suponha que continuemos e assinalemos cada palavra com uma cor: vermelha para os dias tensos, verde para os inspiradores, dourado para os dias alegres e azul para os tristes. Então poderíamos imaginar nosso calendário como esses cordões de pipoca colorida que as crianças fazem para o Natal ou para a Festa do Dia das Bruxas. E quanto às horas e minutos de cada dia – uma hora de vermelho, cinco minutos de azul, meio dia de dourado ou de verde?

Essa é a nossa vida, sempre mudando, sempre em movimento, nunca a mesma de um momento para outro. Mas quantos de nós realmente param para pensar na importância desse cordão colorido? Acaso analisamos como ele muda de um dia ou de uma hora para outra, o modo como esquecemos a cor que éramos – tristes e azuis há algumas horas e, de repente, brilhantes e dourados ao ouvir uma boa notícia? Não importa o quanto queiramos controlar a nossa vida, nos proteger e proteger os nossos entes amados do perigo, evitar catástrofes repentinas, permanecer a salvo e seguros, não há como dizer o que o momento seguinte nos trará.

Embora o nosso mundo moderno apresente uma hoste de milagres para ajudar a tornar nossa vida mais fácil e agradável – antibióticos, computadores, carros, aquecimento central e fones de ouvido estereofônicos – os fatos fundamentais da vida humana de hoje são os mesmos de há cem, mil ou até cinco mil anos. O que é de um jeito hoje, não será igual amanhã. Amigos transformam-se em inimigos. Os entes amados nos traem. Um filho fica doente ou morre. Um emprego seguro de repente não existe mais. Perdemos tudo o que ganhamos ou reconquistamos tudo o que perdemos.

Esse princípio de mudança contínua é um fator central da doutrina budista, e suas práticas espirituais em grande parte se destinam a nos ajudar a lidar com ele. A mudança contínua é um problema da vida prática, mas também é um assunto espiritual central. Como podemos incluir a mudança constante nos detalhes da nossa atividade diária?

Ao longo dos séculos, gerações de monges budistas organizaram nossos vários estados mentais numa espécie de mapa. Na página anterior está uma versão moderna desse mapa, chamado de A Roda da Energia. Você pode ver que nossas quatro palavras – *tenso, inspirado, alegre* e *triste* – tornaram-se setores da Roda. Seus nomes – conflito, inspiração, realização e estagnação – foram generalizados, e a própria Roda dividida em dois eixos – quente/frio e positivo/negativo – como segue:

QUENTE NEGATIVO	QUENTE POSITIVO
(CONFLITO)	(INSPIRAÇÃO)
Raiva	Criatividade
Medo	Ambição
Preocupação	Perdão
Stress	Alegria
FRIO NEGATIVO	FRIO POSITIVO
(ESTAGNAÇÃO)	(REALIZAÇÃO)
Tédio	Generosidade
Desânimo	Contentamento
Fracasso	Calma
Depressão	Relaxamento

Nesse contexto, positivo não significa simplesmente "bom" e negativo não significa simplesmente "mau". Não existe julgamento mas antes descrições de como nos sentimos. Estados positivos nos encorajam, ao passo que estados negativos nos impedem de fazer algo. Estados positivos são aqueles dos quais gostamos e que queremos que continuem, estados negativos são aqueles dos quais não gostamos e que tentamos evitar. Mas todos esses estados podem ser oportunidades para crescimento interior e mudança.

Moro no norte da Califórnia, onde dirigir é um tipo de exercício de ocupação de espaço e de polidez. Porém, na cidade de Nova York, como me lembro cada vez que tomo um táxi, às vezes dirigir pode ser um esporte radical. Durante uma memorável corrida de táxi de trinta minutos, da parte alta do West Side até Greenwich Village, Ahmed, meu chofer, deu uma demonstração animada de todos os quatro setores da Roda da Energia. Primeiro, ele brecou o carro guinchando os pneus para não atropelar um pedestre distraído na Times Square. Quando o pedestre reagiu batendo na capota do carro e praguejando em voz alta, Ahmed xingou de volta, mais alto ainda (Conflito!). Então, quando ficamos presos no tráfego durante cerca de dez minutos, ele passou o tempo me contando como dirigir um táxi dá tédio. "Eu apenas fico sentado, o dia todo. Fico sentado, sentado, sentado. É isso o que faço" (Estagnação!). Nosso desafio seguinte foi um cordão de isolamento ao redor do hotel onde o presidente Clinton ia fazer um discurso. Diante desse último desafio, Ahmed voltou à vida, traçando seu caminho, desviando por ruas laterais, até mesmo atravessando uma garagem de estacionamento a fim de contornar o obstáculo, mantendo durante todo o tempo um padrão excitante de velocidade (Inspiração). Por fim chegamos ao meu destino. Senti-me um pouco inseguro ao ficar de pé (novamente Conflito), mas Ahmed estava relaxado, alegre e tranqüilo, provavelmente porque viu uma gorda gorjeta na minha mão, meu agradecimento por ainda estar vivo (Realização). Ali estava – todo o panorama da experiência humana numa corrida de táxi de trinta minutos!

Todos nós experimentamos esse tipo de mudança e de volatilidade em nosso emprego. Podemos comparecer a uma reunião matinal que nos deixa irritados e ansiosos. Em seguida, ao ouvirmos as nossas mensagens telefônicas, inesperadamente ouvimos alguma notícia maravilhosa e nosso estado de ânimo se transforma. Em seguida encontramos uma velha amiga para almoçar e ficamos entediados com sua interminável tagarelice sobre seus namorados. De volta ao escritório, nosso indispensável assistente foi para casa por sentir-se mal subitamente. Temos de cancelar nossos planos para a noite! Teremos de trabalhar até mais tarde. Nossa euforia anterior se desfaz. Estamos irritados outra vez.

A Roda da Energia é um modo de organizar esses vários estados mentais. Os eixos positivo e negativo dividem a mente em estados desagradáveis *versus* agradáveis. Os eixos quente e frio descrevem a intensidade da energia. Assim, por exemplo, a raiva é *qualitativamente* um estado negativo – desagradável, difícil e doloroso. No entanto, *quantitativamente* a raiva é intensa, altamente concentrada e energizada. Do lado oposto do espectro, um estado de relaxamento é agradável, bem como generalizado e difuso. A Roda apresenta todo o alcance de nossas experiências mentais e emocionais.

É uma tendência humana natural desejar passar tanto tempo quanto possível na porção Frio Positivo da Roda, ser bem-sucedido, realizado, livre de preocupações, relaxado e em paz. Mas a vida não é assim. O diagrama é uma Roda em vez de uma linha reta porque giramos ao redor e através dela, passando de um estado para outro, algumas vezes felizes, algumas vezes tristes, às vezes quentes e outras vezes frios.

A meditação budista tradicional enfatiza o desenvolvimento da porção Frio Positivo da Roda, onde estamos calmos, relaxados e em paz. Certamente esse é um objetivo de meditação, mas não é o único. O propósito mais profundo da meditação e de toda a questão da prática espiritual é estar desperto e consciente em cada estado mental e em cada situação de vida – em outras palavras, sentir-se à vontade em toda a Roda.

Passei muitos anos numa comunidade espiritual, um ambiente ideal para a meditação e a reflexão tranqüila. Sinto-me feliz por ter tido essa oportunidade e gostaria que mais pessoas fizessem essa experiência em algum momento da vida. Ao mesmo tempo, não tenho certeza se um mosteiro é o melhor ambiente para dominar toda a Roda, ou se existe um ambiente pré-fabricado mais propício para essa tarefa do que a própria vida. Entre algumas escolas budistas da antiga China, esperava-se que o monge saísse do mosteiro assim que seu treinamento formal estivesse concluído. Apenas depois de anos de viagem e de amadurecimento, ele era considerado apto para ensinar. Monges que se tornaram muito apegados à vida monástica, algumas vezes eram descritos como "demônios da caverna negra".

Uma das primeiras coisas que notei quando saí do centro de retiro para o mundo de trabalho diário, foi a mudança no nível de energia. Comparada com o ritmo solene do dia monástico, pontuado pelos sons tranqüilos dos sinos e dos blocos de madeira, o mundo de trabalho era um redemoinho. Quando perguntaram a Willie Sutton, um famoso ladrão de bancos, por que ele roubava bancos, ele respondeu: "Porque é lá que está o dinheiro", uma resposta que passou para o linguajar comum como uma pérola da sabedoria existencial. Quando as pessoas me perguntam por que estou escrevendo um livro sobre práticas espirituais no local de trabalho, imito o que Willie Sutton disse e respondo: "Porque é onde está a energia."

A Roda é um mapa da mudança e uma diretriz para a contínua transformação. Cada setor da Roda pode fluir para outro setor. Assim, por exemplo, estados quentes negativos – raiva, preocupação, medo e *stress* – podem se transformar em estados quentes positivos, tais como inspiração e criatividade. Estados quentes negativos às vezes se dissolvem diretamente em estados frios positivos, como quando uma pessoa que nos deixou zangados se desculpa ou a causa de uma ameaça desaparece. A raiva e a preocupação às vezes perdem sua energia e caem de volta na arena fria e negativa da depressão e da derrota, o que com freqüência acontece quando não se lida com essas emoções. E, finalmente, qualquer setor da Roda pode simplesmente girar e voltar ao mesmo lugar e persistir durante dias, meses ou anos.

O restante deste livro está dividido em quatro seções que correspondem às quatro partes da Roda da Energia: cada uma delas analisa os tipos de prática espiritual mais adequados para a própria energia. Dependendo de qual energia caracteriza melhor a sua situação de trabalho, ou qual o interessa mais, você pode voltar a essa seção e começar dali. Cada capítulo dentro de uma seção contém uma discussão geral do tópico – por exemplo, a raiva – seguida de uma descrição das práticas específicas que você pode fazer, junto com exemplos tirados do ambiente de trabalho. No entanto, lembre-se de que as coisas se modificarão. Embora este livro esteja repleto de práticas e abordagens específicas para cada estado energético, seu objetivo mais profundo é ajudá-lo a aprender a navegar por toda a Roda, assim, esteja você onde estiver, terá uma noção de onde está e do que fazer.

A nossa localização na Roda se deve, em parte, a circunstâncias exteriores. Mas é igualmente verdade que, quer estejamos frustrados ou eufóricos, aborrecidos ou relaxados, com raiva ou excitados, quer sejamos mesquinhos ou generosos, isso depende da nossa atitude, do nosso caráter, e do nosso compromisso com a prática espiritual. A Roda nos ensina que não importa o quanto nos sintamos estagnados, nunca estamos num beco sem saída. Sempre existe um jeito de nos mover, de circular, de alterar a coloração daquele milho particular de pipoca colorida na qual aterrissamos temporariamente.

A Roda, para bem ou para o mal, é o nosso lar. Seja qual for nossa situação no trabalho, estamos em algum lugar da Roda. A questão espiritual fundamental que a Roda nos apresenta é: É a Roda que nos gira ou nós que giramos a Roda?

Como uma experiência, como uma jornada, como uma exploração, vamos encontrar juntos o que a Roda tem a nos ensinar.

PRÁTICAS PARA A RODA DA ENERGIA

- Qual é o seu estado mental exatamente agora? De que "cor" você é?
- Qual era o seu estado mental há algumas horas? O que mudou?
- Você conseguiu notar quando a sua cor mudou? O que aconteceu? O que provocou a mudança?

parte dois

Conflito

Como seria agradável a vida se nunca tivéssemos de nos preocupar, se nunca perdêssemos o controle, se sempre pudéssemos nos sentir a salvo e seguros! Como nosso emprego seria satisfatório se pudéssemos ficar calmos, trabalhar mais devagar e se tivéssemos mais tempo para realizar cada tarefa com capricho e por inteiro. Infelizmente, a raiva, o *stress*, a preocupação, o medo e a frustração – emoções negativas e altamente energéticas do Conflito – fazem parte tanto da vida diária como da vida profissional.

Recentemente me deparei com uma pesquisa que classificou diferentes ocupações de acordo com o grau de *stress*. A ocupação com o menor nível de *stress* foi a de construtor de bandolins e uma das com maior nível de *stress* foi a de motorista de táxi. Já falei sobre minha experiência de alta tensão num táxi, e embora nunca tenha conhecido alguém que fizesse bandolins (essas pessoas existem realmente?), certa vez visitei uma loja de recuperação de violinos. O aroma doce das aparas de madeira misturava-se ao cheiro de verniz enquanto eu esperava o dono da loja lixar pacientemente o bojo de um violino desmontado.

– Eu o atenderei num momento – ele avisou, debruçado sobre suas ferramentas e atento à sua tarefa. – Não posso fazer isso mais depressa.

Quando foi a última vez que você ouviu alguém dizer "Não posso fazer isso mais depressa" no local de trabalho?

Essas antiquadas profissões artesanais são uma raridade em nossos dias. Cada vez mais o excesso de tensão é nosso companheiro de trabalho. Se quisermos ser bem pagos, ter bons benefícios e continuar subindo na carreira, temos de nos adaptar ao ambiente de trabalho tenso, em ritmo acelerado. Parece não haver outro jeito.

Portanto, o que podemos fazer?

Em primeiro lugar, ao sermos defrontados com o *stress*, a preocupação e o conflito, podemos reconhecer que não estamos desamparados. O Budismo tem um amplo espectro de práticas espirituais para lidar com as emoções negativas, baseadas no reconhecimento de que elas sempre surgem por alguma razão. Além do caos e da confusão que provocam, essas emoções, como a raiva e o medo, têm uma lógica subjacente. Se entendermos o motivo da raiva, estaremos no caminho rumo à neutralização de sua força destrutiva.

Por exemplo, suponha que seu filho de oito anos de idade entre na cozinha quando você está lavando os pratos, pegue um dos que você acabou de enxaguar e o arremesse contra a parede. Como você reagiria? Naturalmente ficaria furiosa. Uma criança de oito anos nunca deveria agir dessa maneira.

Agora imagine que acabaram de diagnosticar que seu filho tem um tumor no cérebro, o qual não pode ser operado. Como você se sentiria então? Naturalmente não ficaria zangada. Você consolaria a criança, a pegaria no colo e faria o melhor possível para acalmá-la. Ela não seria responsável. O tumor é que estaria provocando sua explosão emocional. Você não ficaria zangada, de forma nenhuma. Em vez disso, ficaria terrivelmente triste. Você entenderia a causa das atitudes do seu filho.

Quando entendemos a causa de uma situação, a energia muda e começa a fluir em novas direções. Todas as práticas nesta seção têm esse objetivo – ajudar a mudar a qualidade "negativa" do Conflito para uma direção positiva, criativa. Coloco a palavra *negativa* entre aspas porque até mesmo a emoção mais dolorosa tem seu lado positivo, construtivo. Quando tocamos acidentalmente num fogão quente, preferiríamos não sentir a dor e deixar nossa mão ficar gravemente queimada? A dor que sentimos é um aviso, até mesmo uma bênção, na medida em que tenta nos proteger.

O mesmo acontece com as emoções dolorosas. A tarefa delas é nos avisar, nos estimular, nos ajudar a agir e a nos mover. Como um fogão em brasa, a energia do Conflito é quente, mas ela também é verdadeira. Dentro da casca dura de um coco, existe um leite doce. Oculto dentro da concha exterior rude do Conflito, há potencial para crescimento, mudança e profundo alimento interior.

Nesta seção analisaremos três formas de energia do Conflito – o *stress*, a preocupação e a raiva – e as práticas espirituais adequadas para cada uma. E concluiremos com um capítulo sobre as formas de meditação tradicional – sentada, em pé e andando – que são a base para práticas relacionadas com o *stress*.

Stress 4

Você já observou carpinteiros construindo uma casa? Eles não parecem trabalhar muito depressa. A atividade deles é uma mescla de movimentos lentos, tais como carregar madeira, e movimentos rápidos, decididos, como cortar a madeira com uma serra elétrica. Existe um ritmo apropriado para cada atividade, assim como deve ser. A carpintaria é uma profissão que exige perfeição. Quando se comete um erro, demora muito mais tempo para consertar o estrago do que demoraria para fazer o trabalho corretamente desde o início. É por isso que, enquanto o novato se apressa, o mestre carpinteiro trabalha com vagar.

O trabalho de escritório e de prestação de serviço, que corresponde à maior parte dos empregos em nossa economia pós-industrial, não requerem o ritmo físico de profissões como a carpintaria. Quando trabalhamos sentados à escrivaninha, falamos ao telefone ou fixamos os olhos na tela de um computador, nosso ritmo é mais mental, mais nervoso e rápido. É fácil nos sobrecarregarmos, tentando fazer tudo ao mesmo tempo. Um carpinteiro que tentasse trabalhar dessa maneira não progrediria na profissão. Mas no setor dos serviços é tentador ir simplesmente cada vez mais rápido, com a falsa esperança de que mais trabalho será feito. Esse foi o erro das empresas ao despedirem seus empregados em massa no início dos anos 90. Alguns

Tempo de sobra,
cuidados de sobra.

Mantra pessoal
de Christine,
uma enfermeira aflita

anos depois as empresas compreenderam tardiamente que dez pessoas não podem de fato fazer o trabalho de quinze.

Esse foi um pequeno consolo para aquelas dez pessoas, para aquelas "felizardas" que sobreviveram ao corte, às quais se disse que teriam de trabalhar mais arduamente e mais depressa, ou então...

Podemos achar que temos pouco controle sobre o ritmo do nosso trabalho. Mas, até mesmo no emprego mais frenético, podemos aprender a cultivar e a manter uma percepção do corpo e da respiração e estabelecer pequenos rituais de atenção aos nossos movimentos – enquanto andamos pelo saguão, atendemos ao telefone ou falamos numa reunião. Podemos fazer a prática espiritual dar frutos controlando a velocidade e o ritmo do nosso trabalho.

Além disso, o *stress* nem sempre é uma coisa negativa. Algumas vezes o excesso de tensão é útil, como acontece no caso da ansiedade de um atleta antes de um grande jogo. Um modo de lidar com o *stress* é sentir que ele está sob controle. A atleta se beneficia da tensão anterior ao jogo porque ela está confiante de que pode se superar. Ela está no controle. O funcionário de escritório ao qual pedem para realizar o trabalho de dez horas em oito é subjugado pelo *stress* porque sabe que não há como ter um bom desempenho nessas circunstâncias.

O *stress*, como qualquer outro fator da Roda da Energia, pode mudar e ser transformado. Por exemplo, talvez você fique preso num engarrafamento quando está a caminho de uma reunião importante. De repente, você muda de direção na rodovia e descobre um retorno. Espantado com sua solução, você dirige como um louco e chega à reunião em cima da hora! Você transformou o *stress* negativo de ficar preso no trânsito no *stress* criativo de derrapar nas curvas.

Na verdade, a maneira mais comum de reduzir a tensão excessiva no emprego é parar de trabalhar durante um tempo. Tirar umas férias ou alegar uma doença é a solução para afastar-se do *stress* profissional sempre crescente. Não é de se admirar que o benefício mais procurado ao se negociar um contrato de trabalho seja o direito de prolongar o tempo de férias!

Algumas pessoas lidam com o *stress* simplesmente diminuindo o ritmo de trabalho até que a tensão excessiva possa ser controlada, independentemente das conseqüências para seus planos de carreira. Observamos isso em empregos em que o trabalhador investe apenas a energia suficiente para fazer o mínimo indispensável. Não é uma solução ideal, mas às vezes é o único modo de sobreviver.

Se o *stress* é um problema para nós no trabalho, a escolha menos eficaz é não fazer nada. Além dos seus efeitos perniciosos sobre nosso bem-estar físico e mental, o *stress* tem a característica de vir à tona no momento menos oportuno, tumultuando a nossa vida. Todos precisamos descobrir maneiras de controlar o *stress*, antes que ele nos controle.

COMO TRANSFORMAR O STRESS

Conheçam Christine, uma enfermeira formada que trabalha num grande hospital urbano; ela é membro da igreja Anglicana e budista praticante. Christine gosta da sua profissão, mas nos últimos anos seu trabalho se tornou muito mais difícil. As mudanças nos procedimentos médicos dos hospitais públicos e o aumento do número de pacientes forçou o hospital em que trabalha, como acontece com tantos outros em todo o país, a fazer cortes no orçamento e a reduzir o pessoal. Agora Christine tem muito mais pacientes a atender em seu turno e, conquanto teoricamente parte do seu trabalho tenha sido transferido para enfermeiras menos capacitadas, na realidade ela continua a responsável. Ela estava achando cada vez mais difícil cuidar realmente das pessoas, tarefa que a atraiu para a profissão de enfermeira em primeiro lugar. Em certos dias chegou a pensar seriamente em abandonar a profissão.

– Qual é a parte mais difícil do seu trabalho? – perguntei.

– É não ter tempo suficiente. Não importa o quanto eu tente organizar meu trabalho, nunca há tempo para fazer o trabalho corretamente, e os pacientes vivem se queixando. Eu também me queixaria, se fosse paciente. Não podemos dar o tipo de atenção ao qual estávamos acostumados.

– Há alguma parte do dia em que você sente que tem mais tempo?

– Temos intervalos, mas em muitos dias não temos tempo nem para aproveitá-los.

Imaginei mentalmente como deveria ser a rotina do hospital onde certa vez fui paciente.

– O que acha de andar pelos corredores? Você deve andar um bocado.

– Eu diria que se trata muito mais de correr.– Ela riu. – Tento prestar atenção à respiração, aos meu pés, como fazemos nos retiros para meditação, mas em geral tenho coisas demais em mente ou preciso andar depressa demais.

– O que me diz de recitar um mantra andando? – Expliquei que essa era a prática de repetir uma sentença ou frase curta, uma frase que se harmonizasse com o ritmo do andar, como um modo de focalizar e concentrar a mente.

– Como gostaria de se sentir enquanto está andando?

– Gostaria de sentir que tenho tempo de sobra! – Christine exclamou com um sorriso que expressava desagrado.

– Bem, por que não transformar isso em seu mantra: tempo de sobra?

– Como isso pode ser um mantra? – ela perguntou. – Pensei que um mantra fosse um som especial.

Expliquei que eu estava usando a palavra *mantra* num sentido mais genérico. Existem mantras tradicionais das culturas hindu e budista que são como orações. Mas assim como você pode criar sua própria oração, você pode inventar seu mantra pessoal. Nem toda frase é igualmente apropriada. Por exemplo, a frase "Ganharei na loteria", embora seja um exemplo de pensamento positivo, não demonstra um sentimento espiritual muito profundo. Os mantras mais eficientes são aqueles que expressam valores espirituais – generosidade, gentileza, calma e zelo.

Expliquei a Christine que ela devia recitar seu mantra pessoal silenciosamente, de acordo com o movimento dos pés, e Christine concordou em tentar.

A CRIAÇÃO DE UM MANTRA PESSOAL

A meditação ensina como o tempo é flexível e quanto da nossa noção de tempo é moldada pelo modo como nos sentimos. Quando estamos meditando, ou estamos relaxados ou nos divertindo, o tempo parece se ampliar e se estender. Quando esse período termina, temos uma sensação de "voltar" ao tempo linear comum. Um modo de lidar com o *stress* é abrir algum tempo ao redor do tempo marcado pelo relógio. Um mantra pessoal ligado ao andar é uma maneira de fazer isso.

Na semana seguinte, perguntei a Christine como ia seu exercício.

– Ele ajudou – afirmou, de forma um tanto dúbia. – Mas ele parece mecânico. Depois de certo tempo, eu dificilmente presto atenção ao que estou dizendo. Além disso, não é verdade. Não tenho tempo de sobra.

– Talvez seja necessário incluir algo mais na sentença. O que de fato faria você achar que seu trabalho melhorou?

– Se eu estivesse dando mais atenção aos pacientes, tratando melhor deles.

– Você pode mudar o mantra para incluir isso?

Christine pensou algum tempo sobre isso.

– O que você acha de "tempo de sobra, cuidados de sobra"? Essa frase tem um bom ritmo.

A sentença me pareceu boa, ela concordou, então, em experimentar o mantra durante outra semana e relatar como estava se saindo.

Na semana seguinte, Christine contou que a prática estava funcionando melhor. Incluir a palavra *cuidados* no mantra parece ter feito uma grande diferença. Ela descobriu que estava andando um pouco mais devagar e, quando entrava no quarto dos pacientes, sentia-se um pouco mais revigorada. Mas ainda havia uma qualidade mecânica no exercício, algo artificial.

– Acho que estou fazendo algo para ajudar – ela disse – mas não estou certa de quanto está ajudando.

Lembrei-me de que quando eu era paciente no hospital, me sentia muito grato pelo sorriso das enfermeiras, pela sua paciência, pelo fato de me tranqüilizarem.

– Procure recordar – eu disse – quem lhe vem à mente como seu paciente mais notável?

– Oh!, seria a princesa Juliana – Christine respondeu imediatamente. – Ela era uma princesa de verdade, de algum país pequeno da Europa. Ela era tão graciosa e encantadora. Sempre me agradecia por tudo que eu fazia, e me contava histórias sobre sua vida antes da guerra. Certa vez ela disse: "Você sabe, querida, trabalhei um pouco como enfermeira durante a guerra. Os ingleses transformaram a minha cidade numa enfermaria. Você deve se lembrar de que os homens pensam que controlam o mundo, mas quem realmente faz isso são as mulheres. Você tem a profissão mais importante do mundo. Nunca se esqueça disso."

Sugeri que Christine, além de recitar seu mantra, tentasse visualizar o rosto da princesa Juliana.

– Isso é bastante coisa para fazer – ela respondeu. – Como posso visualizar o rosto dela além de tudo o mais?

– Talvez não precise visualizar literalmente – disse eu. – Mas veja se consegue recordar como se sentia quando estava com ela, e coloque esse sentimento em seu coração.

Christine me contou na semana seguinte que a prática parecia estar funcionando realmente. Acrescentar o "sentimento" sobre a princesa Juliana fez toda a diferença.

– Sinto que ela é meu anjo da guarda no trabalho – ela disse. – Até mesmo recito o mantra do modo como ela o faria. "Tempo de so-o-o-bra! Cuidados de so-o-o-bra!" Ela era uma figura.

– Você acha que o mantra está ajudando você a se sentir menos estressada?

– Não sei – respondeu Christine. – Meu trabalho sempre será exaustivo, mas acho que me sinto melhor com relação ao que estou fazendo. Ao menos estou fazendo algo para melhorá-lo!

Nosso corpo sabe quando perdemos a noção de tempo e de ritmo. Sentimos essa perda em nosso pulso e na pressão arterial, inclusive na condutibilidade elétrica da nossa pele. Você consegue perceber quando surge o *stress*? Por exemplo:

- Quando estiver numa reunião, tente perceber o que sente quando precisa dizer algo. Será um ligeiro desconforto, como uma coceira ou a necessidade de espirrar. Veja se consegue concentrar-se na sensação por cinco ou dez segundos antes de falar. Ao falar, preste atenção à sua voz, como ela repercute em seu corpo. Onde você a sente? Na garganta, no coração, no estômago?
- Quando você correr para cumprir um prazo ou quando tiver de reagir a algo que está além do seu controle, tal como o toque de um telefone, ajuste conscientemente o seu ritmo. Force-se a acelerar até poder sentir a rapidez com que está agindo. Conscientemente, diminua o ritmo até que ele lhe pareça desconfortavelmente lento. Quem está no controle agora?

DEIXE A PRÁTICA SE DESENVOLVER

Christine de início reagiu à prática de recitar o mantra enquanto caminhava considerando-o algo artificial e mecânico. Em certos aspectos, ela é mesmo. Muitas práticas espirituais parecem assim no início. É importante compreender que a prática em si mesma não é tão importante quanto o que ela desperta dentro de nós, à medida que praticamos. Somos criaturas apegadas ao hábito, e a soma dos nossos hábitos é o que nos impede de mudar e crescer. A prática é uma entrada, uma porta para a mudança interior. O grande psicólogo William James certa vez constatou que a maioria das pessoas está "rebocada" quando chega aos 25 ou 30 anos. Um dos propósitos da prática espiritual é derreter essa camada sólida, para torná-la macia e flexível outra vez.

Quando fazemos um exercício como o que Christine fez, é natural sentir que não está acontecendo muita coisa. Mas o que esperamos que aconteça? A prática espiritual não é tão rápida de aprontar como uma xícara de café. O sucesso no trabalho espiritual requer, entre outras qualidades, paciência e uma mente atenta, aberta. No caso de Christine, ela foi suficientemente honesta para contar que a prática não estava realmente tocando-a interiormente. Somente quando pensou na princesa Juliana e adaptou criativamente a prática a fim de incluir um elemento mais interior, mais emocional é que emergiu a prática mais profunda.

Vi Christine alguns meses depois e, no curso da conversa, perguntei-lhe como ia seu trabalho e se ela ainda recitava o mantra enquanto caminhava. Confessou, um pouco acanhada, que não.

– Mantive a prática algum tempo – ela disse. – Mas acabei me cansando dela. Mas um dia desse vou tentar outra vez.

– E como vão as coisas no trabalho?

– Acho que vão bem melhor. Acho que fazer a prática por aquele período de fato ajudou. – Ela ficou em silêncio por um momento. – Você sabe, eu não parei inteiramente de praticar. Ela se transformou em outra coisa. Quando ando pelos corredores, é como se eu murmurasse mentalmente e tentasse manter certo sentimento em meu coração. É difícil de descrever, mas parece ajudar mesmo. Sinto como se estivesse controlando o caos, em vez de deixá-lo me controlar.

Comecei a responder, mas ela me interrompeu:

– Lembrei-me de outra coisa. Quando um paciente está realmente aborrecido, quando chego ao quarto faço questão de me sentar. Às vezes o paciente ou os membros da família estão gritando ou há um bocado de aborrecimento e confusão. É surpreendente como eu consigo acalmar as coisas apenas me sentando numa cadeira, mesmo sem dizer nada.

– O que a fez pensar nisso? – perguntei.

– Foi a princesa Juliana. Mantê-la em meu coração me faz lembrar que ela costumava dizer quando eu entrava em seu quarto: "Sente-se, querida. Sente-se para que eu possa olhar para você." Naturalmente, nos dias de hoje é tão estranho uma enfermeira ou um médico ter tempo para se sentar, que todos ficam chocados. Não admira que fiquem calmos!

Esse tipo de desenvolvimento era exatamente a espécie de crescimento a que a prática do mantra deveria levá-la. Christine havia levado o que começou como uma prática de entrada a um nível mais profundo, um nível que ela poderia continuar aperfeiçoando mês após mês, ano após ano. Ela havia aprendido como modular o ritmo de sua vida profissional.

Ao aplicar uma prática espiritual na vida, é importante fazer isso com leveza. É fácil demais transformar essa tarefa numa espécie de dever de casa. O personagem principal da nossa próxima história, George, não era exatamente uma vítima do *stress*, como Christine. Ele preferiu optar por trabalhar de tal maneira que não teve de sentir *stress*. Essa estratégia o ajudou a seguir em frente, mas estava impedindo-o de ser bem-sucedido e levando-o à Estagnação.

TRABALHANDO DEVAGAR DEMAIS

George, um budista praticante, trabalhou no armazém da firma onde eu fui gerente de operações. O trabalho de George era empacotar mercadorias para remeter aos clientes. Depois de George trabalhar algumas semanas nesse lugar, seu chefe veio me ver, totalmente frustrado.

– Lew, você é budista. Poderia falar com George? Ele é mole como uma tartaruga, e não importa o que eu diga, não consigo fazê-lo trabalhar mais depressa.

Eu não tinha certeza de que o problema de George era ser budista! Mas ele e eu havíamos estado juntos em retiros de meditação. Convidei-o para sair e tomar um café e tivemos uma conversa. Passamos algum tempo falando sobre literatura – George sonhava em ser escritor e tinha um diploma de letras – e então a conversa mudou para o trabalho. George estava preocupado pelo fato de o chefe não estar satisfeito com ele, mas gostava do trabalho, porque lhe permitia ser cuidadoso.

Perguntei a ele o que queria dizer com cuidadoso.

– Tento trabalhar do modo como executamos as tarefas durante os retiros para meditação – disse ele. – Presto atenção ao que estou fazendo e me concentro na respiração.

Eu também havia trabalhado um pouco em empacotamento, durante a correria do Natal. Eu sabia que o melhor empacotador, o que cometia menos erros e empacotava o maior número de caixas por hora, era Johnny, um estudante que abandonara o colégio. Ele conseguia rir, falar, ouvir rádio, vadiar, e tudo isso enquanto suas mãos davam forma à caixa, empacotavam a mercadoria, enrolavam a fita, fechavam e grampeavam, sem errar nada. Ele raramente tinha de recomeçar e fazer alguma coisa duas vezes. Ele usava uma estratégia até mesmo para o jeito de largar o grampeador.

Sugeri que George observasse como Johnny empacotava as caixas.

George resistiu a esse conselho. Para ele, Johnny não passava de um garoto tolo.

– Bem – repliquei – ele deve estar fazendo algo certo. Olhe o cartão de marcação dele.

– Cada empacotador tinha um cartão de marcação onde seu supervisor anotava a velocidade com que empacotava e seu diário de erros. Os empacotadores recebiam pagamento extra por uma boa marcação.

Com relutância, George concordou em fazer o que pedi, e depois de uma semana nos encontramos outra vez.

– Tudo o que ele faz é ouvir música e beber coca-cola – George se queixou.

– Talvez esse seja seu jeito de ficar relaxado – sugeri.

Pessoas cerebrais como George tendem a usar sua experiência da escola e do colégio como seu modelo de como aprender algo novo. Mas o ritmo de trabalho, especialmente do trabalho físico, é mais um sentimento do que um pensamento. A velocidade nem sempre é uma questão de mais depressa ou devagar. George estava tentando ser cuidadoso demais e não cometer erros e não estava permitindo que a sabedoria física do seu corpo o ajudasse. Johnny sabia instintivamente o que muitos artistas, atletas e artesões cultivam cuidadosamente, um equilíbrio entre prestar atenção e ficar desatento. Certa vez conheci um artista que superava Johnny ligando sempre dois rádios em seu estúdio, enquanto estava pintando.

– Impede minha mente de me atrapalhar – ele explicou.

Eu estava curioso quanto ao problema de George, portanto, descobri uma desculpa para subir até o armazém e, sob o pretexto de falar com o chefe dele, fiquei em pé onde podia ver tanto George quanto Johnny trabalhando. De fato, os movimentos de George eram curtos e bruscos. Parecia que ele calculava cada movimento, tentando ser "cuidadoso", enquanto Johnny, ouvindo os sons do seu rádio, não parecia estar se movendo tão depressa quanto George, no entanto, sua estante de embrulhos continuava enchendo.

Não que Johnny seja um modelo de prática espiritual, mas sua atitude pode ser uma boa lição para aqueles de nós que estejam tentando dedicar-se a uma prática espiritual. Alguma parte dele estava alerta e atenta, enquanto a outra estava despreocupada e descontraída. Ele queria o bônus que ganharia se cometesse poucos erros, mas também tinha uma capacidade inata para desempenhar suas tarefas. Ele talvez não tenha tido uma grande educação, mas, na sua maneira de controlar criativamente o *stress* e a velocidade, ele sabia alguma coisa.

RITMO E VELOCIDADE

Praticar com ritmo não significa necessariamente ir mais devagar. Em profissões como a de corretor de valores ou de telefonista da polícia, em que a resposta rápida é uma exigência do trabalho, pode ser mais útil concentrar-se nas horas do dia em que a atividade cessa – quando você faz uma pausa, levanta-se da cadeira, almoça ou vai e volta do banheiro. Como você está passando esse tempo? Na sua mente, você ainda está sentado à escrivaninha, olhando fixamente para o móvel? Você ainda fica pensando nas palavras que deveria ter dito, na venda que deveria ter feito? A hora do intervalo, em teoria, lhe pertence. Você tem de perguntar a si mesmo, "Como posso me apossar desse tempo? Como posso torná-lo meu?"

Um princípio subjacente a muitos exercícios espirituais é que a mente pode concentrar-se apenas numa coisa por vez. É por isso que o mantra é eficaz se recitado andando. É por isso que visualizamos uma palavra ou um sentimento em nosso coração. Se voltarmos nossa atenção para a parte de nós mesmos que nos dá força em vez de nos esgotar, nem que seja por um momento, a pressão do trabalho diminuirá.

Como debateremos depois nesta seção, só o fato de desviar a atenção para as solas dos pés, sempre que andamos de um lugar a outro no trabalho, pode ter um efeito marcante sobre o nosso estado mental. O excesso de tensão força nossa energia e atenção a subir para a cabeça, onde o pensamento rápido nos ajuda a enfrentá-lo. Reverter o fluxo de energia para baixo, para os pés, onde nosso corpo toca o chão, contrabalança essa tensão em nossa cabeça e no pescoço. Além disso, nossos pés não podem pensar! Eles andam, se movem e sentem. A sensação de um tapete ou de um chão de ladrilhos contra a sola dos sapatos pode ter um efeito calmante e terapêutico. Como tocar numa peça de metal com a ponta do dedo, essa mudança de energia para os pés pode descarregar toda a energia elétrica da sua agitação e do *stress*, e, pelo menos por um momento, levá-lo para casa.

RITMO E TRABALHO EM CASA

Falando em casa, o escritório doméstico é onde cada vez mais pessoas fazem seu trabalho. Na região em que moro, uma pesquisa recente revelou que 15% das residências têm algum tipo de escritório. Em casa, teoricamente, estamos no controle. O desafio de praticar com velocidade e ritmo em casa, onde ninguém está nos impondo um determinado ritmo de trabalho, é lidar com nossa suposta liberdade. Como qualquer pessoa que já tentou trabalhar em casa pode afirmar, esse tipo de trabalho nos torna sujeitos a vários tipos de distração.

Tente reservar quinze minutos no meio do dia, antes do almoço. Desligue o telefone, feche a porta, sente-se numa cadeira ou almofada, e fique absolutamente quieto, como será discutido depois no capítulo 7. A sua mente estará cheia de pensamentos acerca do trabalho. Isso é ótimo. Não tente bloqueá-los. Apenas imagine que fluem através de você, como o vento passa pelos ramos de uma árvore, e deixe que sua mente se desloque e se movimente como a árvore. Não se preocupe se não se sentir tranqüilo. Como se sente não é tão importante quanto o que você faz.

Quando se levantar, veja se consegue andar lentamente até a porta. Veja se consegue abri-la devagar. Veja se consegue reter o gostinho ou o sentimento desse intervalo durante o resto do dia, tal como Christine tentou reter durante suas rondas a sensação da princesa Juliana.

Lembre: O objetivo não é melhorar. O objetivo é fazer o que se propôs. A prática espiritual é como pingar água num monte de areia. A água desaparece imediatamente, e há pouco sinal visível do esforço que você fez. Mas, ao longo do tempo, à medida que a água continua pingando e você faz um esforço contínuo, a areia se torna mais úmida, mais fresca, mais fácil de modelar.

Esteja disposto a deixar a água desaparecer, esteja disposto a fazer o que se propôs. Um antigo mestre budista disse certa vez, "Quando você caminha na neblina, pouco a pouco vai ficando totalmente molhado". Seja paciente. A água abrirá caminho através de você.

PRÁTICAS PARA COMBATER O *STRESS*

- Sempre que se sentar numa cadeira, respire. Sempre que se levantar, respire e desvie a atenção para os pés.
- Quando passar por uma porta, faça uma ligeira pausa. Entre com o pé direito.
- Quando cruzar um saguão, tente andar a 85% de sua velocidade normal. Preste atenção na diferença.
- Quando você datilografa, tente tocar as teclas com mais suavidade. Pressione-as gentilmente no teclado como se fossem delicadas como vidro. Agora volte ao modo comum de datilografar. Qual é a diferença?
- Imagine uma frase que expresse calma e cuidado. Diga-a para si mesmo enquanto caminha. Faça uma frase curta. Se a frase se contrai ou muda, deixe que mude.

Preocupação 5

Rogo-lhe que tenha paciência com tudo o que não estiver resolvido em seu coração e que tente amar as perguntas por elas mesmas, como se fossem aposentos fechados ou livros escritos numa linguagem muito estranha. Não busque as respostas, que não lhe podem ser dadas no momento, porque você não seria capaz de vivê-las. E a questão é viver tudo. Viva as perguntas agora. Talvez então, num dia do futuro remoto, você, aos poucos, sem mesmo notar, viva seu caminho rumo à resposta.

RAINER MARIA RILKE *Cartas a um Jovem Poeta*

O que vou fazer? O que direi? Por que ela está fora de casa até esta hora? Por que ela não telefonou? Onde foi que errei? O que acontecerá se eu falhar? E se ela morrer?

Esses são exemplos de preocupação: perguntas insistentes que corroem o coração. A preocupação é o modo com que a mente tenta lidar com o medo, explicá-lo, expressá-lo, defini-lo e organizá-lo, portanto, o medo não é tão amorfo e ameaçador.

A preocupação pode ser exaustiva e destrutiva. Porém, ela também pode ser criativa. Como ela será, depende de como nós a usamos. No mesmo sentido em que o medo é coragem em formação, a preocupação é sabedoria em formação. Ela parece nos ameaçar, mas também está tentando nos ajudar.

Como proprietário de uma firma que está começando preocupo-me bastante – com dinheiro, com o produto, com os empregados, com os clientes, com a competição – e então, com o dinheiro outra vez! Também me preocupo com cada uma das tarefas à mão – será que terminarei o novo módulo a tempo, será que o novo sistema será rápido o suficiente, será que o cliente me enviará o cheque na data prevista?

Essas são as preocupações do proprietário de um negócio. Os empregados têm preocupações diferentes, mas igualmente angustiantes. Quando trabalhamos para outra pessoa, nós nos preocupamos com nossa capacidade de fazer o trabalho, com o futuro da companhia, com a imprevisibilidade dos nossos superiores, com os conflitos com nossos colegas, com o dinheiro e, novamente, com o dinheiro. O capítulo 12 é todo dedicado ao dinheiro, mas basta dizer que o dinheiro é o que está por trás de muitas preocupações no local de trabalho.

Um dos aspectos agradáveis de se viver num mosteiro é que são poucas as preocupações. O ambiente todo é preparado para minimizar os tipos de *stress* e de distração que confrontamos todos os dias no local de trabalho. Porém, na vida diária, nós nos preocupamos bastante. Isso significa que a ansiedade e a preocupação, de certa forma, não são espirituais? Será que a preocupação é um sinal de uma vida espiritual insuficientemente desenvolvida?

Espero que não! A preocupação não é um sinal de fraqueza espiritual. Ela é uma parte essencial do ser humano. Conquanto alguns tipos de preocupação sejam causados por trivialidades e pela nossa vaidade, a maioria das preocupações provém do cuidado com nosso sustento, nossa família, nossos colegas de trabalho, nossos empregados ou nossas responsabilidades como adultos maduros.

Quando eu falava com meus amigos budistas sobre minhas preocupações nos negócios, eles diziam:

– Mas, por que você não pratica mais meditação? Assim não se preocuparia tanto!

Um deles inclusive me disse:

– A preocupação é uma mera sensação. Por que deixá-la aborrecê-lo?

Entendo essa atitude, mas não concordo inteiramente com ela. Minha experiência me ensinou que a preocupação não é um problema cujo antídoto seja a prática espiritual; em vez disso, a própria preocupação pode ser uma prática espiritual.

O ESPÍRITO INQUIRIDOR

A preocupação se manifesta por meio de uma pergunta. "Onde vou arranjar dinheiro para fazer os pagamentos do mês que vem?", "O que farei se perder meu emprego?" Se conhecêssemos a resposta para essas perguntas, não nos preocuparíamos! Preocupar-se é ser consumido pela pergunta, é tê-la ecoando na mente até o ponto de fazermos qualquer coisa para afastá-la dali.

Prender-se a uma pergunta como essa e trabalhar nela, repetidamente, não é diferente de um certo tipo de prática espiritual. A prática espiritual, em essência, trata-se de fazer as perguntas fundamentais: Quem sou eu?, Por que estou aqui?, Qual é o meu propósito?, O que vai acontecer se eu ficar doente e morrer?

Essas são preocupações básicas. Independentemente do fato de a nossa vida ir bem ou mal, elas sempre estão presentes. Num certo sentido, a preocupação comum é uma manifestação superficial da preocupação básica. Um propósito da prática espiritual budista é aprender como lidar com a preocupação básica. Nesse sentido, qualquer preocupação apresenta uma boa oportunidade de trazer à tona o espírito inquiridor. O espírito inquiridor diz, "Ficarei com esta pergunta, independentemente de obter ou não uma resposta. Essa pergunta, por ora, é a minha vida".

TRABALHANDO COM UMA PERGUNTA

Às vezes, em meus seminários, eu mando as pessoas de volta a seus empregos com a seguinte sugestão: Pergunte a si mesmo "Qual é a pergunta?"

Eu não explico mais do que isso. Apenas digo, "Descubra qual é a pergunta".

De todas as práticas espirituais que sugiro, essa é a que as pessoas acham mais difícil. "O que você quer dizer com 'Descubra qual é a pergunta?', Como supõe que eu saiba qual é a pergunta?, Trata-se de algum tipo de truque?"

É interessante o fato de que as pessoas resistentes, que voltam na semana seguinte com um olhar vago no rosto, sejam aquelas cujo emprego vai bem. Elas fazem tudo certo. Seu espírito inquiridor está engajado. As pessoas que têm um problema real no trabalho costumam saber qual é a pergunta no momento em que pensam sobre ela. "O que acontecerá se houver dispensa de funcionários?", "Como posso terminar o projeto se não há dinheiro em caixa?", "Por que meu chefe está me pedindo para fazer o impossível?"

Essa é a dádiva que a preocupação nos traz. Ela nos deixa saber qual é a pergunta. Um artista famoso disse certa vez: "O formidável de ser um artista é que durante toda sua vida você sabe qual é o seu trabalho." Achei que era uma observação sábia. Muitas pessoas não sabem muito bem em que devem se concentrar. A preocupação ajuda. A preocupação permite que saibamos o que é importante para nós.

A prática de trabalhar com uma pergunta não é complicada. Ela envolve os quatro passos a seguir:

1. Formular a Pergunta
2. Repetir a Pergunta.
3. Seguir a Pergunta.
4. Firmar a Pergunta.

Os primeiros dois passos são bastante fáceis "Formular a Pergunta" significa construir uma simples sentença declarativa que descreva, tão simplesmente quanto possível, qual é a pergunta. Vamos tomar uma das mencionadas anteriormente como exemplo: "O que acontecerá se houver dispensa de funcionários?"

Agora, seja o que for que lhe acontecer, repita a frase para si mesmo. Somente o simples exercício de verbalizar a pergunta pode ter um impacto significativo. O pior tipo de preocupação é o inarticulado. Dar forma a seu medo, expressando-o verbalmente, pode ajudar.

O que significa "Seguir a Pergunta" é um pouco menos óbvio. Significa lembrar-se da pergunta e trazê-la continuamente de volta à consciência. Significa respirar a pergunta, andar a pergunta, comer e dormir a pergunta – não de forma obsessiva, mas de forma atenta. Uma maneira de fazer isso é associar a lembrança da pergunta a uma ação específica, como levantar-se da cadeira ou abrir a gaveta da escrivaninha. Você também pode trabalhar com uma pergunta usando o mantra em movimento, descrito no capítulo 4. E se acontecer de a pergunta se repetir de uma forma um tanto diferente – se, por exemplo, a pergunta, "O que acontecerá se houver dispensa de funcionários?" voltar à sua mente como "Seria um alívio agora saber que haverá dispensa de funcionários" – então deixe que isso vire uma nova pergunta e siga-a. Às vezes a pergunta de fato torna-se uma afirmação. Muitas vezes a pergunta pode ficar mais curta, à medida que se torna cada vez mais familiar. Pode até mesmo se contrair, ao longo do tempo, numa única palavra: "Dispensa!" Com o tempo, a pergunta assume vida própria. Ela se move por baixo, em volta e através da sua vida, procurando um caminho para passar.

Há duas maneiras de "Firmar uma Pergunta". Ou a pergunta se resolve por si em algum tipo de resposta ou ela desaparece e morre. Se surgir uma resposta, isso é bom! Mas se a pergunta desaparecer, se com o passar do tempo você se esquecer dela, não há nada de errado nisso. Então a energia da pergunta é desativada, mantida como se estivesse numa gaveta, até chegar a hora de ressurgir de uma outra maneira.

Como sabemos que a resposta que surgiu é a "correta"? Essa também é uma pergunta, a curva seguinte da estrada para a qual a questão nos levou.

Como exemplo concreto dessa prática, conheça Roberta, que realmente resolveu um problema que a pressionava no local de trabalho, ao ativar o espírito inquiridor.

AFASTANDO UMA AMEAÇA

Roberta trabalhava como fiscal de uma confecção de roupas esportivas, gerenciando as operações financeiras diárias. Outrora uma guarda-livros, ela começou a freqüentar a escola noturna para obter seu diploma de contabilidade, quando seu marido, um fornecedor, machucou as costas. No momento ela lidera uma equipe de cinco pessoas e está ganhando mais dinheiro do que o marido. O fundador da companhia, Nathan, havia começado o negócio com algumas máquinas de costura num armazém num subúrbio. Agora estava dirigindo um negócio imensamente lucrativo, confeccionando roupas para alpinismo e canoagem. Se a companhia tinha quaisquer problemas estruturais, isso se devia à incapacidade de Nathan superá-los. Como muitos empreendedores carismáticos, ele insistia em tomar ele mesmo demasiadas decisões cotidianas.

Nathan também era temperamental e caprichoso, mas isso não afetava muito Roberta. Nathan não era o chefe de Roberta. Ela era subordinada a Steve, vice-presidente senior, um executivo experiente que controlava o lado operacional da companhia com todo o profissionalismo que faltava a Nathan.

Certa noite, Roberta estava trabalhando até tarde em seu escritório quando o interfone tocou. Para sua surpresa, era Nathan.

– Venha imediatamente ao meu escritório – ele disse bruscamente. – Tenho algo importante a discutir.

Roberta atendeu, subindo os dois lances de escada até o escritório da diretoria, com o caderno de anotações seguro nervosamente nas mãos. Ela não se lembrava da última vez que estivera sozinha com Nathan no escritório dele, e nunca depois do expediente. Não tinha idéia do que ele queria.

Quando entrou no escritório de Nathan, um olhar para o rosto dele lhe disse que algo estava muito errado. Sentou-se com o coração na mão. Nathan não perdeu tempo com gentilezas.

– Quero que despeça Shirley imediatamente. Que seja a primeira coisa a fazer amanhã de manhã.

Shirley era a gerente de contas a receber. Jovem, atraente e solteira, ela era a pessoa mais popular do departamento de Roberta. Na verdade, ela e Roberta haviam se tornado boas amigas e muitas vezes almoçavam juntas. Roberta não conseguia acreditar no que estava ouvindo.

– Por quê? – conseguiu perguntar. Ela sentia o coração pulsando nos ouvidos.

– Shirley é incompetente. Ela é rude com nossos vendedores. Ouço queixas dela durante todo tempo. Se você a tivesse supervisionado mais de perto eu não teria de me envolver tanto.

Roberta o interrompeu e se defendeu contra essa crítica totalmente injusta, mas Nathan a ignorou.

– Quero que você prepare os papéis da demissão amanhã pela manhã assim que chegar, e que os entregue pessoalmente a mim.

Ele se virou para a tela do computador e começou a digitar; uma despedida abrupta.

Ao dirigir para casa, Roberta estava tão aborrecida que teve de parar no acostamento. Os pensamentos giravam na cabeça dela, enquanto lutava para absorver o que havia acontecido. Ouvira que no passado Nathan havia despedido pessoas sem aviso. Desesperadamente, desejou que Steve estivesse presente. Steve teria sido profissional e razoável quanto à questão. Esse pensamento levou a outro, um pensamento mais perturbador. Por que não foi Steve quem lhe deu a notícia? Por que Nathan havia passado por cima de Steve para falar diretamente com ela?

Ela não acreditava no motivo que Nathan lhe dera para despedir a amiga. A escrivaninha de Shirley estava suficientemente perto da sua para que Roberta ouvisse os telefonemas que fazia aos vendedores. Shirley era muito gentil. Roberta suspeitou de um motivo mais grave. Shirley era atraente e Nathan tinha fama de mulherengo. Shirley nunca dissera nada, mas na semana anterior, quando as duas saíram para tomar café, Shirley estava visivelmente perturbada com algo. Roberta agora tinha certeza do porquê.

O que ela podia fazer? Seu primeiro pensamento foi telefonar para Steve. Mas o que lhe diria? Ela não tinha prova das suas suspeitas. Além disso, Steve era homem e bastante próximo de Nathan. Por mais que gostasse de Steve e confiasse nele como patrão, nesse caso não tinha tanta certeza do que ele faria. Se Nathan podia despedir Shirley de forma tão abrupta, ele poderia fazer o mesmo com Roberta. Steve talvez não fosse capaz de protegê-la. Ele poderia, por motivos pessoais, sentir-se compelido a tomar o partido do patrão, Nathan. Telefonar para Steve só pioraria as coisas.

E se ela fosse até Nathan no dia seguinte e simplesmente se recusasse a fazer o que ele pediu? Não faria nenhuma diferença. Fosse como fosse, ele não precisava de Roberta para despedir Shirley. Ele podia pedir para Steve despedi-la, ou fazer isso ele mesmo. E visto que isso era verdade, por que ele envolveu Roberta afinal? Para curvá-la à sua vontade? Para forçá-la a tornar-se mais uma "mulher da empresa"? Acaso seria o próximo alvo dos olhos de Nathan e, se resistisse, seu destino seria o mesmo de Shirley?

Ela estava explodindo de vontade de contar ao marido, mas nessa noite ela não ousou fazer isso. Ele havia telefonado mais cedo nesse dia. Sua lesão crônica nas costas não estava sarando, e a última série de raios X não havia sido boa. Ele teria de fazer uma cirurgia. Exatamente agora ele precisava de todo apoio dela. Além disso, o marido não gostava de Nathan. Havia trabalhado para ele como fiscal certa vez, e havia sido um pesadelo. Com seu temperamento explosivo, ele insistiria em ir ao escritório e abater Nathan a socos.

Ela fez o jantar e passou o resto da noite sem saber o que pensar.

Tudo em que conseguia pensar, repetidas vezes, era: "O que fazer?"

O dilema de Roberta envolvia riscos e perigos não importa o que fizesse. Ela tinha de agir, com pouco tempo para refletir sobre suas escolhas. Há alguns anos, ela havia ido a um retiro de meditação que eu dirigi. Nessa noite, ela me telefonou pedindo conselho.

Eu lhe disse que entendia o problema dela, mas não tinha certeza que ajuda específica poderia lhe dar. Não conhecia suficientemente as pessoas envolvidas para recomendar um curso de ação, e o dilema dela mexia em possíveis questões legais que estavam além da minha competência. Em vez disso, falamos sobre a prática de Formular a Pergunta. No caso dela, não era difícil formular a pergunta.

– O que vou fazer? – ela disse. – Essa é a minha pergunta.

– Bem, então fique com ela. Se quiser, sente-se em postura de meditação e conscientemente repita a pergunta uma vez por minuto mais ou menos, enquanto acompanha sua respiração. Veja o que acontece.

Eu a encorajei a ter confiança em seus próprios recursos e julgamento e a buscar dentro dela mesma uma decisão, seguindo a pergunta até que uma solução possível se apresentasse.

– Não importa o que eu faça, estou perdida – ela disse. Mas concordou em tentar.

Quando me telefonou, alguns dias depois, fiquei aliviado ao saber que ela havia dado um jeito de resolver a situação de uma maneira que me pareceu muito hábil.

– Fiz o que você disse – Roberta me contou. – E passei algumas horas apenas sentada em silêncio, me concentrando na pergunta. Estava bastante assustada. Nunca tive que lidar com algo como isso. Fiquei um pouco entediada repetindo para mim mesma, "O que vou fazer? Durante um momento esqueci a questão e segui minha respiração, o que ajudou a eliminar o medo. Então, quando a pergunta voltou à minha mente, compreendi que ela havia mudado. Agora era, "Eu sei o que vou fazer".

"Ao mesmo tempo, pensei em Alan. Alan está em nosso quadro de diretores. Eu tinha alguns papéis em minha pasta que Alan precisava assinar antes de viajar para fora do país. Estivera planejando enviá-los para a casa dele por um portador pela manhã, mas em vez disso levantei da almofada, peguei no telefone e disquei o número dele. Retive a respiração enquanto o telefone soava, mas finalmente ele atendeu. Perguntei-lhe se não teria problema se eu entregasse os papéis pessoalmente logo de manhã, e ele concordou. Sendo assim, deixei um recado para Nathan, dizendo que me atrasaria porque tinha de entregar os papéis para Alan. Minha visita demorou ao todo um minuto. Alan apenas assinou os papéis na porta e eu saí. Fiquei num bar para tomar café por mais uma hora mais ou menos, assim, só cheguei ao escritório por volta das dez horas. Assegurei-me de que Nathan estava no escritório dele e então da minha escrivaninha liguei para ele pelo interfone. Disse que sentia muito pelo atraso, mas Alan havia me convidado a entrar e havíamos passado algum tempo conversando. Então apenas deixei o que disse no ar e esperei para ver o que ele diria.

"Ele não disse nada. Houve um longo silêncio ao telefone. Finalmente, ele apenas grunhiu e desligou.

"Esperei mais alguns dias para ver se acontecia algo relativo a Shirley, mas não houve nada. Nathan nunca mais mencionou o fato."

– O que a fez pensar em Alan? – perguntei.

– Não faço idéia – Roberta respondeu. – A idéia pipocou em minha mente quando eu estava meditando.

– Justamente quando você mudou a pergunta?

– Eu não mudei a pergunta – Roberta disse. – Ela mudou sozinha.

Naturalmente perguntas não mudam sozinhas. Quem faz as perguntas, sim. Quando fazemos a nós mesmos uma pergunta real, conseqüente (em oposição a uma pergunta como "Que gravata devo usar hoje?"), nossos recursos mais profundos são mobilizados. Quando estamos preocupados ou com medo, achamos que somos fracos, mas parte da energia da preocupação serve para mobilizar nossa força e nosso poder. A preocupação nos dá poder, se estivermos dispostos a confiar nisso. Não posso prometer que toda preocupação será resolvida de forma tão clara como a de Roberta. O ponto importante da história de Roberta não é tanto o fato de ela ter encontrado um caminho para evitar a ameaça do patrão, mas o fato de ela ter mergulhado fundo em si mesma para encontrar esse caminho. Ela usou a pergunta como um instrumento para escavar, para escavar algo enterrado dentro dela, um senso de estratégia combinado com um pouco de sorte para criar um resultado bem-sucedido.

E SE NÃO TIVERMOS SORTE?

Parte do sucesso de Roberta teve a ver com a sorte. Foi questão de sorte que um membro importante da diretoria estivesse em casa, por exemplo. Pensamos que a sorte é aleatória, mas do ponto de vista budista, não é exatamente assim. A sorte em parte se deve à observação, a prestar atenção às várias possibilidades que nos cercam. Às vezes podemos ajudar a criar a própria sorte – encontrando, entre todos os lugares onde ficar, um ponto de sorte. A história de Roberta pode ser um exemplo disso. E a própria preocupação às vezes pode nos ajudar a saber em que direção concentrar nossa atenção.

As coisas poderiam ter corrido de forma diferente. Roberta poderia ter decidido que obedecer o chefe seria sua única opção de verdade. O local de trabalho está repleto desses compromissos morais, e nem toda batalha é digna de arriscar nosso sustento. Ou, na pior das hipóteses, suponha que ela tivesse se recusado a continuar e fosse despedida! Esses exemplos de grave injustiça às vezes acontecem no local de trabalho. Pode até mesmo ter acontecido com você ou com alguém que você conhece. Nesses casos, a ação legal, mais do que a prática espiritual, muitas vezes é a resposta. Hoje em dia os jornais estão cheios de histórias sobre júris simpáticos que ordenam os patrões a pagar indenizações a funcionários prejudicados em seus direitos. Alguns desses casos até mesmo chegam à Suprema Corte, que se torna o árbitro final desses abusos, junto com o Congresso. Esses exemplos extremos nos lembram do que eu disse no início deste livro: O local de trabalho é um ambiente onde o poder é compartilhado de forma desigual e às vezes há abuso de poder. Na parte 5, devotaremos um capítulo inteiro ao poder – poder interior, poder exterior e abuso e corrupção do poder.

Certa vez , no final de uma palestra num centro budista, uma mulher me perguntou: "Como você trabalha no mundo empresarial e mantém a integridade pessoal?"

– Não mantenho – respondi por reflexo.

– Oh!, obrigada! – ela disse, rindo. Acho que ela ficou ao mesmo tempo surpresa e aliviada com minha resposta.

Eu estava sendo um pouco complacente. Tento preservar a minha integridade pessoal o quanto possa, mas nem sempre tenho êxito, e tenho o cuidado de escolher minhas batalhas. As artes da concessão e da retirada são tão importantes quanto manter nossa posição. Há bastante tempo aprendi que não existe pureza no mundo de trabalho, não existe preto e branco, apenas o cinzento, o verde, o amarelo e toda uma palheta de outras cores.

Preocupar-se é usar a palheta, é trabalhar com cada cor do arco-íris, é enriquecer-se com o processo.

PRÁTICAS PARA COMBATER A PREOCUPAÇÃO

- *Formular a Pergunta.* Se você não conseguir descobrir qual é a pergunta, comece com esta: "Com o que estou preocupado?"
- *Repita a Pergunta.* Sempre que lhe ocorrer, repita a pergunta para si mesmo. Não espere uma resposta. Esteja preparado para fazer a pergunta para sempre. Tente ligar sua lembrança da pergunta a alguma ação física, como se levantar, sentar-se ou andar. Repita a pergunta silenciosamente enquanto anda.
- *Siga a Pergunta.* Siga a pergunta para onde ela o levar. Se a pergunta mudar, se outra pergunta surgir em seguida, prossiga com essa.
- *Firme a Pergunta.* Se a prática de formular a pergunta sugere uma resposta, você estará pronto para passar à pergunta seguinte, ao próximo desafio. Mesmo que não sugerir, uma questão leva à seguinte. O espírito inquiridor continua!

A Raiva 6

Raiva no trabalho é um grande problema. Para algumas pessoas, é o maior problema de todos.

Naturalmente, o local de trabalho não é a única parte de nossa vida onde a raiva pode surgir. Mas o local de trabalho é o principal lugar onde outras pessoas têm poder real sobre nós – sobre nossa carreira e nosso sustento. Essas pessoas nos avaliam, nos julgam, nos dão ordens. E além dos nossos superiores, há os clientes, os fornecedores, os concorrentes, os parceiros, todos podendo nos frustrar, desapontar, enganar ou aborrecer.

Esse desequilíbrio de poder pode exagerar o impacto da raiva no local de trabalho. Às vezes a mistura de falta de poder e raiva pode ser perigosa, até mesmo fatal. Todos nós já lemos manchetes sobre um funcionário descontente que levou uma arma ao trabalho e abriu fogo.

A voz que diz: "Agora estou zangado" não é uma voz zangada, porém a verdadeira voz.

Esses casos são a conseqüência da raiva no local de trabalho levada a extremos. Para a maioria de nós, a raiva no trabalho não é tanto uma explosão como um problema de fervura lenta. Aqueles que sucumbem ao desespero, ao álcool e ao abuso de drogas, ou até mesmo ao suicídio não aparecem nas manchetes, mas sua vitimização é igualmente trágica. Se a raiva é um problema para nós no trabalho, então devemos levá-la a sério. Até um nível baixo de raiva, durante um longo período de tempo, é destrutivo para nossa saúde, para nossos relacionamentos pessoais, para nossa felicidade e, certamente, para nossa carreira.

A raiva não surge do nada. Habitualmente, ela surge quando se percebe uma injustiça ou desonestidade. Os animais também ficam com raiva, muitas vezes pelas mesmas razões que nós. Certa vez tive um cachorro chamado Brahma, que em geral era amigável e obediente. Mas se eu fosse ríspido demais com ele, ele se acocorava e mostrava os dentes. Ele entendia que eu era o patrão, e durante a maior parte do tempo para ele isso estava certo. Mas quando Brahma se sentia tolhido pelos meus limites, quando sentia que eu estava abusando do meu poder, ele reagia. Ele ficava com raiva.

Nós seres humanos não somos diferentes, embora nossa raiva seja mais complexa que a dos animais. Muitas vezes há um amplo componente conceitual em nossa raiva. Por exemplo, um mero pensamento, uma palavra ou frase que pipoque em nossa cabeça, pode nos deixar furiosos. Os animais não têm esse problema. Portanto, nós sabemos fazer melhor do que arreganhar os dentes e rosnar no trabalho. O mais comum é que escondamos nossa raiva ou desabafemos com um colega digno de confiança, ou com um amigo ou o cônjuge depois da hora do expediente. Algumas vezes, nossa raiva verdadeira se disfarça em confusão, indecisão ou até mesmo depressão. Nesses casos, simplesmente entender que estamos de fato com raiva é um conhecimento valioso! Também temos de acolher e elaborar nossa raiva, às vezes durante anos. Para esquecer sua raiva, tudo de que Brahma precisava era de um biscoito para cães. Quem dera perdoássemos nossos adversários com tanta facilidade!

Este capítulo analisará modos mais positivos de lidar com a raiva. Mas, o que é mais importante, ele analisará como a raiva pode contribuir para o nosso crescimento interior. Exatamente porque a raiva é "quente", porque sua energia é tão poderosa, trabalhar com ela como uma prática espiritual pode afiar e temperar nosso caráter de um modo como poucas outras emoções podem fazer.

AS CAUSAS DA RAIVA

No sentido espiritual, somos, no final das contas, os responsáveis pela própria raiva. Mas existe uma raiva que é totalmente injustificável. Na verdade, alguma raiva é justificável e apropriada. A raiva surge de uma mistura de causas internas e externas, de justiça e injustiça, bem como de nosso histórico pessoal de mágoas e batalhas de família não-resolvidas.

É tentador saltar imediatamente do sentimento de raiva para o desejo de conhecer suas causas. De algum modo, sentimos que se o "porquê" da raiva pudesse ser conhecido, então o "como" lidar com ela seria mais fácil. A abordagem budista à raiva tem uma ênfase diferente. Ela não ignora as causas da raiva, mas começa com as sensações físicas da raiva em nosso corpo. Quando estamos muito irritados, é difícil sermos objetivos quanto às causas da nossa raiva. Abrir algum espaço e território ao redor de nossa raiva é o primeiro passo.

MEDO

Subjacente à maior parte da raiva, está seu primo próximo, o medo. As sensações físicas de medo e raiva são bastante parecidas – nosso coração dispara, nosso rosto fica corado, nosso maxilar e pescoço endurecem. A principal diferença é que a raiva tende a nos empurrar para a frente, nos faz gritar, lutar, dar coices, enquanto o medo nos faz retroceder, correr, fugir, se esconder. Nosso medo mais profundo, naturalmente, é o medo de morrer, de sermos destruídos, de nos transformar em nada. Até o ponto em que o que somos é definido pelo nosso emprego, nosso papel no trabalho, e nosso *status* conhecido, tudo o que perturbe essa identidade pode representar uma ameaça grave. É por isso que um funcionário descontente pode ficar tão zangado por causa de uma reprimenda ou de uma promoção perdida que mataria seus colegas e depois se suicidaria. Nesse momento de raiva e medo, perder o emprego daria a sensação da morte.

A RAIVA É JUSTIFICÁVEL?

Invariavelmente, a raiva parece ao menos um pouco justificável. Quando estamos zangados, temos a sensação de que ela nos ataca de fora, por algo que alguém fez ou disse. Esse sentimento de injustiça, de ser lesado, é o combustível que mantém a raiva queimando. Enquanto tivermos a sensação de termos sido lesados, enquanto nos considerarmos vítimas, nossa raiva se espalhará como um incêndio na floresta alimentado pelo próprio vento.

E injustiça de verdade ocorre na vida de toda pessoa em todos os lugares do mundo. A injustiça é o combustível do conflito por todo o planeta, desde as brigas em famílias e companhias, até as guerras religiosas, os conflitos étnicos e os ataques terroristas que provocam tanto sofrimento mundial. Se a injustiça envolve poucas pessoas ou toda uma nação, não é uma questão do tipo de injustiça, mas do grau.

No local de trabalho, a raiva aparece com vários sabores. A injustiça é apenas uma das muitas causas que conspiram para criar a raiva. Eis aqui alguns exemplos.

A RAIVA DA VÍTIMA

Theodora era uma gerente intermediária a cargo do grupo de serviço aos clientes, no departamento de cartões de crédito de um grande banco. O banco estava passando por mais de um episódio de demissões em massa e, certa manhã ao chegar, ela encontrou um memorando da diretoria em sua mesa, orientando-a a reduzir sua equipe em 20%, mas mantendo a mesma produtividade da qual dependia seu bônus de final de ano.

Naturalmente, com toda razão, ela ficou furiosa. A direção não havia tido consideração, havia pensado pouco no assunto e não estava informada sobre as pressões conflitantes que Theodora tinha de enfrentar. A ordem também ameaçava seu poder aquisitivo de um modo que ela não podia influenciar ou controlar.

Quando Theodora me descreveu essa situação, reconheceu estar muito zangada, embora se sentisse pouco à vontade com esse sentimento. Ela não culpava os executivos do andar superior pela sua raiva. Culpava a si mesma por não ser capaz de controlar melhor suas emoções. Mesmo quando lhe assegurei que não era ela que devia sentir-se culpada, porém seus superiores, ela não conseguia libertar-se da sensação de que sua raiva era uma falha pessoal.

RAIVA REPRIMIDA

No caso de Theodora, ela de fato *sentia* raiva. Mas numa situação análoga, muitas pessoas não experimentam o sentimento efervescente da raiva mas algo semelhante ao oposto – uma perda de energia, uma vaga sensação de desgosto, irritação e confusão. Essa raiva abafada, reprimida é tão forte como a do tipo quente, só que assumiu uma forma mais indireta. Todos entendemos as conseqüências perigosas de expressar diretamente nossa raiva no trabalho, particularmente diante de um superior. Esse perigo muitas vezes nos faz censurar nosso verdadeiro sentimento, em detrimento de nossa saúde mental e até mesmo física.

RAIVA MAL CANALIZADA

James era gerente de vendas de uma fábrica de computadores. Ele dirigia seis outros representantes de vendas que vendiam minicomputadores para grandes firmas. Numa sexta-feira, ele recebeu um telefonema de um dos seus maiores clientes, que o informou sucintamente, com poucas explicações, que estava cancelando uma grande venda que James considerava um negócio garantido.

Cinco minutos depois de receber esse telefonema, Teresa, a melhor representante de vendas de James, veio até o escritório dele perguntar se podia mudar a data de suas próximas férias.

– Por que você não consegue se decidir? – James gritou com ela. – Você acha que não tenho nada melhor a fazer do que mudar o calendário de férias de todo mundo?

Todos nós já fizemos isso, redirecionar nossa raiva para o alvo disponível mais próximo, e não para a pessoa com quem estamos de fato zangados. Novamente, a raiva impera nesse cenário. Mesmo aborrecido como estava com o seu cliente sem consideração, James não podia ficar com raiva dele. O sustento de James dependia de manter felizes seus clientes e das vendas realizadas. Portanto, Teresa teve de sofrer.

No dia seguinte, assim que teve uma chance de se acalmar e de refletir sobre o que acontecera, James explicou a situação a Teresa e pediu desculpas. Ela foi compreensiva – todo o grupo de vendas sofre pressões semelhantes –, mas de fato apreciou o pedido de desculpas de James.

RAIVA EMBUTIDA

George começava o dia com uma carranca e acabava com uma carranca. Ele era conhecido em todo o escritório como o carrancudo da empresa. Nas reuniões, suas respostas eram sucintas; ao telefone, ele dispensava as pessoas com pouca conversa. Somente o fato de ser o mais produtivo engenheiro da companhia o redimia. George sofria de raiva "embutida". Ela estava profundamente arraigada nele. Sua raiva provavelmente tinha pouco que ver com o que estava acontecendo no local de trabalho. Talvez sua vida familiar fosse infeliz. Talvez sofresse de depressão. Talvez estivesse expressando sentimentos de raiva provenientes de uma infância sofrida.

Em todos esses exemplos, parece haver alguma boa razão para a raiva, alguma justificativa. E é isso o que torna tão complicado lidar com a raiva. A justificativa, até certo ponto, é inegavelmente válida.

Até mesmo o Dalai Lama, cuja paciência e compaixão não-violenta, mesmo diante da invasão da sua terra natal, renderam-lhe o Prêmio Nobel da Paz e a admiração do mundo, reconhece esse ponto. Em *Healing Emotions*, ele diz:

> *Se alguém for tratado com muita injustiça e se a situação não for resolvida, isso pode ter conseqüências extremamente negativas... Uma situação como essa exige uma ação contrária forte. Nessas circunstâncias, é possível que alguém possa, a partir da compaixão pelo executante do crime e sem gerar raiva ou ódio, de fato tomar uma posição firme e contramedidas fortes. Na verdade, um dos preceitos dos votos (budistas) é tomar medidas contrárias extremas quando a situação exigir. Se um budista não tomar essas medidas quando a situação exigir, isso constitui uma infração a um desses votos.*

Essencialmente, o Dalai Lama está dizendo que, quando a raiva surge como resposta a uma injustiça real, é imperativo, no sentido espiritual, fazer algo a respeito, tomar "contramedidas fortes". O problema é que a verdade da injustiça por si só muitas vezes ajuda a alimentar a raiva, impedindo-a de ser transformada ou resolvida. Note que o Dalai Lama enfatiza que quando exercemos ação contra uma injustiça real, devemos tentar fazer isso quando não estivermos sentindo raiva. Ele também diz que nossa motivação não deve ser tanto nos proteger como sentir compaixão pelo perpetrador. Isso parece ser uma posição espiritualmente muito avançada, mas eu penso que todos nós temos a capacidade de nos esforçar nesse sentido. Certamente, no local de trabalho, devido ao desequilíbrio de poder e a ênfase no dinheiro e no lucro, há muitas pequenas injustiças e outras não tão pequenas assim. Essas ocorrências, conquanto possam nos causar muitas dificuldades, também são oportunidades para aplicar os diferentes modos de lidar com a raiva.

A VOZ DA VERDADE

Da perspectiva espiritual, o primeiro passo ao lidar com nossos sentimentos de raiva é de fato sentir nossa raiva. Quando digo isso às pessoas, elas ficam intrigadas. "Já não estamos fazendo isso?", perguntam. Quando estamos com raiva, por certo nos sentimos zangados!

Mas com freqüência isso não acontece realmente. A raiva (ou o medo, quanto a essa questão) é uma emoção tão forte, tão eletrizante que muitas vezes não existe um tempo entre sentir nossa raiva e elaborar nossa raiva. Mesmo quando não expressamos nossa raiva (e no emprego muitas vezes não temos outra opção a não ser reprimi-la!), somos levados por ela, imergimos nela, somos engolfados por ela. No sentido espiritual, existe muito pouco espaço ou lugar ao redor da nossa raiva. Na verdade, uma das razões pelas quais tipicamente "explodimos" quando estamos com raiva é porque não estamos dispostos a sentir a raiva realmente. As sensações de raiva são extremamente desagradáveis, e extravasá-las produz um alívio imediato.

Como colocar espaço em volta do nosso medo ou raiva? Um dos modos é travar uma conversa interior; por exemplo, dizemos a nós mesmos: "Agora estou com raiva." A voz que diz "Agora estou com raiva" não é uma voz zangada mas uma voz verdadeira. É a essa voz que chamamos a Voz da Verdade.

Quanto mais estivermos de fato dispostos a experimentar as sensações desagradáveis da raiva – o estômago revirando, a batida acelerada do coração, o maxilar cerrado – mais espaço há ao redor da nossa raiva; é um tipo de envelope da paciência. Seria bom se, além de dizer as palavras – "Estou com raiva" ou apenas

"Raiva!" – também as *respirarmos*. Mesmo respirar a palavra "raiva" duas ou três vezes enquanto estamos sentados numa cadeira ou dizê-la a cada passo ao caminharmos pelo saguão, pode ser extremamente transformador. No local de trabalho, em geral não há tempo para qualquer tipo de meditação prolongada. Mas qualquer ritmo é melhor do que nenhum, e a Voz da Verdade, além de ser uma fonte de tranqüilidade, pode ser um veículo para obter poder interior.

E se a nossa raiva for reprimida, em vez de nos sentirmos "quentes", nós nos sentimos "frios" – fatigados, irritados ou confusos. Nesse caso convém refletir sobre esse sentimento e concluir "Espere! Isso na verdade é raiva!" Esse é outro modo pelo qual a Voz da Verdade pode nos ajudar a obter poder interior. E poder interior, da forma como vemos essa questão presentemente, é uma chave importante para a transformação da raiva.

Deixe-me contar-lhe uma história verdadeira do poder da Voz da Verdade. Ela me foi contada por Michael, um sargento de polícia praticante de meditação budista.

Eu havia terminado de deter um carro por cometer uma infração. Ao checar a placa, vi que o carro era roubado. Quando saí do meu carro o suspeito já estava de pé ao lado do carro dele, de braços cruzados. Era um homem grande, musculoso e forte. Não vi uma arma, mas pelo modo como me encarava, podia dizer que ele ainda não estava pronto a se render. Assim que falou, ele confirmou o que eu já suspeitava, isto é, que tinha passagem pela polícia.

– Eu não vou – o suspeito disse. – Eu não vou voltar para lá.

Por muitos anos, até que comecei a meditar, eu era o típico tira violento. Era especialista em karatê e conhecia muitas técnicas para abater um suspeito. Mas quando aconteceu esse caso, eu já meditava há anos e estava experimentando outros modos de lidar com confrontos usando o mínimo de força.

– Posso entender – eu disse, mantendo as mãos ao lado do corpo, sem fazer nenhum movimento brusco. – Mas você terá de ir. Tenho de levá-lo. Esse é o meu trabalho.

O suspeito balançou a cabeça de um lado para outro, com os olhos fixos no chão. Então olhou para mim.

– Você está com medo?

Não tive tempo para pensar na resposta.

– Sim, estou com medo – eu disse, o que era a verdade. Era uma situação tensa. Eu não tinha certeza se o suspeito tinha uma faca escondida ou uma arma. E ele era suficientemente forte para representar uma ameaça mesmo sem uma arma.

– Eu posso sair ferido – eu disse. – Você pode sair ferido. Mas eu não acho que isso vá ajudar a melhorar as coisas.

Assim que eu disse que estava com medo, algo mudou. O suspeito relaxou um pouco. Veja você, ele era um perdedor. Ele não tinha nada. A vida dele era uma confusão. Ele ia voltar para a cadeia e ficar lá por um longo tempo. Mas ele tinha uma coisa. Era grande e forte, e podia me machucar. Isso era a verdade. Se eu não lhe concedesse ao menos isso, significaria que eu não o respeitava pela única coisa de que dispunha. Seria como se eu nem o visse, e ele de fato não tinha nada a perder ao lutar comigo. Mas quando eu afirmei que estava com medo, isso significou algo para ele. Significou que, em alguma medida, ele ainda merecia respeito.

– Você não vai me algemar com as mãos para trás! – ele gritou. – Não agüento isso.

– Está bem – eu disse, movendo-me lentamente em sua direção, enquanto pegava as algemas. – Você sabe que tenho de algemá-lo. Essas são as regras. Mas vou algemá-lo com as mãos para a frente.

O suspeito se deixou algemar e entrou no carro sem provocar outro incidente.

Eu queria entender melhor o que Michael havia feito.

– Você acha que nos velhos tempos, antes de começar a meditar, você teria admitido ao rapaz que estava com medo?

– De jeito nenhum! – Michael riu. – Isso teria sido uma demonstração de fraqueza. Eu teria sacado minha arma antes de sair do carro e o teria feito ficar com os braços e as pernas abertos, encostado na tampa do motor, antes que ele tivesse a chance de dizer ou de fazer alguma coisa.

– Você não acha que correu um grande risco ao não sacar sua arma antes de sair do carro?

Michael riu.

– Sendo policial você corre perigo todos os dias. A violência leva à violência. Se eu tivesse saído de arma em punho, isso poderia ter piorado a situação. Escolhi o modo que me pareceu correto no caso. Se eu tivesse visto uma arma com ele, teria respondido de outra forma.

O MEDO E A RAIVA COMO OPORTUNIDADE

Muitas pessoas espiritualizadas têm vergonha dos seus sentimentos de raiva e os vêem como uma espécie de falha pessoal ou defeito. Elas acham que, se fossem mais desenvolvidas espiritualmente ou praticassem mais meditação, elas não ficariam com tanta raiva. Essa é uma reflexão louvável sobre o caráter. Pelo fato de sabermos que a raiva não é produtiva e que ela pode causar danos – tanto para nós mesmos quanto para os outros – queremos evitar esse dano. Mas ficar com vergonha da nossa raiva de fato não ajuda em nada. Na verdade, com freqüência a vergonha nos leva a *não* sentir nossa raiva, a não nos apoderarmos dela.

Depois de uma de minhas aulas, uma mulher se aproximou de mim. Ela tinha passado anos se corroendo por causa dos seus sentimentos de raiva, que eram intensos e freqüentes, e ficou chocada e confusa ao me ouvir dizer que a raiva é energia, que a raiva é humana, e que até mesmo algumas formas de raiva são justificadas e pertinentes.

– Não posso me perdoar – ela disse, começando a chorar. – Feri tantas pessoas com a minha raiva.

– Se você não se perdoar – respondi – você continuará ferindo as pessoas.

Ela ouviu o que eu disse, mas estava cética. Havia sido criada numa atmosfera religiosa em que esses sentimentos eram pecaminosos e errados, algo do qual se envergonhar profundamente.

O medo e a raiva tanto não são falhas pessoais como uma espécie de sabedoria potencial. Eles expressam a verdade de uma situação. O sargento de polícia realmente estava com medo. Ele tinha uma boa razão para isso também. Ele poderia ter dito: "Sou um policial. Sou forte. Não devo ter medo e, se eu tiver, nunca devo demonstrá-lo", mas esse discurso tem condições demais. Independentemente de como gostaríamos que fosse, se estivermos com raiva, isso é simplesmente um fato.

Esse é um ponto embaraçoso e um ponto em que temos de tomar muito cuidado. Não estou dizendo definitivamente que está certo espalhar nossa raiva ao redor como tinta vermelha. Existe uma grande diferença entre sentir e expressar a raiva, entre sentir a energia da raiva e liberá-la descuidadamente. Mas, se nossos sentimentos de raiva são destrutivos ou úteis, isso depende inteiramente de nós. Como sou alguém que tem temperamento esquentado e é impaciente por natureza, posso dizer por experiência própria que, independentemente de quanto a nossa raiva nos pareça justificada, em geral não é produtivo expressar essa raiva no momento em que a sentimos. Se pudermos dar um tempo e então dizer ao nosso adversário, com calma, "Estou muito zangado com você", essa afirmação estará carregada da verdadeira força interior, como quando o sargento de polícia disse, "Sim, eu estou com medo". Mesmo que pareça que explodir com alguém é uma maneira de demonstrar poder, na verdade é um sinal de fraqueza. E, em geral, piora as coisas.

COMO TRANSFORMAR A RAIVA

Dar um tempo para a nossa raiva esfriar é o primeiro passo para transformar sua energia em algo mais positivo e construtivo. A raiva, sendo uma energia quente, quer se mover, agir, ser transformada e resolvida. Nos casos mencionados antes, o pedido de desculpas de James à sua empregada Teresa foi um exemplo de ação transformadora. A raiva dele e o ressentimento de Teresa se dissolveram nesse pedido de desculpas. E Theodora, uma gerente de banco, viu-se numa situação que ela não via meio de resolver.

Há dois tipos de práticas espirituais que podemos recordar neste estágio. Uma é transformar a raiva usando seus antídotos – gentileza, perdão e compaixão. A outra é lidar com a raiva assim como lidamos com a preocupação no capítulo anterior e praticar o item Formular a Pergunta.

O USO DO ANTÍDOTO

A raiva parece surgir como um tipo de proteção para o eu. Há um anseio de reclamar território, de dizer, com efeito: "Você não pode fazer isso comigo! Eu estou aqui!" Nesse sentido, toda raiva, mesmo a mais justificada, é farisaica até certo ponto. A raiva eleva o eu e lhe dá um bom motivo a partir do qual gritar, "Eu! Eu! Eu!" Funciona como a transmissão de um carro, que muda automaticamente para subir uma montanha íngreme. Sentimos esse surto de poder, essa aceleração, à medida que nossa raiva nos impele para a frente com um combustível extra.

Esse sentimento de se ter uma boa razão para estar com raiva é o que torna tão difícil lidar com ela. Existe sempre alguma história para justificar a raiva, alguma narrativa que nos dá um ponto onde ficar. Na verdade, quando ouvimos alguém falar sobre sua raiva, o que habitualmente ouvimos é uma versão convincente da história. O problema é que ao se tratar da *nossa* história, se formos *nós* a sentir e a expressar a raiva, é difícil saber o quanto da história é realmente verdade e o quanto reflete nossa necessidade de que seja verdade, mesmo que possa não ser.

Dar espaço para nossa raiva foi descrito antes como um bom primeiro passo, mas por si mesmo é apenas um modo de deter a ação. Não lida realmente com a raiva, apenas amplia o contêiner. Para entrar de fato em contato com a raiva e descobrir o quanto ou o quão pouco nosso sentimento de estarmos com a razão está garantido, temos de ir além.

Os antídotos para a raiva são, naturalmente, a gentileza e a generosidade. A gentileza expõe ao invés de proteger o eu. Ela não grita "Eu! Eu! Eu!", mas grita "Você! Você! Você!" Em geral a gentileza acontece quando o eu se sente a salvo e seguro. Mas é possível despertar a gentileza mesmo quando ele se sente em perigo e exposto, mesmo em meio à raiva.

A PRÁTICA DO MEIO SORRISO

Você já viu uma imagem ou estátua do Buda com as sobrancelhas franzidas? Acho que não, porque quase todos os Budas são representados com um enigmático meio sorriso. Não se trata de um riso escancarado, mas de um leve erguer dos lábios. Não se trata de uma questão de arte religiosa, mas de uma demonstração de uma venerável prática budista – a prática do Meio Sorriso.

Quando você estiver zangado, talvez em meio à sua prática de dizer "Agora estou com raiva", deixe seus lábios formarem uma espécie de sorriso. Pode ser um sorriso tão sutil, que se trate mais de um sentimento interior do que de uma expressão que qualquer outra pessoa possa ver. Você pode contestar, "Não sinto vontade de sorrir! Eu estou zangado. Sorrir seria desonesto". Tudo bem mas sorria assim mesmo. Não será fácil. Nossa raiva não quer nosso sorriso. Na verdade, essa resistência é uma sensação interessante. Do que estamos com medo? Que mal um pequeno sorriso pode fazer?

Tendemos a pensar que nossas expressões faciais sejam efeitos de nossos sentimentos, mas, da perspectiva da intenção espiritual, o oposto também é verdadeiro. Sorrir, mesmo quando não temos vontade de sorrir, expressa nossa intenção de abrir um canal para a gentileza em meio à nossa raiva. Há alguns anos, li numa revista científica sobre uma pesquisa a respeito das expressões faciais. Os pesquisadores prenderam eletrodos às pessoas de forma que pudessem medir o batimento cardíaco, a respiração e a resposta galvânica da pele, todos marcadores fisiológicos do *stress*. Então pediam que os sujeitos da pesquisa olhassem para várias expressões faciais e tentassem imitá-las. O simples fato de adotar várias expressões – de um sorriso amigável até uma careta de desgosto – provocava uma resposta fisiológica, mesmo que os sujeitos não estivessem necessariamente "sentindo" essas emoções. Nossos músculos faciais parecem estar "ligados" para sentir em ambas as direções!

Como jovem budista, tive problemas em pôr minhas mãos juntas na clássica saudação budista, que, no mosteiro, tínhamos de fazer constantemente. Certa vez perguntei ao meu mestre, "Se eu não tiver vontade de pôr as mãos juntas, se estiver aborrecido ou zangado, isso não é desonesto? Como seria minha saudação nesse caso?" Meu mestre respondeu bruscamente, "Ela é perfeita!" Demorei um bocado de tempo até entender o que ele queria dizer. Finalmente, entendi que o gesto e meu sentimento momentâneo tinham territórios diferentes. Colocar as mãos juntas, independentemente de como me sentisse, era uma expressão de respeito completa em si mesma. Na verdade, ela era perfeita.

A prática do Meio Sorriso é assim.

RESPIRE!

Outro antídoto para a raiva é a calma. Mas como podemos ficar calmos quando estamos zangados? A sabedoria convencional já conhece a resposta, como é expressa na frase "Conte até dez!", "Respire fundo!" Quando estamos com raiva, nossa respiração se modifica. Ela fica rígida, contraída, e se restringe à parte superior do peito. Respirar com consciência como se estivéssemos calmos, soltar os músculos do estômago e deixar a respiração encher nosso abdômen, nos ajuda a ficar mais calmos. Nossa raiva torna nossa respiração rígida ou nossa respiração rígida nos faz ficar zangados? Do ponto de vista budista, as duas surgem juntas. Mudar uma inevitavelmente muda a outra.

Por acaso, não há como praticar essa mudança da respiração no abstrato. O único modo de aprendê-la é ficar realmente com raiva! Algumas vezes, em meus *workshops,* peço para as pessoas fecharem os olhos e pensarem em sentimentos de raiva, para que possamos praticar essa mudança na respiração. Tentar ficar com raiva é uma prática interessante por si mesma. Ela permite que você veja o quanto um pensamento, a imagem de outra pessoa ou a lembrança de uma observação cortante podem estimular toda a série de sentimentos de raiva.

VISUALIZAÇÃO DO NOSSO OPONENTE SENDO GENTIL

Com freqüência as pessoas pensam na visualização como uma prática exótica e complexa. Algumas práticas realmente são assim, mas a visualização pode ser bastante simples. Na verdade, ela é algo que fazemos durante o tempo todo. Quando estamos zangados, particularmente quando estamos "alimentando" a raiva – revivendo-a em nossa mente muito tempo depois que o incidente que nos deixou com raiva passou –, provavelmente estamos visualizando o nosso adversário, fazendo uma imagem mental do objeto da nossa raiva.

Portanto, quando você estiver zangado, feche os olhos e imagine seu adversário sentado diante de você numa cadeira. Sinta sua raiva subir, mas suspenda, se puder, o monólogo interior que "fala" da raiva. Esqueça, por um momento, os comentários desagradáveis e incisivos que gostaria de ter dito.

Em vez disso, apenas concentre-se no sentimento da raiva no seu corpo e na imagem do seu adversário diante de você. Sim, o que ele fez o deixou zangado. O que ele fez foi injusto, até mesmo cruel.

Assim que você tiver a imagem do seu adversário nitidamente em sua mente, imagine-o fazendo ou dizendo algo totalmente inesperado. Imagine-o fazendo um gesto de gentileza. Imagine-o lhe pedindo desculpas ou ajudando você. Imagine um fluxo estável de generosidade e gentileza fluindo do seu adversário para você.

Como se sente acerca do seu adversário agora?

Se você disser: "Isso é ridículo. Ele nunca faria isso!", lembre-se de que se trata da *sua* visualização, um ato de imaginação concentrada, intencional. O seu adversário imaginário pode fazer tudo o que você pretenda que ele ou ela faça.

Você tem certeza de que a sua resistência realmente existe porque seu adversário nunca seria gentil com você ou porque não quer desistir de proteger sua raiva farisaica, nem que seja por um momento?

Essa prática é como a do Meio Sorriso. Mesmo que não tenha vontade de fazê-la, tente, apenas por um ou dois segundos.

O que pode acontecer numa prática como essa é algo que vai além da separação entre nosso *sentimento* de raiva, que é algo que podemos influenciar por meio da nossa intenção e prática, e a verdadeira circunstância que nos deixou zangados. A circunstância pode realmente gritar por reparação. Mas nosso sentimento acontece em seu próprio espaço e tempo. Os dois estão separados.

Um exemplo vívido disso, tirado da nossa história recente, foi o movimento dos direitos civis, durante o qual toda a nação viu as imagens dos cães policiais atacando pessoas desarmadas e oficiais da polícia raivosos batendo em multidões de pessoas que estavam rezando. Como essas pessoas se sentiram quanto ao que lhes estava sendo feito? Naturalmente ficaram com raiva. Quem em sã consciência não ficaria? Mas pelo fato de essas pessoas serem capazes, devido à sua fé religiosa e seu treinamento na não-violência, de separar como se *sentiam* do que eles de fato *faziam*, foram eles que prevaleceram, e não seus atacantes. Eles tomaram "fortes contramedidas", nas palavras do Dalai Lama, mas não de uma posição de violência e ódio.

FORMULANDO A PERGUNTA

Suponha que nossa raiva no local de trabalho seja verdadeiramente justificável, mesmo que tenhamos dado espaço a ela e a cercado de gentileza. O que fazer então?

Nesse ponto, nossa raiva pode ter se tornado menos uma emoção em estado bruto e mais uma energia limpa, destilada. É, pensamos, temos de fazer algo a respeito. Não podemos simplesmente deixar a situação passar. Temos de tomar contramedidas fortes. Mas agora nossa raiva não está nos arremessando de um lado para outro em seu mar tempestuoso. Temos alguma clareza de propósito e intenção. A parte de nossa raiva que estava gritando "Eu! Eu! Eu!" diminuiu um pouco. Agora estamos prontos a dizer "Ainda estou zangado. Estou limpo da minha parte da raiva, mas mesmo assim algo de errado foi feito. O que devo fazer? Como agir com confiança e força ao lidar com essa situação?"

Tratamos da prática de formular e de seguir essa pergunta em nosso debate sobre a preocupação, e essa mesma prática pode ser útil aqui. Os mesmos quatro passos se aplicam:

1. Formular a Pergunta.
2. Repetir a Pergunta
3. Seguir a Pergunta.
4. Firmar a Pergunta.

A sua pergunta pode ser "Como devo responder a esta situação?" "O que esta raiva está me pedindo para fazer?" À medida que repete essa pergunta, você gradualmente começará a contraí-la numa palavra ou duas: "Resposta?" ou " O que fazer?" Você talvez descubra, à medida que volta a atenção várias vezes para essa pergunta, que a sua raiva se ateia, como as brasas de uma velha fogueira. Veja se pode redirecionar essa energia de volta à formulação da pergunta. A sua raiva e a sua pergunta são duas metades do mesmo dilema. E lembre-se, a questão pode mudar inesperadamente. Pode vir uma resposta. Ou a pergunta pode desaparecer. Esses são todos resultados válidos e úteis. Não há necessidade de criticar a si mesmo se não surgir uma solução imediata. Muitos conflitos do local de trabalho são intratáveis e difíceis de resolver. O esforço será valioso quer venha uma resposta quer não.

Essa prática pode ser chamada de componente *estratégico* da raiva, como demonstra o próximo exemplo.

O CONFRONTO COM O PATRÃO

David tinha um patrão que parecia sentir prazer em diminuir as pessoas. Não era incomum ver o patrão em seu escritório humilhando um subordinado devido a um suposto engano. Isso deixava David bastante zangado. Ele se sentia mal pelas pessoas que seu chefe maltratava (David, funcionário e amigo pessoal do chefe, costumava ser poupado dessas explosões), mas não sabia o que podia fazer a respeito. Certo dia, ele deu uma olhada no escritório do chefe quando passava por lá e viu a cena familiar: o diretor de vendas da firma estava sendo culpado por algo que, na verdade, era um erro do próprio chefe. Imediatamente, David entrou no escritório e se colocou fisicamente entre o chefe e o diretor de vendas.

– Agora chega – ele disse ao patrão.

O patrão encarou David friamente. David encarou-o de volta com a mesma frieza. O diretor de vendas, sentindo uma chance de escapar, se desculpou e saiu.

– Nunca mais faça isso! – o chefe gritou.

– Isso é o que eu ia lhe dizer – David respondeu.

Essa foi a história de David.

– Nossa! – exclamei quando David me contou essa história. – Isso foi uma coisa arriscada de fazer. Não houve nenhuma repercussão?

– Não – David explicou. – Tive sorte. Meu patrão e eu voltamos atrás. Tenho alguma imunidade. Além disso, acho que em algum nível ele de fato queria que alguém falasse com ele sobre o assunto. Finalmente minha mente ficou suficientemente clara para fazê-lo.

– Você estava zangado? – perguntei.

– Não quando entrei lá. Mas depois fiquei um pouco abalado.

Eu também teria ficado abalado. Ao falar mais um pouco com David, compreendi que sua habilidade em agir de forma tão decidida foi o resultado de muito trabalho anterior e processamento da raiva, muito tempo praticando o Formular a Pergunta "O que posso fazer aqui?" Pode levar semanas ou meses, mas se o trabalho interior for genuíno, e a intenção clara, quando o momento de agir se apresentar, nós estaremos prontos.

PRÁTICAS PARA ELIMINAR A RAIVA

- Quando estiver zangado, deixe a Voz da Verdade dizer: "Agora estou com raiva."
- Pratique o Meio Sorriso. Deixe sua sobrancelha relaxar e sinta os cantos dos lábios se erguer, de forma quase invisível, apenas para você senti-los.

- Respire! Deixe a respiração forçada relaxar no abdômen. Respire devagar.
- Visualize seu adversário executando um ato inesperado de gentileza.
- Formule a Pergunta: "Qual a fonte desta raiva?" Deixe que várias respostas lhe venham à mente.
- Formule a Pergunta: "O que posso fazer? Como posso ficar firme?"
- Se a sua raiva ainda lhe sugerir "fortes contramedidas" – pessoais, administrativas ou uma ação legal – então tente executar essas ações com uma atitude de confiança e força.

Meditação 7

Este livro não estaria completo sem um capítulo sobre meditação. Eu o coloquei aqui, na seção do Conflito, e não no começo do livro, porque a meditação é um antídoto muito eficaz para as emoções negativas do Conflito. No entanto, a meditação também existe como uma prática espiritual fundamental em si mesma, cujos benefícios e propósitos vão muito além de um alívio sintomático.

A meditação chega na raiz das coisas. Por que pensamos e nos sentimos dessa maneira? De onde viemos? Para onde estamos indo? O que realmente queremos? Esses são os tipos de pergunta que a meditação nos ajuda a analisar. O propósito da meditação é permitir que nos conheçamos a nós mesmos mais profundamente e, ao nos conhecermos, conhecer os outros também. Pessoas que meditam regularmente podem não ser necessariamente mais felizes, saudáveis, bonitas ou bem-sucedidas do que as que não a praticam, mas provavelmente são mais profundas, mais conscientes e mais completas.

Toda meditação tem o mesmo objetivo: ajudá-lo a conhecer a si mesmo mais profundamente, e, ao conhecer a si mesmo, conhecer os outros também.

Uma das grandes mudanças em nossa sociedade nos últimos trinta anos é o reconhecimento da meditação como uma coisa normal, socialmente aceitável de se fazer. Quando comecei pela primeira vez a meditação budista em 1965, durante meu segundo ano de colégio, ela era bastante exótica. Na verdade, o reitor do meu dormitório chamou em seu escritório um amigo meu, também praticante de meditação, e disse em tom de desaprovação:

– Jacob, entendo que você tenha *velas* no seu quarto e que *medite*!

Depois disso a conversa degenerou. Felizmente, não havia nenhuma regra contra meditar na escola, portanto tudo o que o reitor pôde fazer foi observar com um olhar gelado que as velas eram um perigo de incêndio.

Hoje os tempos são outros, mas quando se trata de definir o que a meditação de fato é, resta alguma confusão. Ela é uma técnica? Um modo de chegar a um certo estado mental? Trata-se de conquistar alguma visão especial? Ela pode ser todas essas coisas. Um mal-entendido comum é achar que a meditação requer uma determinada postura. Na verdade, ela pode ser praticada numa variedade de posturas e circunstâncias. Em seu livro *Living Meditation, Living Insight,* o dr. Thynn Thynn, um físico de Burma e mestre budista, a definiu nestes termos:

> *Se a meditação existe para ajudá-lo a adquirir paz de espírito... então ela deve ser uma atividade dinâmica, parte de sua experiência diária. A meditação é o aqui e agora, o momento a momento e os altos e baixos da vida, em meio aos conflitos, aos desapontamentos e às dores do coração – em meio ao sucesso e ao* stress.

Na verdade, existem três séries de práticas budistas de meditação, cada uma com uma ênfase especial e sabor. Em adição à meditação formal na posição sentada, existe a meditação andando, a meditação em pé, a meditação com sons, visualização de cores e formas, a meditação com repetição de uma palavra ou frase, meditação sobre a respiração e meditação sobre a morte. As pessoas em geral acham que a meditação é exclusiva das tradições asiáticas, mas o cristianismo contemplativo inclui suas próprias práticas de meditação. O mesmo fazem algumas tradições dentro do Judaísmo e Islamismo. Parar o que estamos fazendo ordinariamente e prestar atenção à nossa mente e corpo é uma atividade espiritual universal.

Nesse sentido amplo, a meditação é um meio de dar sentido à nossa vida como um todo, ao nosso nascimento, ao nosso viver e ao nosso morrer. A meditação é a própria vida.

Quando diagnosticaram um câncer terminal em Shunryu Suzuki Roshi, um dos seus médicos observou: "Mas pensei que mestres budistas estivessem além desse tipo de coisa!" Esse mal-entendido idealista não era raro há trinta anos. Espero que atualmente mais pessoas entendam que a meditação não se destina a criar super-homens, apenas seres humanos mais plenos. O que distinguiu a morte do meu mestre não foi a doença dele, mas sua atitude diante dela. Desde o momento do diagnóstico até a hora da sua morte, sua vida não pareceu mudar em nada. Ele continuou com suas rotinas costumeiras, sempre sorrindo e dando risada. O fato de sua morte ser tão comum foi o que a tornou tão extraordinária. Seu exemplo ainda é uma fonte de inspiração para mim trinta anos depois, uma demonstração ao vivo do "comum profundo".

Comum profundo significa ver cada detalhe da nossa vida diária como uma dádiva – vivendo realmente um dia de cada vez. Esse é o poder que a dedicação vitalícia à meditação pode nos trazer.

MEDITAÇÃO NA POSIÇÃO SENTADA

Toda prática espiritual requer a capacidade de se concentrar e de prestar atenção, e não há modo melhor de cultivar essa capacidade do que sentar-se em silêncio, sem fazer nada. Naturalmente, dizer "fazer nada" é um exagero. Mesmo que estejamos sentados bastante quietos, ainda estamos respirando, pensando, vendo, ouvindo e sentindo. Uma porção de coisas está acontecendo. Seria mais exato dizer "sentados em silêncio, sem fazer *mais nada*". A meditação na posição sentada analisa o que se passa dentro de nós quando paramos de fazer todas as coisas que geralmente fazemos.

Parece simples, mas, se você nunca tentou, não é tão fácil quanto pensa. E se você já é um praticante experiente de meditação, por favor continue a ler. Vamos analisar os modos de praticar a meditação mesmo em meio a um ocupado dia de trabalho.

O PONTO MORTO DA MENTE

Julgamos saber tudo sobre nossa mente. Eu sou minha mente – eu, eu mesmo e Eu. O que há mais para saber? No entanto, no curso do dia, raramente há uma oportunidade para parar e dizer: "Qual é o meu estado mental neste exato momento?" A fim de investigar o estado da nossa mente e conhecê-lo mais profundamente, precisamos deixar nossa mente desacelerar e vivenciá-la em repouso. Temos de explorar o ponto morto da nossa mente.

O carro tem uma série de engrenagens para se mover para a frente e para trás. Mas ele também tem um ponto neutro, no qual o motor está funcionando, embora o carro não esteja indo a lugar nenhum. Normalmente, não ficamos sentados num carro em ponto morto. Mas se quiséssemos poderíamos fazê-lo. Sentar-se em silêncio, sem fazer nada é um meio de deixar a mente ficar em ponto morto, deixando o motor roncar sem tentar ir para a frente ou para trás, para a esquerda ou para a direita. Dessa forma, não temos de prestar atenção para onde estamos indo, no tráfego à nossa volta, nos sinais e nas luzes. Temos apenas de prestar atenção no próprio carro, no volante, no câmbio e no ronco do motor.

COMO SE SENTAR

Vamos tentar fazer isso agora. Encontre uma posição confortável para se sentar. Se quiser se sentar no chão use uma pequena almofada de quinze centímetros de altura. Cruze confortavelmente as pernas embaixo de você. Se se sentar numa cadeira, escolha uma que lhe permita ficar razoavelmente ereto. Evite poltronas muito estofadas. Tente uma cadeira de diretoria ou uma daquelas poltronas clássicas de madeira. A coisa mais importante é encontrar uma posição que lhe permita se sentar quieto, sem ficar mudando de posição, por pelo menos quinze minutos.

Ao menos durante parte do tempo, tente se sentar como o faria no trabalho. (Naturalmente, se você é carpinteiro ou comissário de bordo, ou se tiver outro emprego em que raramente se senta numa cadeira, veja as seções posteriores deste capítulo sobre a meditação em pé ou andando.) Esse aviso se aplica especialmente a praticantes experientes de meditação, que estão acostumados com a posição de pernas cruzadas. Quanto menos nossa meditação depender de uma determinada postura, mais chance teremos de fazê-la em qualquer lugar.

No trabalho, tente não se sentar de modo tão formal a ponto de incomodar os outros. Quando eu tinha cerca de dezenove anos, arranjei um emprego no qual minha função era buscar e trazer livros na biblioteca de uma faculdade. Entre minhas idas e vindas, eu me sentava ereto no meu banco e tentava meditar com os olhos fechados. Minha chefe, uma senhora afetada de cabelos brancos, deve ter achado que eu era muito estranho. Depois de três meses, quando terminou meu período de experiência, fui mandado embora. Suponho que essa tenha sido minha primeira lição sobre a prática espiritual no trabalho!

Assim que você achar uma posição ereta confortável, deixe as mãos descansarem confortavelmente no colo ou sobre os joelhos, com as palmas para cima. O que você vê? O vaso de planta do outro lado da sala? O fogo na lareira? Lembre-se, estamos tentando sentar em silêncio sem fazer *nada*, portanto, volte o olhar para o chão, a cerca de dois metros e meio à sua frente. Mantenha, porém, os olhos abertos. Especialmente no caso de iniciantes, meditar com os olhos fechados pode levar o praticante a se distrair e rapidamente transformar-se em outro tipo de *ação*.

Respire naturalmente e observe quando inspira e expira.

Essa respiração é ao mesmo tempo comum e diferente. Respiramos o dia todo e a noite toda. Na verdade, normalmente respiramos cerca de vinte mil vezes por dia. Quantas respirações notamos? Não muitas.

Portanto, tente observar algumas agora. Tente observar o progresso da sua respiração, sentindo o ar entrar e sair. Você pode tentar sentir o movimento em seu peito e estômago, o ar entrando e saindo. Ou pode concentrar-se na sensação do ar à medida que ele entra e sai pelo seu nariz.

Veja por quanto tempo você consegue ficar concentrado na inspiração e na expiração.

Você se distraiu depois de duas ou três respirações e de repente percebeu que estava pensando na consulta ao dentista no dia seguinte, ou no fato de que se esqueceu de colocar o lixo para fora, a tempo de ser levado pelo lixeiro de manhã cedo?

Parabéns. Você é uma pessoa normal. Além disso, ninguém está tentando ser melhor do que ninguém.

Não é fácil deixar o Chevrolet, que é a sua mente, despreocupadamente no ponto morto. A mente quer estar ocupada, ativa, fazendo algo. Se você já observou macacos no zoológico, viu que eles estão sempre em atividade, subindo aqui, pulando ali, olhando para isso, tentando pegar aquilo. Esse é o comportamento habitual da nossa mente, e não há nada de errado com ela. A sua mente é como tudo o mais que lhe diz respeito, como seus braços, suas pernas, seu estômago ou seu baço. Ela é uma dádiva, tem uma função e sem ela não seríamos seres humanos. Devemos ser gratos pela nossa mente ocupada.

Não obstante, ficar ocupada não é a única função da mente. Ela também pode ficar concentrada, reflexiva e consciente de si mesma. De fato, esse é o estado natural de repouso da mente, seu ponto morto. E o que é mais importante ainda, no ponto morto podemos supervisionar nosso estado mental.

OS PENSAMENTOS E O ATO DE PENSAR

Uma das perguntas feitas com mais freqüência pelas pessoas que começam a praticar meditação é "O que devo fazer com meus pensamentos?" A resposta simples é: Nada! Pensamentos são uma função natural da mente; eles sobem e descem como ondas na superfície do oceano. Com mais experiência, podemos descobrir que há períodos durante nossa meditação em que são poucos os pensamentos e nossa mente fica calma e serena. Em outras ocasiões, nossa mente fica congestionada, com uma torrente interminável de pensamentos. O principal é não agarrar um pensamento e remoê-lo da maneira que um cão rói um osso. Deixe que os pensamentos surjam e deixe que se vão. Se não os agarrarmos, eles não ficarão por muito tempo. Serão como convidados para jantar que demoram demais para sair. Se não nos envolvermos, numa conversa, antes que se passe muito tempo, perceberão a dica e acharão o caminho para a porta.

MEDITAÇÃO EM PÉ

Depois de tentar a meditação sentada, vamos tentar a meditação em pé. Fique em pé normalmente, com os pés afastados na largura dos ombros, com o peso distribuído confortavelmente entre os dois pés, e as mãos soltas ao lado do corpo.

Agora, apenas fique em pé.

Depois de alguns momentos, isso pode parecer um pouco estranho.

Continue em pé. Observe sua respiração. Tenha consciência do seu corpo. Sinta as solas dos pés e o chão abaixo delas.

Você consegue continuar atento à sua respiração enquanto está em pé? Qual é a sensação? É diferente de quando está sentado? Você acha mais fácil acompanhar a respiração ou mais difícil? O que os seus olhos estão fazendo? Você tem mais tendência para olhar em volta?

Como essa posição em pé é diferente de estar de pé numa fila de espera, ou em pé assistindo ao pôr-do-sol, ou em pé perto do bebedouro no trabalho, ou em pé na copa, esperando a água ferver?

Esse é o ponto. A meditação não é algo misterioso, *outra* coisa que temos de aprender a fazer, como jogar golfe ou estudar cálculos. Ela é algo que já estamos quase fazendo. Quantas vezes, no decurso de um dia de trabalho, você se viu apenas em pé? Esperando? Qual é a diferença entre esse ficar em pé normalmente e essa assim chamada meditação em pé?

TODOS SE SENTARAM!

Essa questão me lembra uma história dos meus primeiros dias como aluno de Budismo. Durante os anos 60, muitas pessoas estranhas apareceram no portão do mosteiro. Entre elas havia um jovem eletricista da Suécia, cuja fluência na língua inglesa estava mais limitada ainda devido a algumas cervejas.

Ele foi atendido no portão pelo diretor, que lhe perguntou o que queria.

– Quero estudar Budismo! – respondeu o sueco.

– Você já se sentou alguma vez? – perguntou o diretor, usando nossa expressão reduzida para "Você já fez meditação em posição sentada?"

O sueco não sabia como responder essa pergunta. Parecia ser uma pergunta em inglês normal, e ele entendeu as palavras, mas de algum modo o significado o confundiu. Seria esse algum tipo de truque budista? Acaso o diretor estaria se divertindo às suas custas? Naturalmente que ele já havia sentado.

Finalmente, decidiu que se a pergunta era um truque ele não cairia nele. Ele se ergueu em toda sua altura e gritou: "Todos já se sentaram!"

O sueco entrou para o centro de retiro e ali permaneceu por alguns anos. Ele tinha razão, é claro. Todas as pessoas já se sentaram. Nós fazemos isso todos os dias. Nós também ficamos em pé, andamos e deitamos.

MEDITAÇÃO EM MOVIMENTO

O Budismo fala das "quatro posturas" – andar, ficar em pé, sentar-se e deitar-se. Não sei que tipo de trabalho você faz, mas sei que, durante o dia em algum horário, em algum lugar, você se senta, anda e fica em pé. (A quarta postura, deitar-se, provavelmente não faz parte do seu dia de trabalho, a não ser que seja um mecânico de carros ou um sujeito num laboratório de pesquisa do sono!) Talvez ande do saguão até a máquina copiadora, do seu caminhão até o lugar em que trabalha ou ande pelo saguão do hospital ou pelos corredores de uma escola. Na maioria dos empregos, andar é um tempo de transição, uma atividade intermediária. Como tal, é uma oportunidade perfeita para aproveitar uns poucos momentos para a meditação.

Eis como ela é feita tradicionalmente. Em primeiro lugar, cerre o punho de sua mão esquerda, com o polegar para dentro e coloque a mão direita sobre ela, com o polegar por cima. Agora descanse as mãos cerradas de leve contra o peito, exatamente abaixo do esterno. Imagine que está segurando um mastro imaginário, como um mastro de carrossel. À medida que se movimenta para a frente, imagine o mastro se movendo junto com você. Se achar mais confortável simplesmente entrelaçar as mãos sobe o peito ou deixá-las naturalmente soltas dos lados, não há nenhum problema.

Agora dê um passo, e quando fizer isso, expire. Quando inspirar, dê outro passo. Expire, dê outro passo. Um passo, uma respiração. Você acabará diminuindo pela metade o ritmo em que costuma andar normalmente, mas com o corpo em equilíbrio, alinhado com o mastro do carrossel. E ainda pode continuar a prática da observação da respiração como fazia quando estava sentado. Pense na meditação andando como um modo de deslocar sua posição sentada, lenta e suavemente, através do tempo e do espaço.

É provável que você não possa andar assim devagar no trabalho, sem despertar olhares intrigados. No trabalho, ande no seu ritmo normal, mas mantenha a atenção na sola dos pés. O mero esforço de desviar a atenção dos pensamentos na sua cabeça e transferi-la para o lugar em que seus pés tocam o chão, terá um efeito marcante sobre seu estado mental.

Outra maneira de meditar enquanto caminha em ritmo normal é tentar dizer silenciosamente para si mesmo, durante três ou quatro passos, a palavra *andando.*

"Andando"

"Andando"

"Andando"

Já encontramos essa voz antes. Você se lembra de Michael, o sargento de polícia, e a Voz da Verdade? A voz dizendo "andando" também é a Voz da Verdade. A palavra *andando* inquestionavelmente descreve o que você está fazendo. Se estiver aborrecido, distraído ou zangado, esse dizer a verdade interior tem um curioso poder de ajudá-lo, à medida que se move através do tempo e do espaço, marcando o tempo com uma palavra.

Essa é uma prática que você pode fazer em qualquer lugar. Ninguém precisa saber. Você está a caminho da copa para pegar uma xícara de café? Sua mente está tumultuada com os telefonemas que tem de fazer, os relatórios que tem de escrever, o trabalho inacabado esperando sobre a escrivaninha?

Ótimo. Tudo isso estará lá quando você voltar. Enquanto isso:

"Andando. Andando. Andando."

Diga as palavras enquanto anda, e diga-as quando voltar com sua xícara de café fumegante nas mãos. Usar a mente dessa forma pode parecer uma perda de tempo, mas não é. Você está desenvolvendo a capacidade da sua mente de estar presente consigo mesma.

MEDITAÇÃO NA POSIÇÃO SENTADA PRATICADA NO TRABALHO

"Todos já sentaram!" Se você trabalha sentado, sentar é parte do que você faz no trabalho. Tentar reservar um tempo para praticar no trabalho a meditação na posição sentada é um pouco mais problemático do que no caso da meditação em movimento. Quando você está andando no trabalho, em geral está mudando de uma atividade para outra. Mas quando está sentado, supõe-se que esteja trabalhando! Não quero que este livro seja uma razão para o seu patrão chegar até você com uma carranca, como a do meu reitor na faculdade, dizendo: "Ouvi dizer que você tem meditado durante o trabalho!" (Também quero enfatizar que existe um número cada vez maior de gerentes que encaram a meditação com complacência, e que talvez tenham até tentado praticá-la. O local de trabalho está mudando a todo instante.)

Se você trabalha com algo do tipo entrada de dados, no qual todos esperam que seja continuamente produtivo durante todo o tempo que fica sentado à escrivaninha, então terá de encontrar oportunidades para praticar a meditação na posição sentada durante os intervalos. Mas se o seu trabalho se relaciona mais com projetos – se é um gerente, por exemplo, ou um programador de computador – então algum tempo para planejar e refletir são parte daquilo para o qual você é pago.

Alguns especialistas em produtividade incentivam as pessoas que trabalham presas a uma escrivaninha a tirar os olhos do trabalho de vez em quando, como um antídoto para a tensão constante e a má postura. Esses intervalos são um momento propício para um minuto de meditação na posição sentada. Lembre-se da minha experiência como guarda-livros e tente não *parecer* que está meditando. Contudo, há duas coisas que você pode fazer, ambas relativamente insignificantes: Primeira, coloque ambos os pés inteiros no chão e, segundo, deixe as mãos descansarem confortavelmente no colo ou nos braços da poltrona.

Procure fazer um ciclo de dez respirações. Isso deve levar cerca de um minuto. Faça isso uma vez a cada hora, oito vezes no curso do dia.

Se você trabalha diante da tela de um computador, fixe os olhos no monitor cerca de três centímetros abaixo da borda inferior da tela. Muitas vezes é aí que fica o rótulo do fabricante. Talvez você prefira colar um retângulo de papel colorido nesse lugar. Ele pode ser o seu papel "da respiração". Sempre que olhar para ele, lembre-se de respirar. Outra tática é desligar o monitor do computador por alguns momentos. Muitas pessoas não compreendem que podem desligar o monitor sem afetar o próprio computador. Talvez ache relaxante ou até mesmo libertador contemplar a tela em branco durante alguns minutos enquanto respira fundo. Enquanto estiver olhando para o retângulo de papel ou para a tela em branco, você não estará trabalhando nem pensando, não estará zangado, nem distraído, nem aborrecido, nem estressado, ou seja lá como estiver durante o resto do dia.

Você está respirando.

Você está observando a sua respiração.

Por um momento, você saiu do "círculo branco" da sua atividade habitual.

Você já assistiu a um campeonato de luta romana? Os lutadores têm de permanecer dentro de um círculo branco, caso contrário, são penalizados. Se saírem vezes demais do círculo são desclassificados. Essas são as regras da luta romana.

O "círculo de luta" da nossa mente – seu tamanho, forma, localização e domínio – nos pertence. Podemos desenhar o círculo onde desejarmos.

É o nosso círculo.

Um minuto por hora, oito vezes por dia, deixe que o círculo se amplie e mude. Ele voltará quase imediatamente à sua velha forma no minuto em que você tirar as mãos dos braços da poltrona e os olhos do retângulo de papel colorido ou da tela em branco. Mas alguma coisa terá mudado.

Num minuto o círculo se tornará mais flexível, em outro mais maleável e em outro ainda será alvo de mais atenção e percepção.

O círculo de luta é todo seu.

PRÁTICAS DE MEDITAÇÃO

- Uma vez a cada hora, sente-se por um minuto e observe sua inspiração e expiração.
- Quando estiver em pé, fique atento aos seus pés. Sinta o chão.
- Enquanto estiver andando, faça sua caminhada com a Voz da Verdade dizendo "andando, andando".
- Pergunte a si mesmo: "Qual é meu estado mental neste exato momento?" Seja qual for a resposta – "distraído", "em paz", "zangado" – essa é a Voz da Verdade. É você.

parte três

ESTAGNAÇÃO

ESTAGNAÇÃO é a seção da Roda da Energia que inclui a depressão, a tristeza, o desânimo e o tédio. Os estados de estagnação são caracterizados por uma incapacidade de se mover, de mudar, de se desenvolver, de crescer. Exemplos comuns de estagnação no local de trabalho são a falta de dedicação ao emprego, a incapacidade para melhorá-lo ou uma relutância para procurar um trabalho diferente. Existe uma sensação pegajosa nesse território, uma sensação de letargia e de fadiga. Ficamos estagnados em resposta a uma dificuldade que não conseguimos resolver ou superar.

A Estagnação é um estado de baixa energia, frio em vez de quente. É o oposto do Conflito. No Conflito sentimos intensamente nossa raiva, preocupação e *stress*. Lutamos por uma promoção, enfrentamos o chefe, procuramos tornar o emprego mais interessante. Mesmo que o conflito seja desagradável, nossa energia está mobilizada. Mas, na Estagnação, perdemos nossa energia e retrocedemos, como um caracol tentando rastejar para fora de um poço e deslizando de volta para baixo. Essa condição se assemelha a um beco sem saída, um fracasso, uma derrota. E a menos que possamos nos recuperar e tentar outra vez, podemos de fato ser derrotados.

O que redime a Estagnação é que ela também é um lugar, como um útero ou um pântano, onde uma nova vida pode se formar. O pântano está vibrante de vida. Porque ele é quieto e protegido, criaturas frágeis como girinos estão seguras ali. O pantanal da Estagnação nos dá um porto seguro para o qual nos retirarmos quando estamos feridos.

Na Estagnação, não queremos nos levantar pela manhã. Molengamos no trabalho; não fazemos o esforço necessário. O trabalho que fazemos paga o aluguel, mas não é satisfatório. Na Estagnação não é tanto o fato de que nos sentimos mal mas de que perdemos a noção de como nos sentimos. Quando alguém nos pergunta sobre como nos sentimos acerca do nosso trabalho, talvez apenas encolhamos os ombros. Nessa situação, até mesmo sentir-se *mal* pode ser uma melhora!

As práticas que analisamos nesta seção são todas métodos para acender nosso fogo, para nos fazer avançar, para nos ajudar a encontrar algo interessante para fazer, nem que seja algo simples como ouvir o vento ou aguar uma planta. Em última análise, não é o emprego que é melancólico, somos nós. Nosso trabalho pode ser algo que não podemos mudar. Mas como nos sentimos acerca dele, e o tipo de energia com que o fazemos é algo que podemos mudar. Essa é a oportunidade espiritual da Estagnação.

Temos de lembrar, no entanto, que sair do pântano é voltar aos problemas e conflitos que nos fizeram fugir para lá. Em outras palavras, temos de estar preparados para negociar, trocando a segurança pela energia e temos de voltar à arena do *stress* e do conflito – desta vez, esperamos, mais bem preparados. O objetivo dessas práticas não é necessariamente fazer com que a pessoa se sinta melhor mas simplesmente que sinta *algo*. Por um momento, ela até pode se sentir pior. Mas sentirá com mais profundidade, e ao seguir esse sentimento, poderá emergir mais forte, mais lúcida e mais confiante.

Aborrecimento 8

O QUE É ABORRECIMENTO?

O Aborrecimento é uma queixa bastante comum no local de trabalho. Existem muitos trabalhos (faxina em casas, trabalho em fábricas, recepcionista, balconista) que muitas pessoas considerariam aborrecidos. Na verdade, há cinqüenta anos, essa era a situação da maioria dos empregos. Ter um emprego interessante, que apresente desafios, é um dos privilégios de viver na sociedade afluente. Por outro lado, algumas pessoas – artistas e escritores, por exemplo – podem preferir um emprego aborrecido, que não exija que gastem a energia psíquica e criativa que gostariam de dedicar à sua vocação primária.

Mas quando dizemos que algo é aborrecido, o que isso realmente significa? Durante seus anos como professora de jardim-de-infância, minha mulher muitas vezes ouvia seus alunos se queixarem: "Que aborrecimento!" Ou ela ouvia um dos pais dizer: "Minha Jennifer não está sendo estimulada na sala de aula. Ela acha a aula aborrecida!" Na maioria dos casos isso significa que Jennifer preferia estar fazendo outra coisa e não quer praticar a atividade do momento. Todos nós nos sentimos assim de vez em quando.

Eia, grande esbanjador!

Saudação diária do Cobrador de Pedágio Existencial

Quando estamos aborrecidos no trabalho, isso talvez signifique que nosso emprego é intrinsecamente desinteressante. Ou talvez signifique que, independentemente do mérito do nosso trabalho, tomamos a decisão consciente de nos fecharmos para o que realmente está acontecendo.

Logo depois de me formar na faculdade, minha mulher e eu dividimos uma casa com um outro casal, cujo marido trabalhava como conferente de mercadorias num supermercado local. Ele sonhava em ser assistente social e achava fascinante as interações com os clientes, os colegas e gerentes da loja. Para ele, tudo era educação na vida real. Os outros conferentes, aparentemente, não compartilhavam seu entusiasmo. Para eles tratava-se apenas de um trabalho de burro de carga.

Evidentemente, o que é um trabalho aborrecido para uma pessoa pode ser fascinante para outra. Portanto, quando começarmos a tratar do aborrecimento, vamos considerar uma parte do dia de trabalho que quase todas as pessoas concordam que seja bastante desinteressante – o trajeto diário para o trabalho.

TEMPO, VELOCIDADE E PERCURSO

Quanto tempo você leva para chegar ao trabalho? (Se você trabalha em casa, por favor não se vanglorie da sua situação ao responder a esta pergunta!) Um norte-americano médio leva quarenta minutos para ir e quarenta para voltar do trabalho. Quase uma hora e meia da sua vida durante os cinco dias da semana, quarenta e nove semanas por ano, entra e sai ano. Se somarmos todo esse tempo no curso de nossa vida de 45 anos de trabalho o resultado é de 16.538 horas. Isso são 689 dias, ou quase dois anos!

Dois anos da nossa vida, para ir e voltar do trabalho. É um bocado de tempo! Como nós o usamos? Se formos como a maioria das pessoas, podemos passar o tempo ouvindo música ou o rádio, ou pensando no trabalho. Ou podemos falar no telefone celular ou ouvir livros gravados em fita. Há trinta anos, Suzuki Roshi ficou atônito ao descobrir que os norte-americanos gostam de ler na cama! Para ele, isso já era fazer muita coisa de uma só vez. Só posso imaginar o que ele teria pensado das pessoas falando no celular enquanto dirigem. De uma maneira ou de outra, preenchemos o tempo enquanto corremos, ansiosos para chegar ao trabalho pela manhã, ou para chegar em casa à tarde. Estamos nos movimentando, tanto física quanto mentalmente.

O mundo moderno mudou radicalmente nossa noção de tempo. Até a invenção da ferrovia, ninguém pensava em ultrapassar a velocidade de um cavalo a galope. A velocidade com que corremos de um lado para outro hoje, nada mais faz do que acrescentar complexidade ao nosso dia. Ela muda a própria natureza de nossas percepções. *The Farther Shore: A Natural History of Perception*, do dr. Don Gifford, analisa o impacto da vida moderna sobre a percepção, especialmente sobre como a velocidade do movimento alterou profundamente o modo de vermos o mundo. Eis aqui seus comentários sobre a distância entre Williamstown, Nova York e a cidade de Nova York:

> *Se percorrermos essa distância no lombo de um cavalo, a cidade ficaria de três dias e meio a quatro dias de distância (trinta e seis vezes "mais longe" do que se formos de carro); a pé, estaria a dez dias de distância. De início, devemos imaginar a caminhada ou o trajeto a cavalo como uma maratona de monotonia e impaciência. Mas esse dificilmente seria o caso quando se estivesse em meio a ela. Era preciso estabelecer um ritmo, a mente e os olhos ocupados com o cenário rico em detalhes complexos, inacessíveis para nós em nossos casulos de vidro e aço a cem quilômetros por hora.*

O que o professor Gifford está dizendo é que, quanto mais devagar viajarmos, mais vemos e menos aborrecidos ficamos. Parece que, embora a velocidade tenha dado mais qualidade à nossa vida, o oposto é que é verdade. Dirigir um carro ou sentar-se num ônibus ou trem quando nos dirigimos ao trabalho, nos fecha para a nossa verdadeira experiência. Quando dirigimos, nossa atenção se fixa na estrada e nos outros carros que passam voando. No ônibus ou trem, estamos amontoados num ambiente barulhento, muitas vezes desagradável. Parece que estamos sentados tranqüilamente, mas a experiência está longe de ser tranqüila. E porque nosso ambiente é veloz e dispersivo, a nossa mente também é.

No entanto, independentemente da pouca autonomia que temos quando estamos de fato trabalhando, o tempo que gastamos no trajeto de ida e vinda é totalmente nosso. Ainda não chegamos ao trabalho ou já saímos dele. Não há ninguém para nos dizer o que fazer. É por isso que o trajeto para o serviço é uma boa oportunidade para incluir alguma prática espiritual em nosso dia de trabalho.

OUVIR SEM JULGAR

Uma hora e vinte minutos, indo e vindo, sem nada para fazer. Por que não experimentar? Você já tentou dirigir dez quilômetros por hora mais devagar do que habitualmente faz? Já tentou ficar na mesma fila atrás de um carro lento? Já prestou atenção aos sons que o cercam, ao ronco do motor, ao barulho dos trilhos do trem, ao ruído e agitação do tráfego em volta? Podemos nos sintonizar com a realidade inexpugnável ao nosso redor? E se você é uma daquelas almas felizardas que vão a pé para o trabalho (Sim, algumas pessoas ainda fazem isso!), então você está à frente dos motoristas dos carros e passageiros dos trens. Você de fato tem cenários – paisagens, aromas e sons – para apreciar.

Se você está acostumado a ouvir o rádio ou deixar sua mente devanear com pensamentos sobre trabalho, eu o estimulo a desistir de algumas dessas distrações e, em vez disso, despertar os sentidos ouvindo os sons à sua volta – o barulho do tráfego, o vento que sopra, o burburinho da conversação no ônibus ou no trem. Apenas ouça sem fazer qualquer julgamento, sem se entregar à impaciência e ao aborrecimento, sem pegar o jornal ou ouvir o rádio. Finja que você é um dos viajantes da carruagem do professor Gifford, absorto no panorama mutável de paisagens e sons à medida que viaja.

Esse exercício se compõe na verdade, de duas práticas em uma. É uma prática de ouvir simplesmente bem como uma prática de suspender o julgamento. Quanto do nosso dia de trabalho gastamos fazendo julgamentos? Talvez o julgamento crítico seja a principal habilidade pela qual lhe pagam! Este produto é bom, dizemos, aquele outro não presta. Esta pessoa fez um bom trabalho, aquela outra tem de melhorar. Vale a pena procurar este cliente, aquele outro é perda de tempo. Sobre o que seus colegas falam durante o almoço? Quanto dessa conversa são críticas, lamentos e tagarelice? Todo o local de trabalho está repleto de julgamentos. Não é de causar espanto que seja tão estressante!

Veja se consegue passar ao menos dez minutos em seu caminho de ida e volta ao trabalho apenas ouvindo, sem fazer nenhum julgamento, sem buzinar de volta quando alguém buzina para você, sem ligar o rádio para abafar os outros ruídos. Se você lê o jornal no trem, tente dobrá-lo. Se for uma dessas pessoas que abre a maleta de trabalho assim que pisa no ônibus, tente deixá-la fechada. Você tem outro trabalho a fazer agora, a prática da audição pura e simples.

Quando foi a última vez que realmente despendeu tempo prestando atenção aos sons do mundo? Talvez ao dar um passeio no parque você pôde ouvir os passarinhos chilrando nas árvores. Como se sentiu? Isso levantou seu ânimo? Talvez você não ache que ouvir os sons do tráfego ou o barulho do vento na pista seja incrivelmente inspirador. Mas o som em si mesmo não sabe se é agradável ou desagradável. Ele apenas soa, sem embaraço ou medo de críticas. Se o seu sangue ferve quando alguém corta a sua frente ou mete o dedo na buzina, a culpa não é da buzina, que é um mero som que vem e vai. Somos nós que o rotulamos como MAU! O que nos custa praticar desistir desse MAU! e ouvir que sinfonia está tocando ao nosso redor quando deixamos de julgar e apenas ouvimos?

O compositor John Cage costumava executar peças nas quais ele andava no palco, sintonizava três, dez ou vinte rádios em diferentes estações, e os deixava tocar. Quando fez isso pela primeira vez, há vários anos, os apreciadores de concertos ficaram irritados, depois intrigados. Isso seria música? O que seria? O sr. Cage era um ávido estudioso do Budismo. Ele entendia que o som puro, independentemente do seu conteúdo, pode ser um prazer, e que o ouvinte, não o som, era quem decidia se sentiria ou não prazer.

Se ouvimos com criticismo e julgamento, isso não é algo que acontece nos ouvidos, porém entre eles. Trata-se de uma maneira de ajustar nosso botão sintonizador interior para ouvir não o significado do som (como as palavras do nosso colega de trabalho irritado ou parceiro), porém o som em si mesmo.

CONTATO VISUAL COM O MOTORISTA

Recentemente, quando eu estava descrevendo a um grupo de budistas a prática de Ouvir sem Julgamento, um homem chamado Peter levantou a mão.

– Também tenho uma prática para usar no carro – ele disse. – O que tento fazer é estabelecer contato visual com o outro motorista sempre que posso. É muito fácil esquecer que a pessoa no outro carro é um ser humano e não apenas um veículo.

– Até que ponto isso funciona? – perguntei. – Não é difícil estabelecer esse contato?

– Você ficaria surpreso – ele respondeu. – É quase como se as pessoas estivessem à espera de que as vejamos. Muitas vezes elas acenam. E eu aceno de volta. Realmente, faz uma diferença.

Apreciei essa lição de Estabelecer Contato Visual com o Motorista e comecei a praticá-la. Peter tinha razão. Acenar casualmente quando alguém é cordial com você enquanto dirige é uma coisa. É um esforço que traz muito mais resultados estabelecer contato visual, realmente ver a outra pessoa por trás do volante.

Quando dei essa sugestão em outro seminário, as pessoas apontaram uma ligação entre o ambiente do seu local de trabalho e dirigir na estrada. Nosso carro nos cerca com uma concha dura. Essa concha nos separa dos outros motoristas e tem um efeito ligeiramente "desumanizador". Isso pode levar a um comportamento com o qual nem sequer sonharíamos em outras circunstâncias, desde maldições e gestos até a verdadeira violência física. A raiva no trânsito está se tornando tão comum que os psicólogos estão se especializando nisso. No trabalho, também temos uma concha, uma concha psicológica em vez de uma concha física. No trabalho, não somos apenas Joe ou Sally, somos o chefe, o assistente, o médico ou a enfermeira, o professor ou o diretor.

As práticas de Ouvir sem Julgar e Contato Visual com o Motorista são dois modos de nos tornarmos mais conscientes da concha e de a ultrapassarmos. Se elas podem funcionar na rua, talvez possam ser úteis no trabalho também. Entender que a concha é uma escolha comum que todos fizemos nos ajudou a ver nossos colegas de trabalho com mais transparência e mais coração.

NÃO MUDAR DE FAIXA

Quando eu atravessava a ponte Golden Gate em direção a São Francisco todos os dias, notava a freqüência com que as pessoas (inclusive eu!) mudavam de faixa para entrar na que parecia mais rápida no momento. A ponte, construída há sessenta anos, tem apenas seis faixas para ambas as direções, portanto, muitas vezes ficava congestionada. Uma gaivota com uma inteligência acima da média, olhando o cenário ali do alto da ponte, poderia observar o que do nosso carro seria impossível – que toda essa atividade de mudança de faixas estava atrasando a todos. Se cada um ficasse na sua faixa, chegaria ao destino mais depressa. Mas isso só pode acontecer se cada um dos motoristas, por sua própria conta, tomar essa decisão. Assim, por mais ilógico que possa parecer, forcei-me a continuar na faixa em que estava. Não posso dizer que as gaivotas sempre tenham razão (algumas vezes um carro pára e uma das faixas fica inteiramente bloqueada!). Mas me senti mais descontraído. Não tinha de me preocupar em escolher um ou outro caminho, apenas seguia o carro à minha frente. E quando as pessoas tentavam me cortar, simplesmente as deixava fazer isso. Tinha a sensação de que, se as deixasse fazer isso hoje, amanhã talvez outra pessoa me permitisse fazer o mesmo.

Somos sempre parte de uma situação mais ampla, quer estejamos na pista ou no meio do nosso dia de trabalho. O que parece funcionar melhor para nós no momento, pode não funcionar para a situação como um todo. Mesmo se soubermos que nossa decisão solitária não modificará o comportamento de todos os outros motoristas num passe de mágica, ficar em nossa própria faixa não é um mero ato de altruísmo ingênuo. É mais como fazer um investimento espiritual e uma conexão com algo maior que nós mesmos, não porque obtemos uma recompensa imediata, mas porque isso altera a química entre nós e o ambiente que nos cerca de uma forma intrigante e calmante.

ABORRECIMENTO E BOM HUMOR

Havia um cobrador de pedágio que saudava cada carro com um sorriso alegre e a saudação "Eia, grande esbanjador!" enquanto recebia os dois dólares. Ele não fazia isso apenas ocasionalmente. Invariavelmente, quando eu passava pela sua cabina, a saudação e o sorriso eram os mesmos. Vi-me olhando para a frente, procurando entrar na pista da cabina dele quando me aproximava do pedágio. Certa vez eu o acompanhei na saudação dizendo: "O que o leva a pensar que sou um grande esbanjador?"

– Posso ver em seus olhos – ele respondeu, erguendo as sobrancelhas como Groucho Marx. Essa saudação era o seu modo de enfrentar o dia, usando o bom humor para animar seu trabalho repetitivo. Visto que, naturalmente, todos nós pagávamos os mesmos dois dólares, havia algo quanto à maneira que ele me saudava todos os dias como um "grande esbanjador" que fazia com que eu me sentisse um pouco melhor a meu respeito. Ainda me lembro dessa sensação agora, tantos anos depois.

Poucas pessoas aceitam um trabalho aborrecido por opção pessoal. Ou a vocação delas é outra ou as circunstâncias não permitem que peçam demissão ou mudem de emprego. A filha de um amigo meu certa vez divertiu os juízes, quando fazia seu teste de seleção para a Escola Dramática de Yale, ao responder à pergunta: "Por que você quer ser uma atriz?" com " Oh! Sinto muito! Pensei que estivesse fazendo o teste para garçonete!"

O raciocínio habitual sobre um emprego é "Não me importa o quanto ele é aborrecido. Não é isso que estou fazendo *de fato*. Não tenho de investir energia emocional no trabalho. Se tudo der certo, não ficarei por muito tempo neste emprego". Esse é um pensamento bem racional, mas esses empregos aborrecidos, que só servem para pagar o aluguel, costumam durar mais tempo do que esperamos.

"Eia, grande esbanjador!" Essa saudação espirituosa tem mais conteúdo do que parece à primeira vista. Ela diz, "Não vou apenas fazer o trabalho. Vou criar o trabalho!" Ela expressa a intenção óbvia de ultrapassar os limites da descrição do trabalho com riso e bom humor. Quantos cobradores de pedágio você conhece que têm a energia e a perseverança de fazer isso? A maioria deles não diz nada, apenas recebe o nosso dinheiro. Posso pensar em muitas profissões em que esse tipo de abordagem poderia ser eficaz – garçonete, balconista, representante de serviços ao cliente, atendente de bar, motorista de táxi ou de ônibus.

A saudação "Eia, grande esbanjador!" acaso é uma prática espiritual? Feita uma ou duas vezes é apenas um comentário divertido. Mas mantê-la viva dia após dia, da forma como ele fazia, com aquele sorriso alegre no rosto, é muito mais do que bom humor. O Cobrador de Pedágio Existencial estava dando algo de si mesmo a cada motorista que passava e participando do mundo num nível espiritual e não meramente material.

FAZER O TRABALHO, CRIAR O TRABALHO

Dando outro exemplo, eu gostaria de lhe apresentar a mulher que chamo de a Melhor Recepcionista do Mundo. Tenho grande simpatia pelas recepcionistas de escritório. O trabalho delas é difícil e em geral não muito respeitado. Porém, elas são o rosto e a voz de toda a empresa. Sempre que estou visitando um cliente em potencial pela primeira vez, faço questão de passar um pouco de tempo com a recepcionista. Acho que muitas vezes aprendo mais sobre como é a firma com a recepcionista do que com o presidente. Eu posso perguntar: "Como é trabalhar aqui?" Se eu receber um franzir de sobrancelhas ou um rolar de olhos, essa é uma informação importante para mim.

Certa vez passei vinte minutos no saguão de uma empresa de Los Angeles esperando e observando uma senhora lidar com um movimentado quadro de distribuição de ligações telefônicas. O jeito como ela fazia isso tinha muitas coisas surpreendentes. Em primeiro lugar, ela passava muito do seu tempo levantando-se, andando de um lado para o outro, enquanto atendia os chamados. Em segundo lugar, ela parecia conhecer todas as extensões de quatro dígitos de cor, apesar de a firma ter algumas centenas de empregados. Em terceiro lugar, ela terminava cada breve troca de palavras com uma gentileza. Ela tinha uma biblioteca cheia dessas frases. Algumas vezes era "Tenha um bom dia, senhor" ou "Terei prazer em fazer a sua ligação agora". Senti-me como se fosse a platéia de uma peça de teatro composta de uma única personagem feminina.

– Você realmente memorizou todos esses números de extensão? – perguntei quando houve uma trégua momentânea.

– Querido – ela disse –, estou fazendo este trabalho há dez anos. Sei de tudo.

– Aposto que sabe – eu disse, e, então, lembrando-me de que estava em Los Angeles, acrescentei: – Se houvesse um Oscar para a Melhor Recepcionista você o ganharia.

Essa bajulação não a impressionou.

– Você está certo! – ela retrucou.

E então ela ergueu o indicador para indicar o próximo chamado e nossa breve conversa terminou.

Espero que esteja sendo bem paga. Uma pessoa como ela poderia dar aulas extraordinárias sobre como tornar interessante um emprego aborrecido.

Certa vez, a caminho do aeroporto Kennedy em Nova York, tomei um táxi cujo motorista era um afro-americano corpulento de meia-idade. Nos primeiros cinco minutos, ele já havia me esclarecido os seguintes fatos:

- Ele havia tentado jogar na defesa para o Green Bay Packers.
- San Diego tem a mais alta população de médicos cardiologistas *per capita*

do que qualquer grande cidade dos Estados Unidos, um fato que ele ficou sabendo via Internet.

- O dr. Charles Drew, o homem que desenvolveu o processo de coleta do plasma sangüíneo, era um dos muitos inventores afro-americanos cujas contribuições eram pouco conhecidas ou reconhecidas.

No curso daquele trajeto de quarenta minutos, aprendi uma porção de coisas sobre a realidade da vida de trabalho na América. Ele não era apenas um motorista de táxi. Ele havia estudado para ser um educador, um Professor Taxista. Quando saí do seu carro, agradeci pelas coisas que me havia ensinado. Ele me olhou nos olhos e acenou, sem sorrir, mas reconhecendo meu elogio. Ele levava o seu trabalho a sério.

Se pensarmos com nossos botões,"Meu trabalho é aborrecido. Não me pagam bem, portanto não vou contribuir com muita coisa. Minha vocação é outra", então permitimos que o valor e o alcance do nosso trabalho seja definido pelo nosso patrão e pelo nosso salário. No entanto, se formos como o Cobrador de Pedágio Existencial, a Melhor Recepcionista do Mundo ou o Professor Taxista, então nosso trabalho pode ser o que nossa criatividade quiser que ele seja.

PRÁTICAS PARA ELIMINAR O ABORRECIMENTO

- Em seu trajeto para o trabalho, ouça todos os sons ao seu redor sem fazer julgamentos.
- Ao menos uma vez por dia, veja se consegue ouvir os outros sem julgar, enquanto está no trabalho.
- Quando dirigir, tente ficar atrás de um motorista lento.
- Uma vez nesta semana, experimente demonstrar bom humor, criatividade e compaixão no trabalho.

Fracasso 9

Nenhum de nós quer fracassar. E, no entanto, no curso da vida, o fracasso é inevitável. Isso é especialmente verdade no local de trabalho, onde a competição cria tanto ganhadores quanto perdedores. O fracasso é difícil, mas algumas vezes também pode ser uma vantagem e um sinal de força, particularmente no caso de gerentes ou empresários. Quando uma firma para a qual trabalhei estava procurando um novo presidente, todos os gerentes seniores receberam um relatório confidencial da agência de recolocação que havíamos contratado. Sob a seção intitulada "Fraquezas", havia a seguinte anotação acerca de um candidato, "Candidato não passou por um fracasso".

A agência de recolocação considerava fraco o candidato que não houvesse conhecido o fracasso. E por um bom motivo. Nossa empresa estava numa situação difícil. Precisávamos de alguém que tivesse afundado com o navio, pois se começássemos a afundar, ele ou ela não entrariam em pânico e saberiam o que fazer.

O fracasso não é fracasso.
O sucesso não é sucesso.
Hoje não é amanhã.
Você ainda é você.

Não existe curso para aprender como falhar. O fracasso não é uma matéria das escolas de administração, nem nós podemos usá-lo como crédito na faculdade. No entanto, é uma das experiências mais valiosas da vida, tanto no sentido prático quanto no espiritual. E mesmo quando pensamos estar fracassando, é difícil saber, em meio à situação, o que é fracasso e o que não é.

FRACASSO NÃO É FRACASSO

Dizer "fracasso" é fazer um julgamento e uma comparação. Pomos um rótulo em nossa situação, definindo-a no espaço e no tempo, e medindo-a segundo algum padrão que estabelecemos para nós mesmos, chamado sucesso. Isso não quer dizer que o fracasso não seja real. Ele é. Mas sua realidade é conjetural e relativa. Muitas vezes estamos fadados a fracassar devido ao modo limitado e irrealista com que definimos o sucesso.

Certa vez li uma história dos nativos norte-americanos que exemplifica isso. O chefe da tribo estava orgulhoso do seu filho adolescente, que estava na idade de cavalgar com os homens adultos em um dos seus periódicos ataques de surpresa. Na noite anterior ao ataque, o filho caiu do cavalo e quebrou a perna. O chefe se queixou amargamente ao xamã da tribo por essa reviravolta nos acontecimentos.

– Má sorte – o xamã concordou.

O ataque não saiu como planejado. O grupo sofreu uma emboscada e vários dos participantes foram assassinados. Muitos dos que voltaram estavam feridos ou arrasados. Quando o chefe e o xamã fizeram a ronda para ver os sobreviventes, congratulando-os pela bravura e confortando os feridos, o chefe mencionou ao xamã que, se não fosse pela perna quebrada, seu filho poderia ter sido morto no ataque junto com os outros.

– Boa sorte – respondeu o xamã.

O xamã parecia estar concordando com o chefe, mas na verdade estava querendo pôr em evidência a comparação e o julgamento. Do ponto de vista do chefe naquele momento, dado o que ele havia já definido como sucesso, a perna quebrada do filho parecia um fracasso. Mas no dia seguinte, parecia-lhe um sucesso.

Esse tipo de ambigüidade acontece freqüentemente nos negócios. Certa vez, nos primeiros dias da minha empresa de *software*, eu fiquei aborrecido quando um cliente em potencial decidiu não comprar nosso produto. Eu realmente precisava dessa venda e não obtê-la me pareceu um fracasso. Meu sócio me fez notar que a empresa desse cliente não parecia muito sólida, mas essa observação não valia de nada para encher nossa conta bancária insuficiente. Mas meu sócio tinha razão. Não foram necessários muitos meses para que a empresa fechasse as portas. Se a tivéssemos como cliente, teríamos tido muito trabalho e não teríamos sido pagos. O resultado foi o melhor para nós.

Antes de abrir meu próprio negócio, fui consultor para outras empresas de venda por catálogo. Uma dessas companhias, um pequeno negócio de venda de ervas medicinais pelo correio, estava lutando para se firmar no mercado. Jonah, o proprietário, era profundamente dedicado aos seus produtos, muitos dos quais ele mesmo produzia. Jonah esperava obter um grande sucesso no ramo de venda por catálogo. Um amigo dele havia começado seu próprio negócio nesse ramo e ia muito bem. No entanto, quando examinei os relatórios de vendas de Jonah, e a média de respostas, ficou claro que, no caso dele, a venda por catálogo não ia funcionar. Da forma mais gentil possível, expliquei isso a ele. Ele ouviu meu conselho, mas seis meses depois, eu ainda estava recebendo seu catálogo pelo correio. Continuei tocando meu próprio negócio, perdi contato com Jonah, mas recentemente vi sua foto no jornal do bairro. Seu negócio agora era uma cadeia de lojas a varejo e ia bem dessa forma. No artigo do jornal, ele foi honesto sobre a interrupção da venda por catálogo. "Quase afundamos com a venda por catálogo", diz ele no jornal, "mas acabamos aprendendo o que os clientes de fato querem, e como transformar nosso negócio num sucesso".

Um dos comentários favoritos de Suzuki Roshi era, "Pode ser que sim". Ele o usava para responder muitas perguntas. Se um estudante lhe perguntasse, "Suzuki Roshi, você acha que a guerra do Vietnã é um erro?", ele respondia, "Pode ser que sim". Se lhe perguntavam, "A meditação é o caminho mais rápido para obter a iluminação?", ele dava a mesma resposta.

Um discípulo entusiasmado com a dieta macrobiótica ficava pressionando Suzuki Roshi a reconhecer que essa era a dieta mais vantajosa do ponto de vista espiritual. Suzuki Roshi não concordou realmente com ele em nenhuma ocasião, exceto talvez para resmungar, "Pode ser que sim". Finalmente, depois de ser interpelado pela enésima vez, ele disse, "O alimento é muito importante".

Pode parecer que Suzuki Roshi estivesse sendo apenas reservado ou diplomático, e na ocasião muitas vezes me pareceu que sim. Mas agora acho que apenas estava sendo exato.

Se você me disser, "O escritório de advocacia para o qual trabalho está fechando. Meu último pagamento será daqui a seis semanas e então eu estarei na rua. Isso não é terrível?", posso sentir-me inclinado a imitar meu mestre e responder: "Pode ser que sim." Não porque eu não compreenda sua queixa. Certamente parece uma infelicidade. Mas quem sabe o que acontecerá? Talvez daqui a dois anos você olhe para trás e compreenda que perder seu emprego foi a melhor coisa que já lhe aconteceu.

É por isso que digo:

Fracasso não é fracasso.

Sucesso não é sucesso.

Hoje não é amanhã.

Você ainda é você mesmo.

O que é mais importante e mais essencial: que você tenha fracassado ou que ainda continue sendo você mesmo?

ELEVE O OUTRO, ELEVE A SI MESMO

"O melhor modo de nos elevarmos é elevando o outro." Isso pode parecer um chavão, mas é verdadeiro, e é a base das organizações de auto-ajuda e autocura como os Alcoólicos Anônimos. Se nos sentirmos por baixo, tudo para o que olharmos está embaixo. Se pudermos "elevar" alguma coisa em nosso ambiente, quer em nós mesmos ou em outra pessoa, nós nos beneficiamos.

Naturalmente, às vezes é mais fácil dizer do que fazer. Se nossa situação de trabalho estagnou, se deixou de ser um desafio, se ela nos aborrece e não nos entusiasma mais, encorajar outra pessoa é a última coisa que temos ânimo para fazer. É mais como se nosso desânimo tirasse energia dos outros, fazendo com que se sentissem sem energia quando estão perto de nós.

Há muitos motivos pelos quais nosso trabalho deixa de nos inspirar. Por exemplo, ele pode não ser o trabalho que de fato queremos fazer. Quando eu estava internado num hospital, para fazer uma cirurgia, um enfermeiro cuidou de mim. Ele era gentil e atencioso, mas parecia um pouco triste também. À medida que nos fomos conhecendo melhor, ele me contou que seu sonho durante toda a vida era ser médico, mas suas notas não eram suficientemente boas para entrar na escola de Medicina. Ser enfermeiro foi a sua segunda opção, e ele era bastante bom no que fazia, mas não era o que realmente queria fazer. Ele vivia com essa mágoa.

Outra possibilidade é que fiquemos no caso clássico: sou garçom mas quero ser ator. Ou trabalhamos durante anos para receber a ambicionada promoção, e ela é dada a outra pessoa, e não conseguimos progredir na carreira. Ou, como aconteceu a muitos gerentes e operários do setor industrial no início dos anos 90, perdemos um emprego seguro e bem pago e tivemos de aceitar um emprego num outro lugar, com pagamento reduzido.

A solução definitiva para muitos nessa situação é um emprego diferente, até mesmo outra carreira. Mas essa opção apresenta riscos sérios e alguns problemas. Nem todos podem fazer isso. Seria bom se o mercado não fosse tão rancoroso com as pessoas que, embora sem ter culpa, deixaram de ter o padrão de vida que tinham antes. Mas esse não é o mercado competitivo, às vezes desalmado, em que vivemos.

Assim sendo, como podemos nos erguer nessas situações? Num mundo dominado pelo dinheiro, vai de encontro ao bom senso conseguir algo dando algo aos outros. Mas no mundo do espírito, o dinheiro não é a moeda corrente que conta. Ele não tem valor nesse mundo.

Joyce era alguém que tinha um desses trabalhos de "garçom que quer ser ator". Enquanto estudava para tirar seu diploma em psicoterapia, ela ganhava a vida como motorista de limusine. Certa tarde, depois de ter levado um casal recém-casado, ela estava dirigindo o Rolls-Royce da sua firma, quando foi abordada num cruzamento por uma mulher macilenta que pedia esmolas aos motoristas dos carros que passavam. Os olhos da mulher se arregalaram quando ela viu o Rolls-Royce parar perto dela.

– Não tenho dinheiro para lhe dar – disse Joyce à mulher. – Só tenho o suficiente para o pedágio da ponte. Mas pensei em parar mesmo assim, apenas para dizer olá.

A face da mendiga se suavizou.

– Deus a abençoe – ela disse a Joyce, dando um tapinha na porta preta brilhante do Rolls-Royce. – Veja esse Rolls! Vou me lembrar disso durante bastante tempo. – Ela piscou para Joyce. – Você sabe que poderia me dar o carro.

Joyce riu.

– Se você estiver aqui amanhã, eu lhe darei algum dinheiro.

Ela fez questão de passar pela mesma esquina no dia seguinte, mas a mulher não estava lá.

Um participante do seminário perguntou a Joyce por que ela havia parado o carro, se sabia que não tinha dinheiro. Joyce teve de pensar um pouco na pergunta.

– Não sei – ela disse. – Meu trabalho é muito aborrecido. Apenas me vi fazendo aquilo.

Acho que instintivamente ela entendeu que, ao se dirigir à mulher da rua, ela estava elevando a ambas.

A CONSTRUÇÃO DE UM SANTUÁRIO DE ENERGIA NO TRABALHO

Se as coisas não vão bem no trabalho, se não fomos bem-sucedidos, se não somos honrados ou respeitados, então o que podemos fazer? Devemos desistir? Talvez. Se você acha que desistir é uma possibilidade que se deve levar em conta, esteja certo de dar uma olhada no capítulo intitulado "Desistir". Mas suponha que não possamos desistir? Suponha que, apesar de tudo, não queiramos fazer isso? O que podemos fazer?

Isso depende do nosso estado de espírito. Se estivermos agitados, zangados ou aborrecidos, temos de transformar essa energia em algo mais positivo, talvez usando algumas das práticas descritas na Parte Dois, "Conflito". Mas imagine que estejamos apenas desanimados ou deprimidos. Então, o que fazer?

Não temos necessariamente de nos acalmar, nos aquietar ou reduzir nosso *stress*. O que precisamos é algo perto do contrário – nos mover, agir, elevar nosso nível de energia de forma que tenhamos algo com que trabalhar.

Você tem um retrato da sua família, do seu parceiro ou de seus amigos na sua escrivaninha ou pregado na parede no seu local de trabalho? Provavelmente sim, visto que esse é o método mais comum de personalizar um local de trabalho.

Agora deixe-me perguntar-lhe isto: você tem um retrato do seu local de trabalho ou dos seus colegas na cabeceira da cama?

Acho que não.

A sua vida de trabalho e a sua vida pessoal não são equivalentes. Uma é visivelmente mais valiosa do que a outra, motivo pelo qual decoramos nosso espaço no trabalho com lembranças de nossos amigos e seres amados.

Por que fazemos isso? A maioria das pessoas não pensa muito sobre isso – é simplesmente algo que todos fazemos. Mas se eu lhe pedir para pensar com mais atenção, provavelmente você responderia que ter esses retratos no trabalho o eleva, lhe dá energia e um senso de propósito. Esses quadros, conchas do mar, pedras, desenhos ou seja o que for que reunimos para personalizar nosso espaço de trabalho, funciona como um tipo de santuário para nosso ser interior. Eles atuam como um contrapeso para nosso monitor de computador, nossa caixa de entradas, nossa caixa de ferramentas ou luminária da escrivaninha.

Quando estamos nos sentindo por baixo, quando nutrimos o fracasso ou a derrota, um santuário como esse pode ser um recurso. Quanto tempo faz que você tirou o pó dos retratos de família da sua escrivaninha ou os reorganizou? Quanto tempo faz desde que acrescentou algo à coleção de conchas do mar ou dinossauros de plástico? Modificar o santuário, movê-lo de lugar, acrescentar-lhe algo, tomar conta dele, significa nos mover e dar um empurrão à nossa vida interior. Não importa o quanto as coisas estejam ruins no trabalho, o santuário representa a parte de nós que o local de trabalho não pode tocar.

Eis algumas sugestões práticas para energizar seu santuário no local de trabalho.

Adicione um vaso de flores frescas ou uma planta viva. Além de acrescentar beleza ao seu espaço de trabalho, uma planta requer cuidados – água, alimento, poda – ou ela morrerá. A planta é você. Como você, a planta é frágil. Como você, a planta precisa que cuidem dela. Portanto, cuide dela regularmente, sem falhar, e estará cuidando de si mesmo. Você não precisa de um mestre espiritual para explicar-lhe o que significa deixar a planta morrer.

Tenho uma planta no meu escritório. Eu a chamo de Audrey III. (Audrey era a planta que comia homens na comédia musical *A Pequena Loja de Horrores*.) A planta cresce por todo o lugar. Ela cobre meus livros, se agarra ao armário de arquivos e fica no caminho quando tento fechar as janelas. Mas eu não a corto. Apenas lhe dou água e a fertilizo, e deixo que cresça. Essa é uma parte do meu negócio que não tento controlar. Deixo que me controle. No filme, Audrey II, a planta que comia homens, podia falar e dizia ao seu proprietário "Seymour! Me dê de comer!" Às vezes penso poder ouvir Audrey III sussurrando a mesma coisa.

Se você não trabalha sentado a uma escrivaninha – se é carpinteiro, por exemplo – tente criar o santuário em seu carro ou caminhão. Se tiver um desses modelos com lugar para copos no descanso do assento, esse é um local perfeito para uma pequena planta num vaso.

Visto que este é um capítulo sobre o fracasso, acrescente ao santuário algo que represente sucesso para você. Talvez uma medalha do colégio ou uma foto do dia do seu casamento. Pode ser uma pedra que encontrou num passeio durante um retiro para meditação. Torne a realização palpável. Transforme-a em algo que possa tocar e sentir.

Ao menos uma vez por semana, mude alguma coisa no santuário. Se você ignorar o santuário, estará ignorando a si mesmo. Se alterá-lo, estará encorajando a mudança interior e estimulando a resolução interior. Se não acredita em mim, negligencie seu santuário por alguns dias e então preste atenção a ele outra vez. Veja se pode sentir a diferença.

Mantenha-o só para você. O santuário não precisa parecer um santuário para ninguém mais. Em particular, não precisa parecer religioso. Você não precisa de estátuas de Buda ou pinturas de mestres ou santos para que o santuário funcione. Essas coisas não são apropriadas para o local de trabalho que, afinal, não é um espaço privado. Mantenha essas imagens explicitamente espirituais dentro da sua mente, e deixe que sejam representadas por objetos mais neutros que as simbolizem para você. Não fale casualmente com os outros sobre o Santuário de Energia. Revelar o segredo do santuário faz com que a energia positiva que ele representa para você se esvaia.

O santuário no local de trabalho representa o pântano, o charco e o útero do qual falamos anteriormente, o lugar onde nossas feridas podem sarar e nova vida pode brotar. Se à primeira vista parece simples demais ou óbvio, considere que a maioria das práticas espirituais são assim mesmo – simples e óbvias. É por isso que tendemos a passar por elas durante toda a nossa vida. Quando Suzuki Roshi me ensinou a meditar pela primeira vez, demorou ao todo quinze minutos, e lembro-me de pensar: "É isso? Isso é tudo? Ele deve pensar que sou um norte-americano sem muito futuro, obtuso demais para aprender a coisa real." Demorei muitos anos – na verdade até que me tornei professor também, e passei a dar os mesmos quinze minutos de instrução aos outros – para compreender plenamente que a forma exterior da verdadeira prática espiritual é bastante simples. O segredo que a faz funcionar é reconhecer que "a coisa real" é você mesmo. E você não é simples ou óbvio.

Esse é o segredo. Essa é a dificuldade. E essa é a diversão.

No filme *Marathon Man*, Dustin Hoffman representa um personagem que precisa entrar em seu apartamento, cercado por homens armados à espera para matá-lo. Ele vai procurar a ajuda do líder de uma gangue do bairro, ao qual oferece tudo o que tiver de valor no apartamento se o bando entrar e for buscar seus sapatos e sua arma.

O líder da gangue não é bobo. Ele pergunta, cheio de suspeita:

– Qual é a dificuldade?

O personagem de Dustin Hoffman responde:

– A dificuldade é que é perigoso.

Lentamente surgiu um sorriso amplo no rosto do líder do bando:

– Essa não é a dificuldade. Essa é a graça!

Se você conseguir captar esse tipo de espírito ao lidar com o Fracasso, não continuará desanimado por muito tempo!

Se está curioso para saber quem escolhemos para ser o novo presidente da companhia, saiba que optamos por alguém que já tinha experiência com o fracasso. Isso foi muito bom, pois um ano depois, a despeito de todos os nossos esforços, a empresa quase faliu e teve de ser vendida. A maioria dos empregados, inclusive eu, perdeu o emprego. Mas nosso novo presidente lidou muito bem com todo o processo. Tivemos o benefício de sua liderança forte, estável, durante toda a crise. E como consolo, cada um de nós pôde voltar para o mercado de trabalho com aquela estrela dourada invisível no curriculum, aquela que diz "Já fracassou".

Por causa desse "fracasso", recebi meus direitos e fui forçado a pensar em alternativas para meu emprego perdido, o que me levou a começar meu próprio negócio. Se tivesse permanecido em meu emprego, nunca teria minha própria empresa. Qual foi o fracasso? Qual foi o sucesso?

PRÁTICAS PARA LIDAR COM O FRACASSO

- Crie um santuário no local de trabalho. Ao menos uma vez por semana, ágüe a sua planta, toque seus objetos, mude as coisas de posição.
- Uma vez durante esta semana, encoraje outra pessoa. Você consegue sentir o efeito disso em si mesmo?
- Da próxima vez que pensar que fracassou, pergunte a si mesmo: "O que é fracasso? O que é sucesso?" Como você define a diferença para si mesmo?

Desânimo 10

O desânimo é um problema comum da vida, mas é particularmente comum no trabalho. Muitas vezes nos vemos presos a uma situação ruim que não provocamos e da qual não conseguimos fugir. Talvez nosso patrão seja irracional ou não se importe conosco. Talvez a empresa esteja perdendo terreno para um concorrente mais forte. Talvez tenhamos perdido a ambicionada promoção para um colega de trabalho mais arrojado e menos talentoso. Talvez tenhamos algum mau hábito, como a impaciência ou um temperamento esquentado, que vive nos metendo em encrencas.

Quando estamos desanimados, queremos desistir. Sentimos que nossos esforços para mudar uma situação ou para nos modificar são em vão. O espírito de luta nos abandonou, e só queremos abaixar a cabeça e chorar.

Bastante estranho é que, do ponto de vista espiritual, o desânimo pode ser uma verdadeira oportunidade. Quando estamos desanimados, os recursos normais que costumamos usar para lidar com os problemas estão inativos. Mas será que tudo o que temos são esses recursos normais? Ou há algo mais profundo em nosso interior a que podemos recorrer em busca de ajuda? Existe uma parte de nós que não pode ser derrotada?

A intenção espiritual requer um esforço contínuo para manter o rumo sem esperar nenhum resultado.

INTENÇÃO COMUM E INTENÇÃO ESPIRITUAL

"O caminho para o Inferno é pavimentado de boas intenções." Pelo menos é assim que diz o ditado. Propomo-nos a perder peso no ano que se inicia, empenhamo-nos arduamente para isso durante umas poucas semanas, e então nossa força de vontade acaba e nosso propósito transforma-se em piada para contar entre amigos. Ou dizemos a nós mesmos que este ano vamos aprender espanhol. Compramos um curso de língua em fita-cassete e, depois de algumas semanas, as fitas estão juntando poeira no porta-luvas do carro.

Esses são exemplos de intenção comum, cujo sucesso ou fracasso é medido pelo fato de atingirmos ou não um objetivo. Mas existe um outro tipo de intenção em que atingir o objetivo é secundário, e é menos provável o desânimo. A intenção espiritual não se preocupa com sucesso a curto prazo, mas com os rumos a longo prazo, da nossa vida. Atingir ou não o objetivo não é tão importante quanto nossa firme dedicação de continuar na direção correta. É como um marinheiro que aponta o barco para uma árvore na costa distante. O barco pode navegar por um caminho ou outro. A árvore pode desaparecer de vez em quando. Mas o marinheiro volta repetidas vezes à visão daquela árvore no horizonte. Pelo fato de termos confiança nessa árvore – nosso objetivo espiritual a longo prazo – não ficamos desanimados, mesmo que nosso bote pareça estar navegando em círculos!

Um dos problemas de nos concentrarmos nas intenções espirituais em vez de nas ordinárias, é que as intenções espirituais estão tão profundamente enraizadas que é difícil articulá-las ou mesmo saber quais são. Por exemplo, podemos dizer que uma das nossas intenções mais profundas é amar e ser amado, mas seria um pouco estranho levantar da cama todas as manhãs e dizer a nós mesmos: "Hoje tentarei com mais afinco amar e ser amado!" E esse dificilmente é o sentimento que queremos compartilhar com nosso chefe durante nossa reunião anual para estabelecer objetivos!

Não obstante, existem expressões mais palpáveis para essa intenção mais profunda que *podemos* articular e expressar. Por exemplo, paciência, gentileza, generosidade, alegria, atenção e compaixão são expressões do que um budista chamaria nossa natureza de Buda – nosso coração afetuoso, solidário. Podemos tomar qualquer uma delas e trabalhá-la mantendo a atenção nela, e tornar o alto da árvore o porto distante para o qual apontamos nosso bote. A frase "Tentarei ser mais paciente hoje" ou apenas "Paciência!" pode ser nossa senha, nosso lembrete a cada respiração, nosso mantra silencioso para repetir várias vezes por dia. Pelo fato de essa intenção estar tão profundamente arraigada, ela tem muito mais poder do que o desejo de perder peso ou de aprender espanhol. Ela extrai força das cisternas mais profundas e profícuas da nossa vida interior.

E o melhor modo de sustentar essa intenção espiritual é manter nosso bote apontado na direção da árvore distante, sem nenhuma expectativa de quando chegaremos lá, deixando a intenção em si mesma ser o nosso objetivo.

NÃO ESPERE NENHUM RESULTADO

Pode parecer estranho falar de fazer um esforço sem esperar nenhum resultado. Afinal, a intenção não é um objetivo?

Passamos toda nossa infância e o início da idade adulta aprendendo sobre objetivos. É isso o que a escola e o colégio nos treinam a fazer. Obtenha uma nota alta no teste. Vença o jogo. Estabeleça um objetivo e alcance-o. O local de trabalho não é diferente. Somos recompensados por alcançar objetivos e castigados por não fazê-lo. Departamentos inteiros, divisões e companhias organizam sua atividade em torno de objetivos comuns, bem definidos. É difícil imaginar um local de trabalho sem objetivos.

Mas nem todos os aspectos de nossa vida são organizados ao redor de objetivos.

Pense em alguém a quem ama – sua esposa, parceira ou filhos, por exemplo. Há um objetivo no seu amor? Você fica contando pontos, você mede se seu amor chega a um determinado padrão? Você diz a si mesmo: "Estou orgulhoso de mim mesmo. Amo meus filhos 20% mais do que no ano passado. Estou fazendo um progresso real!"

Naturalmente você não pensa assim. O amor à sua esposa ou aos seus filhos é incondicional. Ele não se presta a avaliações. Ele é simplesmente uma parte profunda e autêntica de quem você é.

Esse tipo de amor é um bom exemplo da intenção espiritual.

A tarefa de criar um filho é um esforço contínuo, dia após dia, ano após ano, durante dezoito ou vinte anos. Nada do que digamos ou do que fizermos com nosso filho fará uma diferença muito grande. Cometeremos erros. Haverá muitos retrocessos. No entanto, nunca dizemos a nós mesmos (ou quase nunca), "Não vou me dar ao trabalho de lembrar meu filho para não comer o espaguete com as mãos. Ele nunca ouve. Além disso, qualquer coisa que eu diga não vai fazer diferença". Não dizemos isso porque amamos nosso filho e queremos o melhor para ele, portanto continuamos o nosso esforço, independentemente do fato de ele parecer ouvir ou não.

No final, quando nosso filho estiver crescido e pudermos olhar nos olhos dele como adulto, o que nosso filho se tornou inclui a soma total de tudo o que dissemos e fizemos enquanto o criávamos.

A nossa própria vida é diferente? O esforço que fazemos para continuar nos desenvolvendo, durante toda a vida, não importa em que idade, é diferente do esforço de criar um filho?

Um exercício que você pode tentar no trabalho é fazer uma lista num dos lados de uma folha de papel com todos os objetivos profissionais que tem: aprender como entrar numa rede de computador, aumentar a produtividade do seu grupo em 20%, chegar à vice-presidência quando tiver 35 anos, admitir cinco mil novos membros em junho. Então, do outro lado da folha de papel, veja se consegue descrever a parte da sua vida profissional que está fora da lista de objetivos; o que, no local de trabalho, é equivalente ao amor que você sente pela sua mulher ou filhos. O que poderia ser isso? Pode ser que não consiga descrever com palavras, pode ser apenas um quadro, apenas um círculo com raios de sol saindo dele. Mas talvez consiga sentir. Talvez sinta que existe algum motivo pelo qual você se levanta todos os dias pela manhã para trabalhar, motivo que não se relaciona com a conquista convencional.

Essa coisa inefável é a intenção espiritual. Ela permeia toda nossa vida, às vezes é mais visível do que em outras ocasiões, mas está sempre presente. E porque ela está sempre presente, está além do desânimo, além do desespero. No sentido mais amplo, sempre que direcionamos nosso barco, a árvore alta no horizonte distante está lá, nos guiando e encorajando. Fazer esse esforço para virar o barco, repetidas vezes, na direção dessa árvore alta é a intenção espiritual em ação.

GRANDE ESFORÇO, POUCO ESFORÇO

As pessoas que praticam meditação regularmente muitas vezes acham que a prática espiritual no local do trabalho desanima porque reservar um momento aqui outro lá não parece ter nenhum efeito duradouro visível. Durante um período longo de meditação em ambiente silencioso, podemos realmente sentir nossa mente ficar calma, nossos sentidos despertar, todo nosso corpo ficar relaxado e leve. Para muitas pessoas, esse tipo de experiência é a essência da prática espiritual. Mas você já foi a uma academia de ginástica e tentou erguer primeiro pesos leves e depois pesos pesados? Os pesos leves são fáceis. Você pode erguê-los muitas vezes sem se cansar. Porém, erguer os pesos pesados, mesmo que seja uma vez, requer um esforço tremendo.

Realizar a prática espiritual em meio a uma atividade febril é como erguer pesos pesados. O fato de você ter conseguido realizá-la apenas uma vez, por um breve momento, não significa que ela não terá efeito. Ao contrário, ela exercita seus "músculos" espirituais tanto quanto fazer muitas repetições com os pesos leves, só que de outra maneira.

A meditação tradicional é um tipo de prática. Capturar momentos de percepção ou indagação pessoal durante o ocupado expediente de trabalho é outro tipo de prática. Uma não pode ser comparada com a outra. Cada uma delas é valiosa e eficaz à sua própria maneira. Harry Roberts, que morou durante certo tempo na estrada em que fica o centro de retiro budista e muitas vezes nos avistou fazendo nosso trabalho de jardinagem e lavoura, costumava dizer: "A menos que você tire sua prática espiritual da sala de meditação e a aplique no trabalho, ela não vale um monte de feijões." A frase que ele usava era, na verdade um pouco mais apimentada do que essa, mas você captou a idéia! Posso lembrar-me de Suzuki Roshi dizendo algo parecido em várias ocasiões. Os dois homens nunca se conheceram, mas não tenho dúvida de que teriam se dado muito bem.

REPETIÇÃO

Quando comecei pela primeira vez minha prática budista nos anos 60, eu era como muitas pessoas daquela época ao imaginar que a meditação me levaria a uma grande experiência espiritual que transformaria minha vida. Com o passar do tempo, aprendi que, embora grandes experiências às vezes aconteçam, a verdadeira transformação, aquela que realmente importa, ocorre de momento a momento, dia após dia. Em outras palavras, ela é baseada na paciência, na confiança e na repetição. É relativamente fácil persistir quando você tem um objetivo claro em mente, assim como ter braços mais fortes ou um corpo mais atraente. Mas quando você está desanimado e aborrecido no trabalho, o que irá motivá-lo a lutar contra o desânimo e descobrir uma saída? Voltar para sua intenção, repetidas vezes, mesmo que pareça que não está fazendo nenhum progresso, é a maneira como a prática espiritual realmente começa a acumular algum poder de estabilização. A própria intenção se torna o objetivo. Ou em outras palavras, descobrimos, com o passar do tempo, que a repetição do nosso esforço espiritual nos dá algum prazer.

Lana era professora primária. Ela gostava de trabalhar com crianças, mas descobriu que a falta de disciplina delas muitas vezes a deixava impaciente, até mesmo zangada. Intelectualmente, ela sabia que eram apenas crianças, mas emocionalmente ela não conseguia suportar. Ficava aborrecida por não conseguir controlar seus sentimentos. Num determinado ponto, tornou-se imperativo para ela fazer alguma coisa, portanto, todas as manhãs, assim que entrava na sala de aula, ela fazia uma pequena oração para si mesma: "Hoje não serei impaciente. Hoje ficarei calma."

Às vezes ela acabava não conseguindo. Quando a encontrei, Lana já estava praticando dessa maneira há dois anos, e estava ficando desanimada. Achava que não estava fazendo nenhum progresso.

– E como se sente ao fazer essa oração todas as manhãs?

– A oração faz bem! – ela respondeu imediatamente. – O que acontece durante o resto do dia é que é muito desanimador.

– Eu acho que a oração está ajudando – eu disse. – Por favor, continue com ela.

– Como a oração pode estar ajudando? – ela objetou. – Não vejo nenhuma melhora.

– Você a faz há dois anos. E se sente bem ao fazê-la. Isso basta – respondi.

Quase sem perceber, Lana descobrira o prazer da repetição espiritual, e esse prazer a sustinha. Repetir algo várias vezes, não pelo que possa fazer por você mas pela própria repetição, é a verdadeira prática espiritual. Lana tinha feito isso. Sua prática estava funcionando. Acho que ela estava sendo dura demais consigo mesma. Suas reações de impaciência estavam lenta e imperceptivelmente sendo transformadas.

Pedi-lhe que fosse honesta e pensasse sobre os dois últimos anos.

– Você tem certeza de que não houve melhora?

Ela pensou sobre o assunto durante alguns momentos.

– Houve alguma – ela disse finalmente.

– Mas não tanto quanto gostaria.

– Não – ela admitiu, com cara de arrependimento.

– Isso é bom – pensei comigo mesmo. – Conheço esse sentimento. Se ficar satisfeita com sua melhora, ela deixará de se empenhar.

Esse tipo de empenho é algo que todos podemos fazer por toda a vida.

Cultivar a intenção espiritual é como jogar uma mensagem no fundo de um poço. Não podemos dizer se a mensagem foi recebida. Mas no fundo do poço, o barulho da água sinalizará o recebimento da mensagem. Esse barulho, essa onda no poço de nossos padrões habituais de reação e comportamento, é a energia que mantém a intenção funcionando.

Você consegue começar o dia com uma frase curta, como Lana fez, e mantê-la mesmo que não vir melhora aparente? Por quanto tempo estará disposto a manter esse tipo de empenho? Durante uma semana, um mês, um ano?

E que tal para sempre?

DESCUBRA SEU PRÓPRIO CAMINHO

A intenção espiritual muda muita coisa, não só em nós, mas na situação como um todo. Às vezes nosso esforço de praticar a intenção recebe um impulso do mundo exterior. Às vezes a mensagem que enviamos para o fundo do poço produz um eco.

Katherine trabalhava como gerente numa firma de alta tecnologia. Alice gerenciava o departamento que ficava do outro lado do saguão, e por alguma razão, elas não se entenderam desde o primeiro dia em que se viram. Parecia a Katherine que tudo o que tentava fazer, Alice tentava solapar. Não havia nada de evidente, apenas uma sensação.

Katherine decidiu tentar fazer uma experiência. Certo dia, quando passou por Alice no saguão, ela disse:

– Esse vestido realmente lhe fica muito bem. Onde o comprou?

Alice olhou de soslaio e resmungou:

– Na Saks – e saiu rapidamente. Não foi um mau começo. Sempre que podia, Katherine continuou a cumprimentar Alice por algum aspecto do seu estilo ou aparência. As respostas de Alice, entretanto, eram sempre as mesmas.

Katherine desanimou. Sua intenção, embora válida, não estava agitando muito a água do poço. Nenhum mensagem estava voltando.

Um dia, Katherine encontrou Alice, por acaso no estacionamento. Por coincidência, os carros das moças estavam estacionados em vagas próximas. Katherine estava em seu sedan Volvo esporte e Alice em sua BMW. Katherine acenou para Alice e estabeleceu contato visual.

Alice hesitou por um momento e então acenou de volta, com a sugestão de um sorriso no rosto.

Foi uma coisa minúscula, Katherine contou aos participantes do nosso seminário, mas serviu como confirmação do seu empenho. A partir de então, as coisas ficaram melhores com Alice. O esforço modesto de Katherine com o tempo chapinhou água suficiente a ponto de ser notada. A mensagem jogada no fundo do poço recebeu resposta. E sua disposição de experimentar, de tentar algo novo, valeu a pena.

As pessoas muitas vezes imaginam que para uma prática espiritual ser autêntica, ela tem de ser "oficial", sancionada por alguma tradição espiritual estabelecida ou ensinada por um mestre qualificado. Existe alguma verdade nisso. Mas a prática espiritual mais profunda, a expressão mais autêntica de sua intenção espiritual, é uma que você mesmo cria.

Suzuki Roshi nos contou que, quando era noviço, seu mestre nunca lhe dizia o que fazer. Às vezes eles iam à casa de um paroquiano para executar uma cerimônia, como um serviço memorial. Esperava-se que o jovem Suzuki tocasse os sinos e recitasse as escrituras, mas como ele não recebera nenhuma instrução, tudo o que fazia era atrapalhar-se todo e observar o mestre, em busca de alguma dica. Então, quando eles voltavam ao templo, seu mestre o repreendia pelos erros!

– É por isso – Suzuki Roshi nos explicou – que, quando vim à América pela primeira vez, não me preocupei com nada. Eu não entendia bem a língua e o país era novo e estranho, mas eu me sentia ótimo.

Ele tinha bastante experiência em encontrar o próprio caminho.

O caminho espiritual não é como a estrada interestadual, com suas amigáveis placas verdes nos dizendo qual saída pegar e como chegar a Los Angeles ou Houston. Ele mais se parece com se embrenhar numa selva. Temos de descobrir qual caminho seguir nos movendo, sendo curiosos, experimentando. Mas, mais que tudo, temos de confiar em nossos instintos e em nosso senso inato de direção.

Seguir o caminho, ou o Tao, no antigo sentido budista ou taoísta, é explorar o terreno da nossa mente e sentimentos, e permanecer receptivos ao que vemos e ouvimos. O caminho não é algo que seguimos simplesmente, é algo que criamos à medida que o trilhamos. O modo como percorremos nosso caminho pela selva pode ser diferente do caminho dos outros. Quando nosso amigo vai para o norte, talvez vamos para o sul. Nesse sentido, a intenção funciona como uma bússola. Ela nos dá direção e constância e permite que perguntemos a nós mesmos: "Estou seguindo minha intenção ou me perdi em algum ponto ao longo do caminho?"

CONFIANÇA

Para manter a intenção espiritual, precisamos de um tipo inusitado de confiança. Em vez de ficarmos seguros, de estarmos no comando e no controle, precisamos desenvolver a capacidade de sentir dúvida, de estar inseguros, de ter medo e ainda assim de caminhar para a frente. Isso é mais do que autoconfiança. Isso é confiança nos outros, no mundo, no destino ou no anjo da guarda ou em Deus. É um sentimento de "tudo está certo, tudo se resolverá". Ao mesmo tempo, essa confiança precisa ser mais do que um pensamento esperançoso. Confiança espiritual não é apenas uma cobertura básica para enfeitar a superfície com belas flores. É mais como um tronco de árvore nada extraordinário, com alguns poucos brotos verdes surgindo dele e uma profunda raiz invisível. Ao confiarmos nessa raiz, qualquer desânimo que sintamos logo se dissipa e é substituído por uma confiança mais fundamental. O desânimo significa, literalmente, perda de coragem. Essa raiz renova nossa coragem.

Os empresários costumam ter um bocado de confiança, mas nem sempre ela está bem enraizada. Observei que o que distingue empresários bem-sucedidos daqueles fracassados é a diferença entre raízes profundas e superficiais. Certa vez encontrei um jovem que havia começado uma cadeia de lojas especializadas em camisetas quando estava na faculdade. Quando ainda estava na casa dos vinte anos, ele sussurrou de forma conspiradora para mim, ao tomar uma bebida, que tencionava ter seu próprio jatinho ao completar trinta anos. Eu não disse nada. Na verdade, alguns anos depois, sua cadeia de lojas faliu e ele foi forçado a sair do negócio. Sua confiança era irrealista, não tinha raízes.

Em contraste, meu bom amigo Mitchell, tendo perdido seu emprego como executivo na área de finanças, abriu seu próprio negócio de consultoria.

– Como vai indo? – perguntei alguns meses depois que ele começou.

– Não tenho muitos clientes – disse ele. – Vivo de cartões de crédito.

– Está preocupado? – perguntei com simpatia.

Ele apenas arregalou os olhos e acenou que sim. Mas havia algo alegre em sua preocupação – um sentimento fundamentado, de generosidade. Mitchell era uma pessoa em quem você podia confiar. Eu confiei nele e, um ano depois, os muitos clientes novos que finalmente chegaram até ele, confirmaram que outros também podiam vir. A confiança dele incluía incerteza, medo e dúvida, como por certo deveria ter, dado os riscos que estava assumindo. Mas a atitude dele acabou valendo a pena.

O que faz esse tipo de confiança realmente funcionar é o princípio da interligação. Interligação significa que tudo no mundo está ligado a tudo o mais. Também significa que o efeito de nossos pensamentos, sentimentos e ações não desaparece. Ele continua a se irradiar para fora, como uma ondulação num tanque. Por exemplo, se tivermos a firme intenção de ser mais gentis com nossos colegas de trabalho, ao menos uma vez, o efeito dessa resolução continuará a agir sob a superfície muito tempo depois, mesmo que acharmos que não estamos fazendo progresso em realizá-la.

Ensinaram-nos a confiar na evidência de nossos sentidos, a aceitar como real o que podemos ver e ouvir, tocar e cheirar. Essa é a nossa tendência científica. Mas existe um outro tipo de realidade, mais sutil e menos evidente, na superfície do mundo, que tem que ver com a interligação entre as coisas.

Se julgarmos o efeito de nossa intenção apenas pelo resultado visível, rapidamente ficaremos desanimados e desistiremos. Mas se, como um jardineiro que joga água na areia, tivermos confiança de que o efeito do nosso esforço entrará nas raízes da nossa situação e providenciará alimento onde não podemos vê-lo, então seremos capazes de perseverar.

Há muitas histórias budistas sobre o poder de um único pensamento. Nossa história diz respeito a um coelho que é perseguido por um tigre faminto. Quando o tigre se aproxima e o coelho se esconde, temendo pela própria vida, o coelho pensa: "Sinto compaixão pelo tigre faminto porque sei qual é a sensação de ter fome. Deixarei que ele me coma, para que na vida futura eu possa nascer como um ser humano e atingir a iluminação."

Essas histórias populares são para exemplificar o poder de um pensamento puro, de intenção espiritual. Elas são baseadas numa visão de mundo que entende que um pensamento é tão real quanto uma casa.

Todos conhecemos a frase: "Está tudo na sua cabeça!", que em geral significa "Isso não é real!" A fórmula de Einstein $E=mc^2$ estava na cabeça dele também, na hora em que a descobriu. Alguns anos depois, uma bomba explodiu sobre Hiroshima e modificou o mundo. O que era mais real, o pensamento de Einstein ou a bomba que seu pensamento ajudou a criar? O que é mais real, a nossa intenção ou as ações que fluem da nossa intenção?

Um budista diria, caso dissesse algo, que o pensamento é mais real, porque ele é a fonte da ação. Portanto, temos de prestar atenção em nossos pensamentos, em nossos sentimentos e em toda a nossa vida interior. Essa é a fonte de como escolhemos agir e viver.

CRIANDO A PRÓPRIA SORTE

Desenvolver esse tipo de confiança depende de prestar muita atenção ao que está acontecendo ao nosso redor. Todos nós conhecemos pessoas que parecem ter muita sorte. No entanto, a sorte muitas vezes pode ser um estalo por notar acontecimentos aparentemente insignificantes no pano de fundo de uma situação e usá-los como chave para agir.

Justin era um empresário que inventara seu próprio produto – um instrumento de medição para engenheiros estruturais – e abrira uma empresa para colocar o produto no mercado. A comunidade de engenheiros não tinha consciência da existência desse instrumento. Na verdade, haviam trabalhado a vida toda sem ele. Para a empresa de Justin ter sucesso, ele teria de instruir esses engenheiros antes de vender o produto para eles.

Justin havia sofrido todas as pressões e problemas que envolvem a abertura de uma empresa – ter fluxo de caixa, recursos para a folha de pagamentos e a concorrência, isso sem mencionar as longas horas de trabalho. Depois de três anos, seu dinheiro havia quase acabado, dois dos seus empregados-chave estavam abrindo mão de metade do salário todos os meses e o próprio Justin estava pagando sua hipoteca com cartões de crédito. Parecia que ele não ia conseguir sair dessa situação.

Certo dia, depois de apresentar seu produto mais uma vez sem resultado – os engenheiros na sua audiência gostaram do produto, mas disseram que não viam sua aplicação imediata dele nos negócios – Justin notou que um dos engenheiros havia pego o produto e o estava examinando de perto nas mãos, com os olhos a alguns poucos centímetros do metro de calibração. Justin foi pegar sua amostra com o engenheiro para ir embora.

– Legal – o engenheiro disse, quando devolveu o instrumento para Justin.

Algo sobre o modo como o engenheiro disse "legal" deu um impulso extra a Justin. A sua confiança voltou. Decidiu tomar mais um empréstimo e dar à companhia mais três meses. Dentro desses três meses, veio seu primeiro grande pedido. Um ano depois, sua equipe havia dobrado, e seu negócio estava a caminho de ter lucro pela primeira vez.

Às vezes, uma palavra basta para mudar nossa sorte, se estivermos suficientemente atentos para ouvi-la.

PRÁTICAS PARA ELIMINAR O DESÂNIMO

- Verbalize uma intenção espiritual, como "Tentarei ser mais paciente". Mesmo se disser apenas a palavra "Paciência", obterá resultados.
- Focalize e especifique sua intenção. Se "Paciência" for amplo demais, tente "Paciência ao falar ao telefone".
- Ao menos duas vezes por dia, manifeste a intenção para você mesmo – assim que entrar no local de trabalho e quando sair.
- Quando perceber que está esquecendo a intenção, diga a si mesmo "Esqueci!" e então repita sua intenção.
- Não busque nenhum resultado. Ao se pegar pensando: "Isto não está fazendo nenhum bem!", ponha esse pensamento de lado. Repita sua intenção.

parte quatro
INSPIRAÇÃO

O SETOR da Inspiração inclui estados como criatividade, ambição, excitação e alegria. Os estados de Inspiração são extremamente energizados mas, ao contrário dos estados de Conflito, nós os apreciamos. Quando estamos plenamente absortos e engajados em nosso trabalho, temos energia para gastar. Podemos nos doar livremente e não nos sentir esgotados, porém estimulados. Como Harry Roberts diz no primeiro capítulo, "Ter alegria no trabalho é a melhor coisa para um ser humano".

O escritor Aldous Huxley certa vez disse numa entrevista: "Em toda minha vida tenho sido bem pago para escrever, coisa que eu gosto de fazer e que faria sem pagamento nenhum!" Se você tem essa experiência no emprego que o sustenta, então melhor para você! Você é um dos felizardos. De maneira geral, quando as pessoas têm essa experiência, se é que a têm, isso não acontece no trabalho diário, mas enquanto praticam seus *hobbies* ou estão de férias. Ande pela vizinhança num final de semana ensolarado e pare para bater papo com a vizinha, ocupada com seu jardim de rosas ou, com o marido dela, debruçado sobre uma escultura de madeira na garagem. Ouça-os enquanto descrevem suas atividades, pelas quais não estão recebendo nenhum pagamento, e veja o brilho em seus rostos, o carinho e a atenção em seus movimentos. O trabalho deles é maravilhoso. Eles, na verdade, sentem prazer com seu trabalho.

Mas mesmo que todos nós tenhamos o trabalho de nossos sonhos, o melhor dos empregos não é sempre maravilhoso. Estados proficuamente energizados, quer positivos quer negativos, tendem a ser instáveis, oscilando entre a inspiração, a criatividade e a excitação por um lado e o *stress*, a dificuldade e a preocupação pelo outro. Pense num diretor de cinema fazendo malabarismos com seus compromissos, ou num programador de *software* trabalhando com prazo marcado, ou um repórter de jornal lutando para acabar uma grande história antes do prazo final. Cada hora, cada minuto é como andar numa montanha-russa.

Eu sei. Eu já fui aquele programador de *software* trabalhando com prazo marcado. Eu andei nessa montanha-russa. Lembra-se de quando falamos do cordão de pipoca colorida no terceiro capítulo, vermelho para estressado, azul para triste, dourado para contente e verde para inspirado? O plano da alta energia pode ser descrito como luz verde, luz vermelha, luz verde, luz vermelha! É por isso que nesta seção nos concentramos em negociar aquelas transições, aqueles picos e vales, de um modo que nos desenvolva em vez de nos derrotar.

A Energia Positiva Quente da Inspiração é equilibrada um tanto precariamente entre o Conflito e a Estagnação. Inclinemo-nos demais para um lado, e cairemos de volta no território insalubre do Quente Negativo – raiva, preocupação e medo. Inclinemo-nos demais para o outro lado, e deslizaremos de volta para o Negativo Frio – desapontamento, depressão e fracasso. Todos nós passamos por curtos períodos de Inspiração no trabalho: o professor que ajuda a classe a montar um espetáculo, o gerente de vendas que exorta sua equipe a atingir suas metas, ou as madrugadas e finais de semana preparando-se para uma apresentação importante! Podemos facilmente ser arrebatados por esses esforços enquanto eles durarem. No entanto, manter esse tipo de empenho a longo prazo requer um tipo mais desapaixonado de energia. É preciso haver uma parte de nós que possa perguntar: "Como estou me saindo? É isso mesmo que quero fazer? Isso é realmente satisfatório?"

Esta seção analisará quatro áreas onde enfrentamos essas questões. Em primeiro lugar, analisaremos a ambição – seus lados positivos e negativos, bem como seu potencial de contribuir para o crescimento espiritual. Em segundo lugar, examinaremos o tempo e o dinheiro e o desafio da sabedoria convencional que diz que tempo *é* dinheiro. Em terceiro lugar, analisaremos o perdão – sua importância no local de trabalho e suas características como uma energia Quente Positiva. E em quarto lugar, falaremos sobre a mais problemática Inspiração de todas – desistir!

Ambição 11

Certa vez tive um amigo – vamos chamá-lo de Jason – que era um excelente professor de colégio. Todos os pais dos seus alunos diziam isso e os alunos o amavam. Ele era inovador, experimental e criativo. Os que visitavam sua sala de aula ficavam espantados com a vibração de energia e de curiosidade que enchia o aposento.

Durante muitos anos, Jason achou que tinha encontrado sua verdadeira vocação. Mas acabou se cansando de ser professor. Secretamente, ansiava por ser igual à irmã, uma bem-sucedida e rica cirurgiã. Ele sonhava em viver numa casa maior, em poder dirigir um Maserati conversível com a capota arriada. Buscou por alguma ocupação alternativa que lhe permitisse ganhar mais dinheiro e decidiu aceitar um emprego de corretor de imóveis. Seu futuro empregador, um jovem empresário de modos bruscos e um carro esporte Mercedes, acenou-lhe com as visões do enriquecimento rápido que podia ser obtido no quente mercado dos imóveis.

> *Você sabe qual é o seu problema, Rocco? Você quer* mais.
>
> Do filme *Key Largo*

Jason foi até o escritório do diretor do colégio e pediu demissão, fazendo o discurso que, de tempos em tempos, todos nós fantasiamos fazer de vez em quando. Ele disse ao diretor o quanto ele era obtuso e pouco criativo, como o sistema da escola era enfadonho e burocrático. Falou tudo isso sentindo uma onda de libertação e alívio, e então abandonou a escola, o emprego e a carreira.

Jason não fez uma escolha sábia. O *boom* do ramo dos imóveis de Northeast, onde ele vivia, de repente arrefeceu. Não havia como enriquecer. Jason, frustrado e deprimido, começou a viver do seu fundo de pensão como professor. Passou a usar drogas. Sua família se desfez. A mulher pediu o divórcio.

A parte mais triste dessa história é que Jason teve mais sorte do que a maioria. Ele havia descoberto sua vocação – ensinar para jovens adultos – e estava vivendo bem, fazendo isso. Isso é muito mais do que muitas pessoas fazem. E, no entanto, ele jogou tudo pelos ares a fim de perseguir um sonho mal delineado, impróprio. Ele nasceu professor, um gênio em classe de aula, e sem dom para ser vendedor. Mesmo que tivesse conseguido prosperar no ramo dos imóveis, com toda probabilidade não seria feliz.

Um dos pontos mais fortes do nosso sistema capitalista é que ele estimula e recompensa a ambição. O desejo de fazer o melhor por si mesmo, pelos filhos, pela família, o impulso de inventar, inovar, explorar e criar, pode ser uma força positiva para o bem no mundo. Mas ela tem seu lado negro. A ambição está ligada à cobiça, à caça ao dinheiro, ao *status* e ao poder. A ambição pode deixar facilmente de ser um meio e tornar-se um fim em si mesma – nociva, cruel e destrutiva.

Qual é a abordagem espiritual para a ambição? Existe um lugar legítimo para a ambição mundana na vida espiritual? Como uma atitude espiritual pode temperar a ambição e impedi-la de se corromper em avareza cega? Meu amigo Jason realmente pensou estar seguindo o Sonho Americano – chegar no topo, aproveitar oportunidades, ir atrás do ouro. Em vez disso, ele destruiu tudo com que se importava. Ele não era uma pessoa má ou tola. Ao contrário, era esperto, afetuoso, compassivo e tinha uma dimensão espiritual sincera em sua vida. O que deu errado?

Você já percebeu que gosto de usar filmes como exemplo, portanto deixe que eu cite mais uma vez um dos meus favoritos: *Key Largo*, estrelando Humphrey Bogart como um cínico herói de guerra com um coração de ouro, e Edward G. Robinson como Rocco, o gângster. Imagine o expressivo diálogo:

BOGART: Você sabe qual é o seu problema, Rocco? Você quer *mais*.

ROBINSON (*tirando o charuto da boca com um sorriso de prazer*): É! Está certo. Eu quero *mais*!

Ora, "mais" em si mesmo não é mau. É válido querer mais. Na verdade, o local de trabalho é uma das principais áreas onde a procura por "mais" pode dar frutos. O desejo de aprender novas habilidades, de servir, de encontrar um emprego melhor, mais gratificante, o desejo de contribuir para tornar o mundo um lugar melhor, e de deixar um legado duradouro são objetivos importantes e válidos, tanto no sentido material quanto no espiritual. Mas existe uma linha fina entre a ambição e a cobiça, o risco e a tolice, o querer mais e o nunca estar satisfeito com nada. Rocco, o gângster queria mais, não por um propósito mais elevado, mas pela pura excitação de conseguir. Ele queria mais porque não tinha uma vida ou um caráter que reconhecesse o valor do que tinha, e "mais" era tudo o que o mantinha vivo. Sua personalidade criminosa não ligava para as conseqüências das suas ações para as outras pessoas, enquanto satisfizesse esse anseio pelo que conseguiria a seguir, por *mais*.

Acho que existe um pouco de Rocco em cada pessoa. Parte do que alimenta nosso desejo de fazer melhor, de ter mais para nós mesmos e para nossa família, de chegar no topo e de ter sonhos mais grandiosos, é esse desejo primitivo por mais. Quando Rocco sorri e diz, "É! Está certo. Eu quero *mais*!", ele até certo ponto está falando por todos nós. O que é notável nesse texto é que *mais* não é um adjetivo, porém um substantivo. Rocco não quer apenas mais segurança, mais reconhecimento, mais satisfação, ele quer mais de tudo, mais como um fim em si mesmo.

Essa diferença é o que distingue a ambição legítima da cobiça. Ser capaz de entender e de lidar com essa diferença é o tema deste capítulo. Se meu amigo Jason, em sua inquietação com o ensino, tivesse sido capaz de distinguir entre sua ambição legítima por um lado, e sua inveja e insatisfação pelo outro, ele poderia ter sido capaz de se controlar antes de cair tanto e tão depressa. No momento crítico, os dois lados se confundiram na cabeca dele e ele agiu sem pensar nas possíveis conseqüências. A ambição deixou-o cego.

Eu gostaria de dizer que o Budismo tem uma série de práticas para se lidar com essa questão, mas a ambição mundana é uma das áreas em que o Budismo sofre por ser uma tradição antiga em vez de moderna. O Budismo reconhece que o orgulho é um dos estados mentais mais intratáveis, mesmo para pessoas de elevada estatura espiritual. A julgar pela quantidade de atenção que se presta a ele nos textos tradicionais, o orgulho era um problema nos antigos mosteiros budistas, assim como a ambição é um problema nos escritórios das firmas modernas. Mas o orgulho monástico está longe de ser como a ambição mundana do local de trabalho moderno.

Quando vivi num centro de retiro budista há trinta anos, víamos o local de trabalho como uma distração para a nossa prática espiritual. Era comum meus amigos budistas, muitos dos quais com diploma de nível superior, aceitarem um emprego que fizesse poucas exigências e permitisse que se concentrassem no estudo espiritual.

Sou grato por meus anos de simplicidade monástica. Eles me fizeram entender, de um modo que nenhum livro conseguiria, quanto do que imaginamos necessário na verdade não é. A economia dos consumidores se baseia no princípio de que quanto mais as pessoas quiserem tanto melhor. Se nossos desejos começam a cansar, se começamos a pensar que temos o suficiente, os anunciantes nos bombardeiam com anúncios de televisão, cartazes, chamados de *telemarketing* – tudo o que podem fazer para mudar nossa cabeça e nos fazer começar a desejar ter mais outra vez.

Suzuki Roshi costumava dizer que havia apenas um desejo legítimo, e esse era o de ser espiritualmente desperto. Na verdade, se nos concentrarmos no fato de que algum dia iremos morrer e que tudo o que fizemos em nossa vida estará perdido para nós, então a atitude de Suzuki Roshi bem que faz sentido.

Mas a maioria de nós, não sendo monges, realmente não vive dessa maneira. Vivemos como se tudo pelo que ansiamos fossem as coisas materiais, se não para nós, então para nossos filhos, nossa comunidade ou nossa sociedade. E isso importa. Todos os nossos esforços para crescer, nos desenvolver e contribuir são a essência da comunidade humana. Planejamos para o futuro, visualizamos nossa carreira progredindo, imaginamos as alturas que almejamos conquistar e procuramos a vida mansa da nossa aposentadoria.

O QUE VOCÊ REALMENTE QUER?

Se vivemos como um santo, com poucos desejos, a ambição não é um problema para nós. Mas se não vivemos assim, então ao menos conviria sermos honestos conosco mesmos sobre quais são nossos principais desejos e por que os temos. Um dos motivos pelo qual a ambição de Jason o derrotou foi que ele não tinha muita certeza quanto ao que queria. O que fazia seu coração cantar era o trabalho com as crianças. Qualquer pessoa que o observasse na sala de aula poderia ver isso, e se ele tivesse sido escrupulosamente honesto consigo mesmo, teria sido capaz de ver isso também.

De um certo ponto de vista, Suzuki Roshi estava certo. O desejo mais profundo que todos compartilhamos é compreender o que os budistas chamam "a grande questão da vida e da morte". Mas até mesmo Suzuki Roshi provavelmente admitiria que esse não é nosso *único* desejo legítimo; é simplesmente o mais profundo. Existem muitos outros desejos que não só são legítimos mas espiritualmente compensadores. O desejo de ter um emprego que seja razoavelmente satisfatório, que não seja abusivo nem nos explore, e que não ofenda nosso senso de ética, é parte do que o Budismo define como "Meio de Vida Correto", que nós analisaremos com mais detalhes no capítulo 17. O meio de vida correto é um aspecto importante do caminho espiritual budista, e é na busca desse meio de vida correto que a ambição serve melhor aos nossos ideais espirituais.

PRÁTICAS RELACIONADAS COM A AMBIÇÃO

Enquanto o Budismo tradicional não tem práticas que funcionem diretamente com a ambição no trabalho, existem algumas que a abordam indiretamente. As duas que parecem mais apropriadas para tratarmos da ambição são Sentimento Sincero e Esforço Sincero.

A prática do Sentimento Sincero apresenta uma pergunta simples: Como se sente exatamente agora? Sente-se bem, mal ou neutro? Esse não é um "sentimento" no sentido do amor, da excitação ou da raiva, mas uma qualidade mais primitiva do positivo e do negativo, do agradável ou do desagradável. Compartilhamos essa faculdade com todo o reino animal. Observe um cachorro ou um gato ao longo do dia; a cada situação eles resolvem algo – gosto disso, não gosto daquilo.

O problemático acerca dos seres humanos é que nós temos uma capacidade surpreendente de nos enganar sobre se algo nos agrada ou não. Quando perguntamos a nós mesmos: "Como me sinto agora mesmo sobre meu trabalho? Gosto realmente dele ou não?", o que pode nos vir à mente são nossos pensamentos, opiniões e emoções conflitantes acerca do trabalho – ele é melhor do que o último emprego, ele paga muito bem, é perto de casa, as pessoas são agradáveis – em vez do nosso sentimento básico sobre o próprio emprego que, na tradição budista, resume-se a uma dessas três respostas:

1. Gosto dele.
2. Não gosto dele.
3. Não gosto nem desgosto, isto é, sou indiferente.

Esse sentimento de aversão *versus* atração está profundamente arraigado em nossa psique. Gostar ou não, sentir aversão ou atração, é básico a toda a vida. É por isso que é tão importante que cada um de nós esteja consciente desse princípio e se conecte com o mesmo.

Jason é um exemplo de alguém que ficou fora de sintonia com suas simpatias e antipatias fundamentais. A cabeça dele estava tão cheia de idéias sobre o tipo de pessoa que gostaria de ser, o tipo de carro que gostaria de dirigir e o tipo de impressão que gostaria de causar nos amigos da irmã, que deu um jeito de se convencer de que não gostava de lecionar, quando, na realidade, gostava de fazer isso.

Como um exemplo contrário, considere o caso de Emily, uma diretora de escola amada por seus colegas, pelos alunos e seus pais. Mas ela mesma achava que o emprego estava cada vez mais cansativo e não compensava, tanto que começou a freqüentar um terapeuta. Depois de fazer alguns meses de terapia, ela veio a compreender que, a despeito do seu sucesso exterior, a administração escolar não era o que realmente queria fazer. Ela desistiu do emprego e hoje é muito mais feliz como fornecedora autônoma de alimentos.

A prática do Esforço Sincero não é tão simples quanto parece. O Esforço Sincero diz respeito à motivação. Enquanto o Sentimento Sincero pergunta como, o Esforço Sincero pergunta por quê. A prática do Esforço Sincero analisa a questão, "Por que estou fazendo isto? Qual é o meu propósito?" Quando estamos velejando, se tudo o que fizermos for posicionar o barco a favor do vento para ele ir mais depressa, sem termos um destino claro em mente, rapidamente nos perderemos. O Esforço Sincero nos ajuda a encontrar um farol para o qual dirigir o barco.

Vamos analisar essas duas práticas mais de perto.

SENTIMENTO SINCERO

Uma técnica comum usada pelos psicoterapeutas é perguntar: "Como se sente sobre isso?"

Quando nos fazem uma pergunta tão simples e direta, na intimidade de uma sessão terapêutica, às vezes se abre uma porta em nosso coração e por um momento conseguimos ser inteiramente honestos com nós mesmos. Ao responder à pergunta do terapeuta, podemos nos ver falando sem pensar, "Estou muito zangado com ele!" E então ficamos surpresos, porque não tínhamos percebido, até que o terapeuta nos perguntou, que nos sentíamos dessa maneira.

As práticas espirituais do Budismo existiam dois milênios antes da psicoterapia, mas algumas delas parecem um diálogo terapêutico. Quando fazemos a nós mesmos a pergunta. "Como me sinto?", estamos trilhando o mesmo caminho de autodescoberta de Buda.

O próprio Buda começou a vida com um caso sério de emprego insatisfatório. Ele nasceu príncipe e estava sendo instruído para ser rei. Durante a adolescência até a casa dos vinte anos, ele gozou de todos os benefícios da vida como nobre – riqueza, criados, concubinas, poder. Mas aos poucos, um pensamento perturbador começou a assombrá-lo: "Eu realmente não gosto disto. Não me satisfaz!" Finalmente, o Buda desistiu do seu lucrativo trabalho como príncipe da Coroa e começou outra ocupação, a de peregrino asceta. Sendo assim, a grande tradição de sabedoria do Budismo começou com a transformação da ambição de um homem.

A prática do Sentimento Sincero usa a mesma técnica de Formular a Pergunta, que analisamos no capítulo 5. No Pensamento Sincero, contudo, a prática tem uma forma mais livre. Na verdade, fazemos uma única pergunta: "Como me sinto sobre meu trabalho neste exato momento?" E existem apenas três respostas possíveis: gosto, não gosto e não sei!

Se, ao tentar fazer a prática, você ficar tentado a encompridar sua resposta – "Bem, gosto dele na maioria dos dias, mas meu chefe me deixa muito zangado!" –, então você está se desviando da base do Sentimento Sincero para o labirinto do pensamento e da emoção. Insista em voltar para a questão básica: "Como me sinto sobre meu trabalho neste exato momento?"

Às vezes é preciso um abalo para sabermos com certeza como nos sentimos. Certa vez, num retiro de meditação, tive uma conversa com uma professora de colegial chamada Gail. Ela explicou que ensinava inglês para uma classe constituída em sua maioria por latinos; muitos dos garotos corriam o risco de entrar para bandos de criminosos e para o mundo das drogas, e as garotas costumavam sair da escola para trabalhar em casas de família. Gail me contou que no verão passado ela havia tido uma experiência de quase-morte. Extremamente alérgica a picadas de abelhas, ela foi picada enquanto caminhava numa floresta. Quando os paramédicos chegaram, ela estava em choque e quase inconsciente.

– Senti que eu estava saindo do corpo. Não tive medo. Fiquei bastante calma. Podia ouvir os paramédicos trabalhando em mim, mas eu estava em outro lugar. No entanto, parecia que eu tinha uma escolha. Podia apenas seguir flutuando e me afastar, ou podia voltar. Por um momento, não tive certeza do que iria fazer. Eu tinha uma vida boa. Estava feliz com o que havia realizado.

"E então pensei nos meus alunos na escola. É um trabalho duro ser professora deles. Havia muitos dias em que eu pensava comigo mesma: Estou velha demais para isso." Mas então me lembrava da diferença que minha presença podia fazer. Eles eram suficientemente jovens para ouvir e prestar atenção. Sabia que para alguns deles minha influência para fazê-los mudar era decisiva. Compreendi que não queria morrer. Queria voltar para meus garotos.

"Quando recuperei a consciência, os paramédicos disseram que acharam que iam me perder, mas que de repente minha pressão arterial e meus sinais vitais voltaram ao normal. Foi quando abri os olhos. Eles não puderam explicar, mas disseram que não era a primeira vez que viam isso acontecer."

Quando confrontada com a escolha derradeira, com a vida ou a morte, Gail compreendeu como de fato se sentia. Ela encontrou em si mesma um lugar de verdade nua, e essa verdade a trouxe de volta à vida.

Max passou por uma experiência oposta. Quando o vi pela primeira vez, ele era um típico trabalhador compulsivo. Se perguntassem a Max como se sentia acerca do seu trabalho como corretor de valores, ele invariavelmente dizia: "É ótimo! Gosto muito dele!" Durante todo esse tempo sua saúde e família estavam sofrendo.

Max e eu éramos suficientemente amigos para eu saber que ele não estava sendo honesto consigo mesmo. Posso dizer que ele não gostava nem um pouco do seu trabalho. Havia estudado para ser músico, mas, como muitos artistas talentosos, não conseguiu traduzir essa habilidade num meio de sustento viável. Quando me dizia como amava seu trabalho, o quanto se sentia animado pelo desafio, pelo costume que havia em sua profissão de usar as regras do jogo para tirar vantagem pela atividade frenética, eu podia sentir que, por trás de tudo isso, havia o sofrimento de não ser capaz de fazer o que realmente gostava – trabalhar com música.

Certa noite enquanto jantávamos num restaurante mexicano, decidi ser direto:

– Max, no fundo do seu coração, você não preferiria voltar a tocar violino?

– O quê? – exclamou amargamente. – E morrer de fome?

– Não estou perguntando quanto você ganharia com isso. Estou perguntando do que você gosta.

Max abaixou a cabeça, olhando fixamente para seu prato.

– É tarde demais para isso – resmungou.

Com o passar do tempo, Max e eu nos separamos. A última coisa que ouvi sobre ele é que sua mulher pediu o divórcio.

Como muitas pessoas, Max abandonou um primeiro amor menos lucrativo para obter um sustento que o estava sufocando. Ele disse a si mesmo que havia tido sucesso na sua busca por segurança financeira – e tinha mesmo –, mas sua verdadeira ambição, a única que o teria deixado verdadeiramente realizado, havia sido sacrificada. Todos nós podemos compartilhar os sentimentos de Max. Eu certamente compartilhei, porque quando tinha vinte anos fiz a mesma coisa. Também larguei uma carreira promissora como músico e compositor. É muito difícil ganhar o sustento como músico ou profissional das artes. Nunca passarei por um saxofonista que esteja na calçada ou no metrô sem colocar alguns dólares em seu chapéu, seja homem ou mulher. Acho que dou dinheiro não só para ajudar o músico, mas em reconhecimento ao caminho que eu mesmo não trilhei.

Se Max tivesse sido capaz de reconhecer seu sentimento verdadeiro, se pudesse ter entrado em contato com a própria tristeza e arrependimento, isso poderia tê-lo ajudado. Talvez isso até o tivesse levado a encontrar um meio de sustento que lhe desse a chance de ser também membro de uma orquestra comunitária ou de um grupo amador de câmara. Ele poderia se oferecer como voluntário para tocar em hospitais ou em casas para convalescentes. Minha mãe, uma professora de música aposentada, costumava ir várias vezes por semana a lares para convalescentes, onde tocava piano e cantava canções para portadores do mal de Alzheimer aparentemente catatônicos. Ela contava histórias comoventes sobre como os pacientes levantavam a cabeça quando ouviam a música, mexiam as mãos no compasso da música, e alguns deles até conseguiam cantar junto, mesmo que não dissessem uma palavra pelo resto da semana.

Se Max tivesse sido capaz de percorrer todo o caminho para responder à pergunta: "Como você se sente?", suspeito que ele e sua mulher ainda estariam juntos, e a vida, o trabalho, e o amor dele pela música seriam mais compensadores.

A história de Max exemplifica como o ambiente de trabalho moderno nos força a fazer escolhas que impedem que nos realizemos plenamente. Para aqueles que discordarem, argumentando que nossa cultura de trabalho árduo e alta tecnologia nos concedeu uma riqueza sem paralelos e um padrão de vida alto, eu responderia: Vão para qualquer país no mundo em desenvolvimento. Vão a Bali ou à Índia ou à China ou à África – e, no que diz respeito ao assunto, vão ao "país" Amish da Pensilvânia ou de Ohio. Viajem para o campo e observem as pessoas trabalhando juntas. Olhem para o rosto delas. Ouçam-nas cantar suas canções de trabalho, à medida que aram seus campos ou lançam suas redes de pescar. Sim, as pessoas do terceiro mundo muitas vezes são subnutridas, pouco instruídas ou doentes. E o que a maioria delas quer é ser como os norte-americanos. E, no entanto, quando eu reflito sobre o surto de interesse pela espiritualidade que assola a América hoje, e no fascínio pelas culturas sagradas como a do Tibete, sinto que existe uma parte do modo de vida tradicional, pré-industrial, que gostaríamos de resgatar.

Temos de ter o cuidado de não romancear a vida de pobreza do terceiro mundo. É uma vida dura, difícil e muitas vezes curta. Mas é sensato perceber que, em vários aspectos, nosso modo de vida moderno está em desvantagem, se comparado com as sociedades tradicionais. Ganhamos um bocado, mas também abrimos mão de muita coisa.

Qual é seu verdadeiro sentimento acerca do seu trabalho? Como se sente sobre seu emprego neste exato momento?

Não seja como Jason, cuja ambição o cegou. Tenha cuidado para não cair na armadilha que apanhou Max, desistindo do seu sonho e da sua verdadeira satisfação porque eles não se realizam da maneira que você quer. Em algum ponto no meio de tudo isso, está seu verdadeiro sentimento e sua ambição legítima.

E se a resposta à pergunta "Como você se sente sobre seu trabalho?" for "Não sei" ou "Não sinto nada em particular", tudo bem. Talvez isso signifique que seu emprego não seja muito envolvente de um ou de outro modo. Nesse caso, a seção sobre Estagnação pode ter sugestões úteis para você. Ou pode ser que você seja verdadeiramente ambivalente – gosta de algumas coisas e não gosta de outras. Isso também não é problema.

Continue fazendo a pergunta e não se surpreenda se sua voz interior responder com uma variedade de respostas, mudando todo dia. Não há regra que diga que sempre nos sentimos da mesma maneira sobre o que fazemos. É o processo de perguntar e o resultado que isso traz a longo prazo que são importantes.

ESFORÇO SINCERO

O Esforço Sincero também é uma prática de questionamento, mas a pergunta que se faz é "Por que estou fazendo este trabalho? Qual é meu motivo e propósito?" Esse tipo de questionamento precisa ir além das respostas óbvias – "Para ganhar a vida," "Para servir aos outros". É preciso chegar a um questionamento mais profundo. Todo trabalho lhe dá direito a um pagamento, portanto por que você escolheu justamente este emprego? E há muitas maneiras diferentes de servir aos outros. Essa maneira que você escolheu é de fato a mais satisfatória?

Outro modo de fazer a pergunta é a seguinte: "Que necessidades estão sendo atendidas neste trabalho?" Se quiser ir fundo nesse questionamento, convém fazer uma lista. Seja tão honesto quanto puder. Algumas das respostas seguintes despertam algo em você?

Acrescentar algo de valor ao mundo.
Ajudar os outros.
Fazer uma descoberta científica.
Chegar ao topo.
Provar ao mundo (ou aos amigos ou aos meus pais ou a mim mesmo) que posso fazê-lo.
Aposentar-me cedo.
Ter tempo para escrever poesia.
Ser famoso.
Ter, como todos na minha família, um título de doutor.
Adoro cozinhar.
Gosto de gente.

Dar uma resposta como "Ser famoso" requer um grau considerável de integridade pessoal. A maioria das pessoas não admitiria tal motivação, mas muitos de nós a temos. Nossa sociedade de celebridades nos encoraja. E se essa for nossa resposta, o exercício pode continuar daí: "Por que ser famoso? O que há de valioso nisso?" O Esforço Sincero é um processo contínuo de cavar cada vez mais fundo em nós mesmos até descobrirmos nosso desejo mais profundo ou nossa verdadeira vocação.

Como saber quando os encontramos?

Não existe uma resposta mágica, mas uma característica do trabalho verdadeiramente satisfatório, que eu observei por mim mesmo e pelos outros, é que ele não se parece com trabalho mas com diversão.

Em muitas frases feitas, diversão é o oposto de trabalho. "Só trabalho e nenhuma diversão tornam Jack um garoto bobão." "Trabalhe duro, jogue pesado." Para dizer que algo é fácil, definimos como "brincadeira de criança".

Brincadeira de criança! Qualquer um que passe bastante tempo com as crianças só pode maravilhar-se com sua inexaurível energia e com o modo diligente com que se devotam a jogar seus jogos. Antes que tente responder à pergunta do que o motiva a trabalhar duro, você deve perguntar: O que faz as crianças brincarem tanto?

Ninguém lhes diz para fazer isso. Certamente, ninguém lhes paga para brincar. Na verdade, se alguém fosse pagá-las para fazer isso – por exemplo, se você se aproximasse de um grupo de crianças num parque e desse a cada uma delas uma nota de cinco dólares e dissesse, "Quero que brinquem durante uma hora" – não tenho dúvidas de que elas imediatamente aceitariam o dinheiro e o poriam no bolso. Mas o seu pedido contaminaria a atividade. Já não seria mais brincadeira.

Tanto o trabalho quanto a diversão exigem esforço, mas há algo de diferente na energia da diversão. Existe um prazer inerente nela, uma espontaneidade, uma sensação de ser um com a atividade. O trabalho é mais sóbrio, mais estruturado, mais definido. Por que você trabalha? Por que você se diverte? Qual é a diferença?

Você se lembra do Cobrador de Pedágio Existencial, que saudava cada carro com as palavras: "Eia, grande esbanjador!"? Isso era uma espécie de brincadeira, uma brincadeira que o ajudava a exercer seu trabalho – ou, talvez, de suportá-lo. Quando estava fazendo o *check-in* para meu vôo de Nova York para casa, algum tempo atrás, a funcionária da companhia aérea me fez as costumeiras perguntas sobre minha bagagem e então acrescentou com um sorriso malicioso:

– E qual o número que você calça e seu tipo sangüíneo?

– É dessa maneira que você consegue fazer essas mesmas perguntas dia após dia?

– Acertou, querido – ela disse. – Sou de Nova York – ela acrescentou. – O bom humor é o que me ajuda a passar o dia.

O que é mais notável na diversão é que não existe espaço para sermos desonestos e para nos iludirmos com ela. Quando podemos brincar com seriedade no trabalho, da maneira que as crianças fazem quando estão totalmente absorvidas na tarefa de construir um castelo na areia ou brincando de esconde-esconde, um porto seguro se abre dentro de nós, uma espécie de liberdade. Ela não é fácil de manter. Não posso ter a pretensão de conduzir meu negócio do modo como uma criança constrói um castelo de areia. A maior parte do tempo estou imerso nele e com uma atitude totalmente séria.

Mas nem sempre. Há momentos em que o sentimento se modifica. Às vezes quando estou profundamente imerso na extenuante tarefa da programação de computadores, vejo-me fazendo modificações no programa a fim de torná-lo mais elegante, mais belo. Ninguém, a não ser outro programador, conseguiria ver a diferença, mas eu consigo. Essa sensação se parece bastante com brincar. Existe uma leveza, um prazer inteiramente diferente da sensação de fazer um trabalho.

Essa sensação transforma a ambição – no meu caso, a ambição de ser um bem-sucedido empresário de *software* – em algo bastante diferente. A ambição não é mais um objetivo a ser alcançado; em vez disso, ela traz um sentimento de prazer, até mesmo de amor, que não precisa de um objetivo. Penso que é o que Harry Roberts queria dizer com as palavras: "Ter prazer no trabalho é a melhor coisa para um ser humano."

Jason sentia alegria em seu trabalho; ele apenas deixou ambições menores assumirem o controle. Max conhecia a alegria. Apenas não conseguiu descobrir um modo de mantê-la em sua vida profissional. Emily, a diretora de escola que se tornou uma fornecedora, compreendeu que não estava sentindo alegria no trabalho e seguiu o coração, até descobrir uma atividade que lhe desse prazer.

O sentimento de alegria é o aspecto Positivo Quente da ambição. Trata-se da ambição como Inspiração.

"Eia, grande esbanjador!"

"Qual número você calça e seu tipo sangüíneo?"

Que palavra ou frase poderia abrir o jardim da brincadeira e a alegria do trabalho para você?

PRÁTICAS RELACIONADAS COM A AMBIÇÃO

- Como se sente neste exato momento? Descreva sua sensação: boa, má ou indiferente.
- Como se sente sobre seu trabalho neste exato momento: bem, mal ou indiferente?
- Qual é a sua ambição mais profunda?
- Você está praticando o Esforço Sincero agora? Como você pode ser mais espirituoso no trabalho?

Dinheiro e Tempo 12

O que as grandes religiões do mundo têm a dizer sobre a relação da espiritualidade com o dinheiro? Jesus expulsou os vendilhões do templo. São Paulo disse: "O amor pelo dinheiro é a raiz de todo o mal." Em algumas tradições budistas, os monges são proibidos de tocar em dinheiro. Judeus ortodoxos não podem gastar dinheiro no Sabá e, no Islã, cobrar juros por um empréstimo é considerado errado.

Todas as grandes tradições espirituais parecem estar de acordo: dinheiro e espiritualidade não se misturam. Existe alguma coisa a respeito do dinheiro que parece nos afastar de nós mesmos, que nubla nossa visão. As pessoas enganarão por dinheiro, mentirão, roubarão, até mesmo matarão – tudo por algo que tem pouco valor intrínseco em si mesmo e, em última análise, nada mais é do que um elaborado acordo social. O Cristianismo, o Judaísmo, o Budismo e o Islamismo passaram a existir numa época da história humana em que o dinheiro era uma invenção relativamente nova. Talvez os fundadores dessas grandes religiões tenham visto com os próprios olhos como o dinheiro muda o modo como uma pessoa trata a outra.

Tempo não é dinheiro.
Tempo é espírito.
Tempo é amor.

Se você perguntar às pessoas porque elas trabalham, elas em geral dirão: "Para ganhar dinheiro, para me sustentar." Na verdade, o trabalho que não traz retorno em dinheiro em geral não é chamado de trabalho – é chamado de passatempo ou de trabalho voluntário. O dinheiro é que torna o trabalho um trabalho.

As atitudes acerca do dinheiro mudaram durante os últimos trinta anos. Quando tirei o diploma da faculdade em 1967, eu era como muitos da minha geração que acreditavam que o importante não era ganhar dinheiro, mas viver com integridade, fazer o bem, ser emocional e espiritualmente realizado. Embora tivesse me diplomado numa faculdade de prestígio e pudesse ter iniciado uma profissão lucrativa, fui a um seminário cristão e acabei descobrindo meu caminho num mosteiro budista. Naquela época eu pensava pouco no meu futuro financeiro.

Aqueles de nós que cresceram nos anos 50 e 60 não estavam totalmente conscientes do quanto os Estados Unidos eram ricos se comparados com o resto do mundo. Naquela época era fácil tirar o diploma da faculdade sem pensar demais em dinheiro. Nos anos 90, foi diferente. Uma recente pesquisa do American Council on Education mostrou que 75% dos jovens formados recentemente na faculdade disseram que seu principal objetivo era "ter boas condições financeiras" comparados com os 40% de 1970. Atualmente, apenas 40% dizem que querem "desenvolver uma filosofia significativa" de vida comparados com os 83% de 1967.

Quando tirei o diploma da faculdade, eu era um desses 83% e passei os quinze anos seguintes num centro budista de retiro. Além de poder meditar e estudar toda a tradição budista, senti o que era viver sem se preocupar muito com dinheiro. Isso também me fez reentrar no mercado de trabalho com 35 anos, o que é bastante inusitado. Não entrei no mercado com a perspectiva de alguém que procura um emprego, mas com a perspectiva de um monge. Rapidamente obtive sucesso, no sentido convencional, mas o monge que eu costumava ser ficava ao lado dizendo: "Estou recebendo um bom dinheiro, enquanto, há quatro anos, como o diretor de um centro de retiro, eu ganhava apenas um décimo disso. Sou a mesma pessoa, com as mesmas habilidades. O que mudou?"

O que mudou, naturalmente, foi o fato de que, no meu novo trabalho, eu fazia algo que para meu empregador (e seus clientes) era extremamente valioso em termos financeiros. Também mudou o fato de que eu estava experimentando outra vez a *energia* do dinheiro – dinheiro é motivador, inspirador, atraente, sedutor, forte –, numa idade em que a maioria das pessoas já se acostumou com isso.

Meu treinamento espiritual não me preparou para isso. Assim, tive de ficar pensando na pergunta: "O que é, na verdade, o dinheiro, e como ele se relaciona com nossa vida espiritual?"

UMA MEDITAÇÃO SOBRE O DINHEIRO

O Budismo inclui muitas meditações diferentes: a meditação sobre a respiração, a meditação sobre a compaixão, até mesmo a meditação sobre rodas coloridas e pinturas sagradas. Falta-lhe uma meditação sobre o dinheiro – provavelmente porque os monges budistas estão proibidos de lidar com ele –, mas existem muitas práticas de meditação relacionadas com a cobiça. Enquanto a cobiça é um estado psicológico, o dinheiro é físico, palpável, mensurável. Essa é uma razão pela qual ele é tão poderoso. Ele pode funcionar como medida universal de valor e ser transferido de uma pessoa para outra. Enquanto a cobiça mantém-se dentro de nós, o dinheiro pode ir a qualquer parte. Ele parece ter uma realidade independente, uma vida própria.

Será que tem mesmo? Quanto das nossas próprias atitudes mentais, desejos e projeções de fato afetam, até mesmo criam, a realidade do dinheiro? Como o dinheiro influencia nossas percepções e ações no local de trabalho? Essas são as questões que este capítulo analisará.

Comecemos nossa meditação sobre o dinheiro examinando o objeto físico. Da sua maleta ou bolsa, tire a nota de valor mais alto que tiver. Provavelmente, será uma nota de vinte dólares. Isso é ótimo, mas uma nota de cem dólares funcionará ainda melhor. Cem dólares é um bocado de dinheiro. Chama a sua atenção. Portanto, vamos imaginar que temos uma nota de cem dólares diante de nós.

Olhemos para ela. Retribuindo nosso olhar está o rosto gentil de Benjamin Franklin. Em cada canto estão números grandes indicando que esse pedaço de papel verde é cem vezes mais valioso do que um praticamente idêntico que tem apenas o número 1 nele. Naturalmente, uma nota de cem dólares não tem maior valor intrínseco do que uma de um dólar; ambas custam ao Tesouro dos Estados Unidos exatamente o mesmo número de centavos para serem manufaturadas. O valor maior do retrato de Ben Franklin é determinado por acordo social, pela convenção e pela lei. É um acordo básico, como nosso entendimento de que a semana tem de ter sete dias ou que o dia tem de ter 24 horas. Essas questões estavam todas ali para nos arrebatar ao mesmo tempo. Só com a passagem dos séculos é que esses arranjos originalmente arbitrários vieram a ter força de lei, ou de inevitabilidade, ou mesmo da própria realidade.

O dinheiro é mais uma realidade manufaturada. Podemos, com algum esforço, traçar a história do dinheiro até suas raízes. Mas depois de fazer isso, o que mais há para ser dito? Não podemos ir ao banco e nos queixarmos que a nota nova de cem dólares é uma ficção, e que gostaríamos de ter algo de valor "real" em troca, digamos, uma moeda de ouro. Nosso direito de pedir isso terminou nos anos 30, e pedir moedas de prata tornou-se obsoleto nos anos 70. Além disso, o que torna a moeda de ouro ou de prata mais "real" do que o papel, a não ser seu peso e brilho?

Continuemos nossa meditação com um experimento. Nos tempos antigos, os monges budistas ficavam olhando fixamente para um disco de barro amarelo, durante longos períodos de tempo, até poderem visualizar o objeto de olhos fechados. Portanto, vamos tentar algo semelhante. Ponha a nota na sua frente, digamos na mesa da cozinha, e fixe nela o olhar durante certo tempo.

Se eu lhe perguntar, "O que é isso?", o que você dirá?

Se disser, "Bem, trata-se de um pedaço esverdeado de papel com um retrato de Ben Franklin estampado nele", eu o desafiaria respondendo, "Se fosse isso, você poderia jogá-la na calçada e ela ficaria ali mais do que uns poucos segundos".

Se disser, "É uma nota de cem dólares. Posso comprar comida por uma semana com ela", eu poderia responder, "Não, não é. É apenas um pedaço de papel. Além disso, como sabe que é uma nota de cem dólares verdadeira? Pode ser uma imitação".

Na verdade, a tecnologia das imitações é tão boa em nossos dias que apenas especialistas, com equipamento avançado, podem identificar as melhores.

Em termos práticos, o que torna uma nota de cem dólares verdadeira e não uma imitação é todos acreditarem que ela é verdadeira. Quando você vai gastar os cem dólares, você acredita na legitimidade da nota, e a crença do vendedor da loja de departamentos que a aceita, conspira para colocar uma cesta de compras em sua mão. É tudo um jogo coreografado no qual somos treinados desde a infância.

Quando ficamos sabendo que um secador de cabelos comum que uma vez pertenceu a Jacqueline Onassis foi leiloado por cinco mil dólares ou que um pedaço ressecado de um bolo feito há setenta anos atrás para o casamento do duque de Windsor foi vendido por 25 mil dólares, lembramo-nos de que o dinheiro, em última análise, representa um pensamento ou uma idéia que pode ter pouco a ver com um valor real. O dinheiro pode representar necessidades reais, como abrigo e alimento, mas na maioria das vezes mede a força de um desejo abstrato. O dinheiro representa a imagem que temos de nós mesmos, nosso eu público. De uma maneira que pouco entendemos, ele *é* o eu.

Agora vamos fazer outra experiência de meditação. Perto da nota de cem dólares, coloque uma de um dólar.

Olhe para a nota de um dólar.

Agora olhe para a nota de cem dólares.

O que muda dentro de você quando desvia o olhar de uma para ver a outra?

Você pode não ser capaz de sentir muita coisa de imediato, mas suponha que perdesse primeiro uma, depois a outra, dentro de um bueiro de rua. Você acha que seu coração bateria da mesma maneira em ambos os casos, ou você praguejaria vigorosamente num dos casos?

O valor maior que você atribui à nota de cem dólares não está no objeto em si mesmo. É algo que lhe ensinaram, algo que você aceitou e interiorizou porque é fundamental para a estrutura social. Você lhe dá valor porque todos dão. Esse valor é um tipo de visualização coletiva, uma criação feita que se tornou real porque todos concordamos em torná-la real.

É difícil sair dessa estrutura. Quando eu faço essa meditação nos seminários, de início as pessoas ficam fascinadas com o objeto material. Ficam surpresas ao descobrir que usaram o dinheiro durante toda a vida sem nunca tê-lo olhado de perto. Elas notam que a cédula que estão segurando é, entre outras coisas, uma obra de arte, uma trabalho artístico com árvores, prédios e desenhos abstratos, isso sem mencionar inscrições enigmáticas como "C3". Mas quando peço às pessoas para imaginarem seu local de trabalho separado do dinheiro, ninguém tem muito a dizer. O dinheiro é uma parte profunda demais da nossa vida.

Nenhum de nós pode evitar o dinheiro, mas podemos ser mais conscientes de como ele funciona em nossa vida. E, no local de trabalho, uma das maiores utilidades do dinheiro é medir o tempo e negociá-lo.

TEMPO E DINHEIRO

A frase "tempo é dinheiro" se tornou popular, sem dúvida durante o auge dos "cursos de gerenciamento do tempo", quando havia um conhecimento original da relação da eficiência com o lucro. Nenhuma outra frase descreve com tanta exatidão como o dinheiro altera nossa percepção de nós mesmos e dos outros assim que pisamos no local de trabalho. Neste sentido, o trabalho é uma troca de tempo por dinheiro. Você dá o seu tempo e seu empregador lhe dá dinheiro.

Isso implica que tempo é algo que lhe pertence, um bem valioso que você pode trocar por dinheiro, "gastando" tempo no trabalho. Os empregadores definem certas atividades, como fazer telefonemas pessoais, como algo a ser feito com o "seu" tempo *versus* o tempo da empresa. Talvez esse fosse o aspecto mais perturbador da minha transição do mosteiro para o escritório. No mosteiro, o tempo não pertence a ninguém. Ele é algo a ser compartilhado.

Agora talvez fique mais claro porque os mestres religiosos da antigüidade concordaram com que havia algo de corrosivo no dinheiro. São Paulo não disse "O dinheiro é a raiz de todo o mal," embora esse trecho da Bíblia seja equivocadamente citado dessa forma com freqüência; ele disse "o amor ao dinheiro". O modo como o dinheiro altera nosso estado mental, nosso senso de tempo, nossa noção de quem somos e de quem os outros são, é que é o problema. É o amor, o apego ao dinheiro que corrompe a nossa alma.

Tempo é vida. Temos tempo porque estamos vivos, porque existimos neste mundo. Quando morremos, estamos fora do tempo. O tempo cessa para nós. O tempo, como a própria vida, é um presente. Ele nos vem de graça, simplesmente porque estamos aqui. O tempo é um ponto central da pesquisa espiritual, das perguntas fundamentais: Quem sou eu? Por que estou aqui? O tempo abarca essas questões. Ele lhes dá profundidade e amplidão.

Um dos efeitos da prática da meditação formal é o modo como ela expande nossa noção de tempo. Principalmente durante longos retiros de meditação, o tempo se torna muito mais vívido, mais palpável, mais fluido. Muitas vezes uso a expressão "tempo denso" para descrever esse fenômeno. No trabalho, sentimos que o tempo é fino – ele corre, é apressado, barulhento, dispersivo. Seguindo nossa respiração, minuto a minuto, hora a hora, o tempo torna-se nem lento nem rápido. O tempo volta a ser o que ele é – respiração, batida cardíaca, canto de pássaro, luz do sol que viaja imperceptivelmente através do tapete. O tempo simplesmente nos envolve e contém.

Pode ser útil acrescentar a percepção da respiração à nossa meditação sobre o dinheiro. À medida que fixa os olhos na nota de um e de cem dólares, sinta o ar entrando e saindo dos pulmões. Isso é o tempo, e as notas são o dinheiro. Elas são a mesma coisa ou são diferentes? Qual é a medida mais exata de valor verdadeiro?

VALOR

Você se lembra da história de Harry Roberts no segundo capítulo, sobre seu mestre espiritual costurando o cocar cerimonial? Vamos analisar essa história com mais detalhes.

A história é sobre Robert, tio e mestre de Harry, que estava laboriosamente fazendo um cocar para uma dança cerimonial. Harry observou quando o tio rasgou uma parte que exigira vinte minutos de costura.

– Por que você está rasgando essa parte? – Harry perguntou. – A dança é à noite. Ninguém a verá. Quem saberá?

– Eu saberei – Robert respondeu.

Essa história está cheia de verdades importantes sobre o tempo, dinheiro e valor. Ela diz respeito a uma sociedade pré-moderna, tradicional, regida pelo ritual, pelos costumes e pela importância do caráter e dos relacionamentos pessoais.

Robert estava fazendo um trabalho importante, mas não estava sendo pago por ele. Além do mais, ninguém, a não ser seu jovem sobrinho Harry, o observava na execução de sua tarefa. Ele poderia ter concluído o trabalho do modo mais rápido, poupando tempo. Mas isso significaria que esse tempo tinha algum tipo de valor quantificável e que poupar tempo era importante.

Mas poupar tempo não era importante para Robert; nem ele estava criando um adereço que era a única coisa importante. O que mais importava era seu senso interior de qualidade e seu próprio estado de espírito. Para Robert, o presente que levaria à dança cerimonial não era o ornato para cabeça. Era o que ele havia elaborado dentro de si mesmo, um padrão de excelência, sinceridade e qualidade que apenas ele conhecia, e esse era o verdadeiro presente. Se tivesse ido à cerimônia com um cocar que todos os demais achassem ótimo, mas que ele sabia não ser o melhor que podia criar, ficaria envergonhado. Ele não queria que ninguém presente à cerimônia o visse assim.

Robert vivia numa cultura em que se entendia claramente que nosso estado de espírito não só é importante, mas também real e tangível. Foi isso o que Robert quis dizer ao responder: "Eu saberei." Ele achava que pelo fato de ele notar, todos os outros saberiam.

Essa maneira de olhar o mundo é muito diferente da nossa noção moderna de valor, dinheiro e tempo.

Suponha que um turista passasse casualmente pela casa de Robert e visse o cocar pendurado no alpendre. E imagine que o turista encontrasse Robert e se oferecesse para comprar o ornamento. Robert teria dito:

– Este cocar não está à venda. Trata-se de um ornato cerimonial para cabeça.

Mas o turista poderia ter insistido.

– Diga-me quantas horas trabalhou nele. Eu não quero enganá-lo. Eu pagarei a você um valor justo pelas horas que gastou para fazê-lo. Afinal, tempo é dinheiro.

Teria sido difícil Robert explicar ao turista que o valor do cocar não se traduzia em horas ou dinheiro. O valor do cocar estava ligado à união de toda a comunidade, com a posição de Robert como honorável ancião dessa comunidade, com a confiança mútua que as cerimônias tribais ajudavam a cimentar.

Vamos comparar a história de Harry Roberts com uma história do local de trabalho moderno. Jean era gerente de departamento numa grande firma de investimentos. Pelos dois últimos anos, desde que a fusão de várias empresas havia forçado muitas demissões, o trabalho de Jean vinha sendo muito cansativo. Antes da fusão, ela tinha uma equipe de 45 pessoas, mas agora dispunha de menos de trinta, e a carga de trabalho era maior do que antes. Parecia a Jean que seu trabalho consistia principalmente em ouvir as queixas sem fim dos seus subordinados. Embora sua frustração fosse legítima, havia pouco que Jean pudesse fazer a respeito.

Certo dia, Charles, o chefe de Jean, chamou-a ao seu escritório.

– Jean, sei como o último ano tem sido frustrante para você e a sua equipe, e quero que saiba que bom trabalho você fez e quanto a empresa aprecia seu esforço. Achei algum dinheiro no orçamento e vou dar-lhe cinco mil dólares de bônus de final de ano.

Durante as semanas seguintes, Jean sentiu-se como se andasse nas nuvens. Ao menos seu árduo trabalho havia sido reconhecido. O final do ano fiscal seria dentro de algumas semanas. Jean passou as semanas restantes planejando como usaria o dinheiro.

Quando abriu seu cheque de final de ano ficou surpresa ao ver que o bônus era apenas de 3.200 dólares.

– Ah, sim – Charles respondeu, quando ela o interrogou sobre isso – eles cortaram meu orçamento no último minuto. Você sabe como é. Fiz o melhor que pude.

Jean tinha uma amiga no departamento de contabilidade e não pôde resistir. Ela pediu à amiga que checasse o orçamento do departamento.

– Nenhum corte que eu saiba – a amiga confidenciou. – Charles deve ter usado o dinheiro para outra coisa.

A euforia anterior de Jean agora se transformou em raiva. Não era o dinheiro a menos que a perturbava. A diferença era apenas de 1.800 dólares, afinal, e ela não havia esperado nenhum bônus. Era o que a redução do bônus tinha a ver com os elogios de Charles. Pareceu a Jean que o reconhecimento de Charles não fora sincero, porém calculado. Jean agora gostaria de saber se o bônus de fato era em reconhecimento do seu esforço ou apenas para diminuir sua frustração.

Ela quase desejou que Charles não lhe tivesse dado bônus nenhum. No final, ela não se sentiu mais valorizada; ao contrário, sentiu-se desvalorizada.

Quem sabe se a suspeita dela sobre Charles tinha fundamento? Talvez ele sinceramente desejasse recompensá-la e tivesse uma boa razão para usar o dinheiro em outra coisa qualquer. Jean nunca saberá, porque ela não podia interpelar Charles sobre o assunto sem comprometer a confiança da sua amiga. Em vez de se sentir motivada e recompensada, portanto, Jean ficou aborrecida. Em vez de se aproximar do patrão, ela ficou mais distante.

A lição desta história é que, mesmo no local de trabalho onde o dinheiro é a prioridade, o dinheiro não é a recompensa que conta mais. Neste caso, supôs-se que ele representasse o reconhecimento, mas, por causa de uma mudança sutil no modo como foi entregue, falhou nessa missão. Assim como o turista não conseguiu dar dinheiro suficiente a Robert para compensá-lo pelo cocar, a falta de honestidade e sinceridade de Charles solapou o significado pretendido para o bônus de Jean. Sei de uma firma em que os bônus subiam todo ano, e os empregados se queixavam um para o outro:

– O chefe de fato não nos aprecia. Ele está apenas tentando comprar nossa lealdade.

O chefe não conseguia entender isso.

– Dei-lhes mais este ano do que no ano passado!

Ele não entendia que, no final, não é o dinheiro, mas a intenção que conta.

O TRABALHO PELO TRABALHO

Mencionei na introdução desta seção que nem todo trabalho visa pagamento. Podemos ser voluntários num lar para convalescentes ou para fazer sopa para os pobres, passamos horas na nossa oficina doméstica dedicados ao nosso passatempo, passamos o final de semana pintando a sala de estar. Todos nós experimentamos o sentimento de libertação que nos invade quando podemos trabalhar sem pensar em pagamento.

Mas e quanto ao nosso trabalho diário? Há algum modo de levar esse espírito para nosso ambiente de trabalho? De descobrir pequenos modos de trabalhar pelo próprio trabalho e não pelo pagamento? Se você gosta do seu trabalho, se ele o satisfaz e realiza, indubitavelmente há momentos em que você fica tão absorvido por ele, tão inspirado, que o tempo se amplia, torna-se espaçoso e fluido, e você e o trabalho se tornam um.

Mas mesmo que não seja esse o caso, pode haver oportunidades de se contribuir com um trabalho que esteja fora da equação tempo-dinheiro.

Por exemplo, considere a copa da sua empresa.

Se você não tem problemas para manter esse lugar limpo, vou trabalhar com você, pois você deve trabalhar no céu! Na empresa para a qual eu costumava trabalhar, tentei de tudo – cartazes bem-humorados, vergonha, esconder as xícaras. Fiz um cartaz que dizia, "Acabamos de comprar um jogo de xícaras de café que se lavam e se guardam a si mesmas. Trata-se de uma invenção surpreendente, já fizemos o pedido, mas enquanto elas não chegam, será que cada um poderia lavar e guardar a própria xícara?"

As pessoas acharam divertido, mas isso não mudou o comportamento de ninguém.

Tentei lavá-las eu mesmo, sempre que via a pia se enchendo. Não fiz isso porque queria ser um herói. Na verdade, eu era, de tempos em tempos, um dos que largavam as xícaras sujas. Mas vi algumas das funcionárias – mulheres – lavando xícaras depois de outras pessoas as usarem, e isso me fez sentir culpado pelo fato de elas, que recebiam muito menos do que eu, acharem tempo para fazer isso e eu não.

No mosteiro budista, limpar era uma segunda natureza. Todos os caminhos eram escrupulosamente varridos. A cozinha era imaculada. Era assim que passávamos nosso tempo – dando o tipo de cuidado e atenção a pequenos detalhes da vida que nenhum negócio poderia nos pagar para fazer.

No mosteiro, tempo não é dinheiro. Tempo é uma oportunidade de crescimento espiritual. Na verdade, passávamos algumas horas por dia sentados, imóveis, numa almofada de frente para a parede. O que, em termos comerciais, poderia ser mais improdutivo do que isso, todos nós, pessoas com diplomas universitários, sentadas no escuro e no frio, sem fazer nada?

O tio de Harry, Robert, teria entendido. Em sua cultura, essa prática teria muito sentido. Estávamos trabalhando em nossa vida interior, nosso estado mental, nosso caráter. Para alguns como Robert, isso seria a razão de toda uma vida.

Travis era funcionário senior de uma firma de encanadores que tinha um proprietário e cinco empregados. Como o crescimento da empresa dependia de cada empregado trazer novos negócios, em certo ponto o proprietário decidiu pagar uma comissão para cada novo cliente que o empregado trouxesse. Travis, que já era o mais bem pago e o funcionário mais responsável, foi o que, rapidamente, passou a receber mais comissões; mas depois de alguns meses ele começou a sentir-se mal com esse novo arranjo. Aproximou-se do chefe e sugeriu que todas as comissões fossem postas num bolo para serem repartidas igualmente entre todos os empregados. O chefe ficou surpreso.

– Isso representará menos dinheiro para você – ele disse.

– Eu sei – respondeu Travis. – O clima entre nós mudou. Não estamos mais cooperando do modo como fazíamos. Há uma certa tensão.

O chefe falou sobre o assunto com os outros empregados e todos eles concordaram.

– Quanto dinheiro você perdeu quando as comissões foram divididas entre todos? – perguntei a Travis quando ele me contou essa história.

– É difícil dizer – Travis respondeu. – De início, pareceu bastante, mas com o passar do tempo acho que os encanadores mais novos trabalharam mais para obter novos clientes. A longo prazo provavelmente não perdi nada. Posso até mesmo ter ganho um pouco.

– Por que você fez isso? – perguntei.

– No sistema antigo, não gostava da maneira como me sentia acerca do emprego – explicou Travis. – Sou o mais antigo na firma. Eu tinha de me sentir à vontade ao olhar os outros rapazes nos olhos todos os dias.

Nem todo local de trabalho provê o tipo de oportunidade para expressar sua convicção e caráter do modo como Travis fez. Mas será que não há modos menos dramáticos de você se expressar em seu trabalho?

Se um colega estiver sobrecarregado de trabalho, você pode se oferecer para ajudar? Se a recepcionista esqueceu de enviar o malote do correio, você não pode fazer isso para ela? Se o seu expediente se encerra às 17 horas, pode ficar alguns minutos a mais às vezes, talvez trabalhando na parte do seu trabalho que lhe é mais agradável? E você pode fazer essas coisas não porque está esperando que seu chefe note ou porque está ansioso por uma promoção, mas porque isso ajuda a separar o dinheiro do tempo e lhe dá um sentimento de que, independentemente do quanto lhe pagam, bem ou mal, seu tempo é seu próprio e maior tesouro?

Da perspectiva do "tempo é dinheiro", ninguém está lhe pagando para fazer essas coisas. Você está ocupado. Eles não lhe pagam suficientemente pelo trabalho que faz, muito menos por algo extra. Por que se incomodar?

O tio de Harry tem a resposta para você: "Porque você notará."

Quando você faz algo para beneficiar seu próprio estado de espírito não o faz apenas para si mesmo. O seu estado de espírito é real, ele é palpável, ele afeta os outros. É bom para a pessoa que chega depois encontrar uma copa limpa, mas o que é ainda mais importante para essa pessoa é sentir a sua mente límpida.

Quando você consegue encontrar meios de sair do "tempo é dinheiro" por apenas uns poucos momentos e dedicar-se a uma atividade que parece não lhe dar nada em troca, você atingiu um sopro secreto para um tipo diferente de equação humana, a equação que diz "tempo é espírito" ou "tempo é amor".

PRÁTICAS PARA DINHEIRO E TEMPO

- Olhe fixamente para uma grande nota de dinheiro, por tempo suficiente para vê-la como se fosse pela primeira vez. O que ela é? Qual seu relacionamento com ela?
- Sente-se tranqüilamente prestando atenção à respiração. Você pode sentir a mudança em sua noção de tempo?
- Descubra um modo de separar o tempo do dinheiro no trabalho. Faça algo fora das atribuições normais do seu trabalho. Qual é a sensação? O que muda?

Perdão 13

Pedir desculpas e o perdão andam juntos. Um costuma sempre seguir o outro. Eu peço desculpas a você e você me perdoa. Pedir desculpas e perdoar são coisas que estão sendo um pouco negligenciadas na agitação do mundo moderno. Especialmente no local de trabalho, irritações banais e mágoas muitas vezes gritam por uma resolução. Principalmente em firmas maiores, a intriga, a decepção e a maledicência são comuns demais.

Minha boa amiga Sylvia Boorstein, ao ler este capítulo, compartilhou comigo "as nove palavras que mudarão o mundo", que ela aprendeu com o Rabbi David Zeller. As nove palavras são: "Sinto muito. Cometi um erro. Por favor me perdoe."

Se todos fizermos questão de praticar de alguma forma essas nove palavras, de tal modo que elas se fixem em nosso coração, não tenho dúvidas de que elas mudariam o mundo de fato. Existe uma intimidade e magnetismo no ato de pedir desculpas e de perdoar que rompem as barreiras entre as pessoas e as aproxima. Essa intimidade é difícil de reconquistar no local de trabalho moderno, onde estranhos muitas vezes se juntam em cubículos impessoais. Mas por meio de nossa intenção espiritual e esforço contínuo, cada um de nós pode trazer de volta à vida esse espírito.

Sinto muito.
Cometi um erro.
Por favor me perdoe.

Nove palavras que podem mudar o mundo.

A energia do pedido de desculpas e do perdão, à primeira vista, pode parecer pertencer ao reino Frio Positivo da calma e do bem-estar. Certamente, a liberação da tensão que ocorre quando o pedido de desculpas é retribuído com o perdão pode ser um grande alívio. Mas o próprio pedido de desculpas é um ato de alta energia. Às vezes pedir desculpas pode conter tanto calor quanto raiva.

À guisa de exemplo, deixe que eu lhe conte sobre outro dos meus filmes prediletos, *Rickshaw Man*, que apresenta Matsu, um condutor de *rickshaw*, na virada do século, no Japão. Na cena de abertura, Matsu quer ir a uma performance no teatro local. A tradição permite que esses condutores de *rickshaws* assistam essas peças gratuitamente. Mas quando Matsu chega à bilheteria, esperando que o convidem a entrar, o gerente do teatro recusa-se a honrar a tradição. Matsu, irritado, volta com um bilhete, entra no teatro e começa a depredar o local. Ele começa um incêndio, atira comida, entra numa briga, fazendo o espetáculo parar.

O gerente do teatro, transtornado, chama o "chefe" local, um cidadão importante, para mediar a disputa. O chefe, sentado com dignidade numa esteira de palha, ouve pacientemente ambos os lados da história. Ele ouve a defesa passional, cheia de raiva do condutor de *rickshaw*, a favor dos direitos tradicionais, bem como a descrição que o gerente do teatro faz do mau comportamento de Matsu. O chefe pacientemente explica a Matsu que, embora seus sentimentos possam ser justificados, seu comportamento incomodara muitas pessoas. Então ele se voltou para o gerente do teatro e repreendeu-o por ter se recusado a honrar a tradição.

Matsu, homem simples e honesto, franziu a testa ao ouvir as palavras do chefe e compreendeu toda a implicação do que havia feito. Virando todo o corpo para olhar o gerente do teatro, ele se curvou até o chão e gritou numa voz forte:

– Sinto muito!

O gerente, muito aliviado, respondeu:

– Você está perdoado.

O chefe ficou profundamente impressionado com as ações de Matsu.

– Você é o homem mais íntegro que já encontrei – ele exclamou. – As suas palavras apagaram suas ações.

Essa história é um exemplo vívido da transformação da energia da raiva, quente e negativa, de Matsu e do gerente do teatro para uma energia igualmente quente, porém positiva do "Sinto muito!", que Matsu grita com a cabeça quase tocando o chão.

Você consegue imaginar uma cena como essa acontecendo no seu local de trabalho? Você é Matsu, o homem do *rickshaw*, ou você é o gerente do teatro? Ou talvez você seja o chefe! Certa vez conheci o trabalhador de um armazém que ficou ofendido quando seu chefe disse algo que lhe pareceu preconceito racial. Ele estava espalhando o suprimento de uma semana de amendoins no chão, quando o chefe, tendo ouvido de outro trabalhador sobre a causa do seu aborrecimento, o interpelou.

– Sinto muito. Não quis dizer o que você pensou. Não mesmo.

O trabalhador olhou para ele por um momento e então entendeu que seu pedido de desculpas era sincero.

– Está bem – disse.

Os dois então passaram a próxima meia hora limpando juntos o amendoim.

Você pode imaginar a situação se o chefe não tivesse pedido desculpas e os dois continuassem a trabalhar dia após dia com essa tensão não-resolvida entre eles? Uma coisa é não perdoar o motorista que lhe corta a frente na pista. Você nunca o verá outra vez. Mas passamos mais tempo com nossos colegas de trabalho do que com qualquer outra pessoa, inclusive nossa família. Conflitos não-resolvidos no trabalho são um enorme dreno de energia. Eles têm um efeito deprimente sobre todos, e às vezes podem ferver e explodir.

A PRÁTICA DO PEDIDO DE DESCULPAS

Um pedido sincero de desculpas pode ter uma força incrível. Há não muitos anos, o presidente dos Estados Unidos pediu desculpas a todos os nipo-americanos aprisionados durante a Segunda Guerra Mundial. Cada um deles também recebeu por volta de vinte mil dólares, mas, quando a imprensa entrevistou alguns dos prisioneiros mais velhos, todos disseram que o pedido de desculpas partindo do próprio presidente foi mais importante do que o dinheiro.

Você pode pensar em oportunidades em que o pedido de desculpas ajudaria no local de trabalho? Faz parte da natureza humana pensar que é mais importante curar as próprias mágoas do que sanar as dos outros. Também temos a tendência de pensar que pedir desculpas é um sinal de fraqueza, que nos deixa inferiorizados diante da outra pessoa. "Eu pedir desculpas a ele? Nunca! É ele quem deveria pedir desculpas!"

Na verdade, pedir desculpas é um ato de força. Pedir desculpas significa que você é suficientemente forte para desistir de algo, de transferir alguma energia positiva para outra pessoa. Pense em como o chefe reagiu quando observou o pedido de desculpas de Matsu: "Você é o homem mais íntegro que já encontrei." Matsu não se safou dizendo: "Pedirei desculpas se ele pedir também" ou "Sim, estava errado, mas neste caso a culpa cabe 50% para cada um". Ele simplesmente assumiu tudo sozinho, sem pensar se a razão da culpa estava equilibrada.

É fácil pedir desculpas condicionalmente, ou estrategicamente, quando pensamos que existe algo a ganhar. É muito diferente pedir desculpas incondicionalmente, simplesmente como um modo de transformar a energia da situação. Esse tipo de desculpas é mais do que uma mera etiqueta; é uma autêntica prática espiritual. Li recentemente que Joe Montana, que por muitos anos foi o zagueiro de um time de São Francisco, muitas vezes assumia a culpa pelos erros dos outros. Se o centro falhasse em segurar a bola, Joe dizia ao treinador, "Fui eu. Perdi o lance". Essa a razão pela qual era um líder tão respeitado na equipe.

Pense agora numa situação no local de trabalho pela qual você poderia pedir desculpas incondicionais. Não há necessidade de fazer longas listas. Uma é suficiente. Você se sente pouco à vontade, tem a sensação de que pedir desculpas será difícil ou não parece realmente justificado? Ótimo! É exatamente esse tipo de desculpas que estamos procurando.

Agora faça isso, simplesmente como uma experiência. Um pequeno pedido de desculpas não machucará você nem afetará seu *status* de pessoa importante, com quem se pode contar, que você conseguiu a duras penas no emprego. Na verdade, se essa já é a sua reputação, o seu pedido de desculpas terá considerável força. Você pode até mesmo tentar desculpar-se com alguém que conhece e que, na verdade, deveria estar pedindo desculpas a você. Lembre-se de Joe Montana: "Fui eu. Eu perdi o lance." Não duvido nem um pouco que todos do time, inclusive o treinador, sabiam o que tinha realmente acontecido. Também aposto que o jogador que perdeu a bola ficou profundamente motivado a não deixar Joe na mão outra vez.

PRATICANDO O PERDÃO

Como a maioria das outras religiões, o Budismo reconhece a importância do perdão e oferece um extenso espectro de práticas para desenvolver o espírito do perdão. Essas práticas reconhecem que, antes de podermos realmente perdoar outra pessoa, temos de saber como perdoar a nós mesmos. Essa abordagem é bastante prática. Ela reconhece que é mais fácil mudar a nós mesmos do que mudar outra pessoa qualquer. E se formos rigorosos demais e não perdoarmos nossas próprias fraquezas, como podemos ser generosos com as faltas dos outros?

O que nos permite perdoar aos outros é a capacidade de ver suas faltas como nossas, identificando-nos com eles o suficiente para entrar na sua pele, sentir o que eles sentem, ver o que vêem. Quando o chefe no *Rickshaw Man* fez o gerente do teatro ver seu comportamento através dos olhos de Matsu, o gerente imediatamente perdoou Matsu. Por um momento, ele se tornou Matsu.

Quando alguém faz um comentário ferino no trabalho, quando nosso chefe recusa nossa proposta cuidadosamente preparada com um aceno da mão, quando nosso melhor amigo revela uma confidência a um superior pondo em risco nossa carreira, como é possível evitar sentir-se magoado e vingativo? Apenas se reconhecermos honestamente que não estamos acima dessas coisas, que em outro tempo ou lugar podemos ter feito o mesmo, que todos nós temos falhas e muitas vezes não agimos da melhor forma possível – só então podemos fazer com que o perdão brote em nosso coração.

É por isso que o Budismo diz: Comece consigo mesmo. Conheça a si mesmo o suficiente para ser capaz de dizer: "Tudo bem. Posso perdoar a mim mesmo e me aceitar como sou."

O perdão não é apenas um exercício intelectual. Ele é físico e seu centro é o coração. Temos muitas frases em nossa língua que se referem ao coração: "coração partido", "o coração dela apertou", "seu coração batia na garganta", "ele tem um grande coração". Não se trata de meras figuras de linguagem. Elas descrevem sensações reais. O perdão também é uma sensação. Quando é verdadeiro, ele libera uma onda de sentimento físico, um fluxo de energia dentro de nós, e entre nós e a pessoa que perdoamos. Essas sensações são uma parte importante da prática do perdão.

A meditação Um Amigo no Coração a seguir é um modo de tornar o perdão algo físico, dar-lhe um lar não apenas na sua cabeça, como uma idéia, mas em seu corpo, em seu coração. Quando cabe a nós perdoar, quando estamos frente a frente com alguém que nos feriu, precisamos de mais do que palavras certas. Temos de engajar todos nossos sentidos e sentimentos. Precisamos descobrir a própria Voz da Verdade e expressá-la de tal maneira que nosso adversário possa senti-la e aceitá-la.

Cantores profissionais aprendem que há vários lugares no corpo onde colocar a voz. Notas altas vibram no alto da cabeça. Sons médios soam no peito. E notas baixas são produzidas no estômago, ou mesmo na pelve ou coxas. O cantor aprende que não são apenas as cordas vocais que cantam, mas o corpo todo. As crianças têm muita percepção dessa diferença. Quando os pais ralham com elas e fazem com que peçam desculpas, elas têm um modo de choramingar "Desculpas!" que mostra claramente que não estão sendo sinceras. Nós, os adultos, somos mais sutis, mas sabemos fazer isso também.

UM AMIGO NO CORAÇÃO

Para começar o exercício, sente-se numa posição confortável, de pernas cruzadas sobre uma almofada ou numa cadeira. Levante as mãos e toque na área abaixo do esterno. Você tem uma sutil sensação de calor? Este sentimento não é seu coração físico, porém seu coração de sabedoria ou espiritual.

Agora dê a essa área abaixo do esterno um nome: a palavra *amigo*. Quando inspirar, repita a palavra silenciosamente para si mesmo, mas a partir do seu peito, como se uma pequena voz tivesse aparecido ali, dizendo a palavra. Ponha essa palavra no território do coração. Imagine-a flutuando dentro do peito. Quando inspirar, deixe que a voz em seu peito a murmure silenciosamente.

Agora expanda a voz. Faça-a dizer "Melhor Amigo".

Melhor amigo. O que essas palavras lhe lembram? Qual é a sensação que você tem em seu coração quando as diz silenciosamente? Pense em seu melhor amigo. Pense na sensação quando estão juntos. Pense no que faria para essa pessoa, como você a ajudaria e cuidaria dela. Talvez o seu melhor amigo também seja sua esposa ou parceira. Temos muitos bons sentimentos pelos nossos melhores amigos. Apreciamos a força deles, deixamos de ver suas faltas, estamos "à disposição deles", como Harry Roberts costumava dizer.

Você consegue reunir todos esses sentimentos, juntá-los num ramalhete e oferecê-lo para si mesmo?

O que você sente?

Talvez se sinta um pouco estranho. De início essa prática pode parecer estranha. Mas essa sensação de estranheza é um testemunho de que a prática o tocou. A parte de você que diz "estranho" está relutante, é cética, não está disposta a desistir do *status quo*. Mas ela está respondendo.

À medida que passa pelo seu dia de trabalho, três ou quatro vezes por dia, recoste-se na cadeira, inspire profundamente e lembre-se da prática Um Amigo no Coração. Reavive essa sensação e deixe que a voz do seu coração sussurre a palavra em seu peito.

"Amigo."

"Melhor amigo."

Isso é particularmente útil quando o grão seguinte no seu cordão de pipocas tornou-se vermelho, quando as coisas não vão bem, quando você acabou de cometer um erro ou de ser criticado. O que a sua melhor amiga faria se ela de repente se materializasse na sua frente? Ela o confortaria, tranqüilizaria, o perdoaria.

Pode fazer isso por si mesmo?

PERDOE A SI MESMO

Agora que está prestes a tornar-se o seu melhor amigo, veja se pode descobrir algo específico a seu respeito que precise de perdão. Talvez tenha tratado mal alguém no trabalho. Talvez esteja tentando, sem conseguir melhorar algum hábito nocivo. Ou, o que é a coisa mais comum do mundo, talvez não esteja tomando conta de si mesmo, não esteja se exercitando, comendo bem, equilibrando a vida de trabalho com a vida familiar e os interesses pessoais.

Veja se consegue capturar o sentimento crítico como se prendesse um inseto dentro de uma jarra de vidro. Atraia-o para si mesmo e o mantenha à vista. Agora deixe que a voz em seu coração, aquela que estava dizendo "Amigo, Amigo" se estenda ao bicho que está zumbindo.

Diga: "Amigo."

Não basta dizer as palavras, não basta sussurrá-las para si mesmo. É importante realmente ter a sensação e o sentimento das palavras em seu coração, assim como sentiria a vibração em sua garganta, se fosse dizê-las em voz alta. Da perspectiva espiritual, o coração é um órgão da fala. Ele tem voz e vida próprias.

Diga "Perdôo".

"Perdôo a mim mesmo. Está tudo bem."

"Perdôo a mim mesmo por criticar meu colega de trabalho tão bruscamente. Está tudo bem. Posso cometer um erro. Tentarei melhorar da próxima vez."

Você pode sentir isso em seu peito? A batida do seu coração está pegando esse sentimento e levando-o ao redor do seu corpo inteiro, junto com a respiração e o sangue?

Nas sessões de terapia em grupo, às vezes o terapeuta faz com que cada membro do grupo se concentre numa pessoa e diga a ela a mesma mensagem: "Está tudo bem. Nós perdoamos você." Já fiquei ouvindo enquanto dez ou doze pessoas, uma por vez, disseram isso para mim. É uma experiência estranha. Das primeiras quatro ou cinco vezes que as palavras são repetidas, a mensagem permanece abstrata. Ela chega aos ouvidos e ao cérebro, mas não mergulha neles de fato. Mas depois da sétima ou oitava vez, algo muda. Então não é apenas o cérebro que está recebendo a mensagem, porém o coração. Realmente sentimos alguma coisa.

É assim que o perdão verdadeiro pode ter o poder de liberar você.

PERDOE OUTRA PESSOA

Como se sente ao perdoar a si mesmo? Você se sente realmente perdoado? Consegue perdoar outra pessoa com a mesma sinceridade?

O que me diz de um inimigo? Sente-se em silêncio, feche os olhos e imagine que essa pessoa está sentada à sua frente, olhando para você. Tente evocar os sentimentos que tem por essa pessoa, a irritação, o desgosto ou a raiva.

Agora, com os olhos ainda fechados, imagine a voz em seu coração despertando e dizendo a palavra: "Perdoe."

De que modo o sentimento sobre seu inimigo mudou?

Você sente resistência? A mensagem vem do seu cérebro, não do seu coração? Você está como eu, sentado no centro do círculo ouvindo uma pessoa depois da outra dizer, "Está tudo bem", sem acreditar nisso?

Diga outra vez "Perdoe". Repita.

Veja quanto tempo demora, quantas repetições são necessárias, antes que algo comece a acontecer no seu coração, antes que o corpo se una às palavras e comece a despertar com uma energia que você pode sentir.

Se parecer que isso não está funcionando, não importa quantas vezes você repetir a palavra, então tente outra abordagem. Imagine que a cadeira onde seu inimigo imaginário estava sentado de repente fica vazia, outra pessoa se senta nela – você mesmo! Agora você mesmo é seu inimigo. Seja honesto consigo mesmo. Você já se comportou do modo como seu inimigo se comportou? Você pode se imaginar fazendo algo que seu inimigo fez com você?

Se formos honestos, podemos descobrir que o que nos aborrece mais quanto a um inimigo, é algo que temos tendência para fazer a nós mesmos. Esse fato se baseia numa interessante verdade psicológica e espiritual – o que nos aborrece no outro muitas vezes é um reflexo do que não conseguimos aceitar em nós mesmos. Por exemplo, eu não gosto de ser interrompido. Mas sendo rápido e impulsivo por temperamento, tenho a tendência de interromper os outros! Quando alguém me interrompe, é como uma imagem da minha fraqueza no espelho. Quando compreendemos que grande parte desse efeito pessoal da sombra influencia nossa irritação com relação aos outros, podemos continuar apreciando a ligação entre perdoar a nós mesmos e perdoar outra pessoa.

Agora tente repetir outra vez as palavras: "Eu perdôo." Dessa vez não é outra pessoa que está perdoando, não é a pessoa que o feriu, mas você mesmo, que é seu próprio melhor amigo.

Pode fazer isso?

O PERDÃO NO LOCAL DE TRABALHO

Eis um exemplo específico de como essa prática pode ser usada no local de trabalho. Randy trabalhava numa grande organização ligada à saúde. Ele se considerava um homem honesto e trabalhador, e o comportamento de seus colegas de trabalho o incomodava, pois, aos olhos dele, eles eram "aproveitadores". Um colega lhe confiou certo dia na hora do café:

– Este emprego é horrível, não é? O único motivo pelo qual estou aqui são os benefícios.

Na verdade, os benefícios eram bons, inclusive um generoso plano de aposentadoria, mas Randy não podia se livrar do seu sentimento de contrariedade, que com o tempo se transformou em verdadeira raiva aos seus cínicos colegas de trabalho. Havia um senhor em particular, um supervisor de meia-idade chamado Carl, que raramente falava. Todos do departamento sabiam que ele estava simplesmente matando tempo até chegar sua aposentadoria daí a dois anos. Randy muitas vezes se encontrava com Carl no elevador logo de manhã. Toda vez que via Carl, Randy o saudava com um alegre "Bom-dia! Como vai?", mas Carl apenas resmungava e desviava os olhos.

Randy se enfurecia com essa reação. Quando falou sobre a situação com os membros do nosso seminário, algumas pessoas sugeriram que ele deixasse Carl para lá.

– Pode ser que o pobre homem apenas não goste de falar – disse um deles.

– O que você quer que ele faça? – perguntei a Randy.

– Apenas quero que ele responda! – Randy repetiu acaloradamente. – Ele é um zumbi. Eles todos são zumbis!

Durante a sessão, um pouco mais tarde, praticamos a meditação Um Amigo no Coração que descrevi anteriormente. Depois de terminarmos, Randy levantou a mão.

– E se você não se sentir particularmente amigável consigo mesmo?– ele perguntou.

– Esse é o propósito da meditação – respondi. – Trazer à tona esse sentimento, de modo que estejamos conscientes dele. Se não pudermos ser amáveis conosco, é difícil estender esse sentimento a qualquer outra pessoa.

Na semana seguinte, Randy contou que, em vez de tentar forçar Carl a responder no elevador, ele apenas havia praticado a meditação Um Amigo no Coração enquanto subiam juntos.

– Alguma coisa mudou? – perguntei.

– Bem, Carl não mudou, se é isso que quer saber – Randy disse. – Continua o mesmo zumbi de sempre.

Randy fez uma pausa.

– Mas acho que ele não me irrita tanto quanto antes.

Eu não disse isso, mas eu apostaria que, para Randy, Carl representava alguma parte de si mesmo da qual não gostava e que não conseguia aceitar. Para trabalhar em seu sentimento sobre Carl, Randy realmente necessitava trabalhar em seu sentimento sobre Randy!

Às vezes as pessoas objetam: "Então você está dizendo que o problema todo somos nós mesmos? Que deveríamos nos culpar em vez de atribuir a culpa à má situação de trabalho?"

Não, não estou dizendo isso. Devemos trabalhar as duas coisas. Os trabalhadores ainda precisam barganhar com a direção e, se necessário, fazer greve. As vítimas de maus-tratos precisam buscar compensação, no tribunal se necessário. Mas além dessas atitudes práticas, que podem demorar muito tempo e podem ter sucesso ou não, devemos entrar no centro da nossa própria experiência e ter acesso a esse centro em qualquer momento que quisermos. No caso de Randy, acho que provavelmente alguma parte dele queria vagabundar também. Afinal, seus colegas de trabalho estavam conseguindo fazer isso! Mas ele não gostava dessa parte de si mesmo. Não conseguia ser amável com ela. Queria ver-se apenas como uma pessoa boa, um trabalhador dedicado, talvez até mesmo melhor que os outros.

Nós, seres humanos, queremos quase as mesmas coisas. Todos temos maus hábitos semelhantes e tendências negativas. Essas faltas nos dão uma forte capacidade de perdoar e são o motivo pelo qual o perdão pode ser tão eficaz.

Para fechar, lembre-se das nove palavras que podem mudar o mundo – se não o mundo, ao menos a nós mesmos.

"Sinto muito. Cometi um erro. Por favor me perdoe."

Nove palavras, mas elas abrangem muita coisa.

PRÁTICAS PARA O PERDÃO

- Sente-se em silêncio e coloque a palavra "Amigo" no coração. Você consegue sentir uma sensação verdadeira?
- Visualize seu inimigo sentado numa cadeira diante de você. Imagine-se dizendo as palavras "eu perdôo".
- Como experiência, tente pedir desculpas a alguém no trabalho. O que acontece? O que muda?

Desistência 14

Em meus seminários, não é raro que alguma pessoa diga durante as apresentações iniciais, "Eu era vice-presidente da Empresa X, mas então fiquei tão enjoado da política e das calúnias que comecei meu próprio negócio, e agora presto consultoria num escritório que montei em casa!"

Grande parte deste livro fala sobre tirar o melhor proveito da sua situação de trabalho, lembrando-se de que você é o chefe da sua vida interior. Mas, e se isso não bastar? Pode não ser suficiente para você ser o chefe da sua vida interior; talvez você precise ser o chefe da sua vida exterior também, ou ao menos mudar sua situação de trabalho para que este lhe traga mais satisfação.

Mas antes de entrar na sala do chefe e fazer um discurso de despedida – pare! Releia o capítulo sobre a Ambição, e então dê outra olhada no capítulo sobre a Preocupação. E não se esqueça do capítulo sobre o Fracasso! Você não pode presumir que tudo vai ficar às mil maravilhas. Um trabalho mais satisfatório, que esteja mais de acordo com seu próprio caráter e valores, pode não pagar tão bem como sua posição atual. Há riscos, especialmente se pensa em trabalhar por conta própria ou começar seu próprio negócio. Partir para a carreira solo não é a melhor idéia para todos. Mas como demonstra o exemplo que segue, se arriscar-se a trabalhar

Para ser bem-sucedido na prática espiritual da desistência, temos de "ver além".

por conta própria é a coisa certa para você, a recompensa em satisfação interior, auto-estima e autonomia pode superar uma redução no salário.

DESISTIR DA ESCALADA DO SUCESSO

Janice foi uma daquelas que ergueu a mão quando eu perguntei:

– Quem já tentou a prática espiritual da desistência?

Janice era contadora e gerente administrativa de uma firma de advocacia onde a rotina de trabalho era agressiva, frenética e ruidosa. Esperava-se que os parceiros trouxessem uma porção de novos clientes todos os anos ou não seriam sócios por muito tempo. Grande parte da tensão desse estilo de trabalho recaía sobre Janice, que, além de seus deveres oficiais, era quem resolvia os problemas do sócio administrativo, ela era a pessoa responsável por "apagar os incêndios", pôr panos quentes e manter tudo em funcionamento.

Muitas vezes Janice ficava sobrecarregada com todo o tempo e energia que exigiam dela, especialmente porque também estava fazendo um curso noturno para formação de professores de yoga. O modo que ela encontrou para enfrentar a situação foi repetir silenciosamente para si mesma, sempre que podia, a frase "Eu sou a paz. Eu sou a paz". Ela não estava tentando afetar outras pessoas, apenas acalmando seu próprio estado mental, mas seu esforço parece ter tido um efeito sobre o ambiente externo. Certa vez, seu chefe até mesmo parou em meio a uma bronca e lhe disse: "Veja o que você está fazendo comigo!" Mesmo assim, ela acabou saindo do emprego para começar uma carreira como professora de yoga.

Janice resolveu seu problema com a própria prática espiritual, um mantra pessoal que não só a ajudou a lidar com seu estado mental como também teve algum efeito transformador nos outros. Mas isso não bastou. O efeito máximo da prática foi dar-lhe força e confiança suficientes para desistir do emprego. Ela aceitou um grande corte no pagamento e teve de trabalhar como contadora *freelance* além das aulas de yoga para conseguir se manter. A yoga não era tão lucrativa quanto a administração legal, mas, no âmbito pessoal, era muito mais satisfatória.

COMO SABER SE ESTÁ NA HORA DE SAIR

Quando desistir do emprego é a coisa certa a fazer – espiritual, emocional e financeiramente – e quando essa é uma atitude precipitada e imprópria? Você não quer ser como Jason, no capítulo 11, cuja demissão o levou ao desastre pessoal e financeiro. E, no entanto, nem sempre é possível obter o mesmo sucesso de Janice, que teve a sorte de ter uma aptidão alternativa que era mais satisfatória.

Saber quando ficar em seu emprego e quando sair é uma das grandes decisões da vida, como escolher uma faculdade, casar-se ou planejar ter filhos. Para tudo isso não existe uma fórmula estabelecida ou uma resposta fácil. Entretanto, algumas das práticas que já demonstramos podem ser úteis no planejamento da mudança e para tomar a decisão.

A prática do Sentimento Sincero, que analisamos no capítulo 11, muitas vezes é o primeiro passo. Quando você se pergunta: "Como me sinto quanto ao meu emprego neste exato momento?" e descobrir que a resposta é "Não me sinto muito bem," essa é uma resposta à qual vale a pena prestar atenção. O pensamento de desistir do seu emprego raramente aparece plenamente formado; ele costuma surgir com um sentimento perturbador que você pode não reconhecer ou do qual pode não tomar conhecimento durante certo tempo. Na hora em que estiver pronto para começar a levar a pergunta a sério, já pode ter pensado sobre ela de forma inconsciente por um bom tempo.

A prática de ser seu melhor amigo, que analisamos no capítulo anterior, é essencial. A verdade total dessa grande decisão é tomar mais conta de si mesmo, colocar seus próprios ideais e valores acima da riqueza, da ambição, do *status*, do glamour e das percepções e opiniões dos outros. Você tem até mesmo de enfrentar o sentimento de perda que virá quando decidir sair.

A perda é real. Quando Janice anunciou que estava de partida, toda a firma ficou de luto. Seu chefe a chamou de lado, pediu-lhe para ficar e até mesmo ofereceu um grande aumento de salário. Alguns dos associados lhe confidenciaram particularmente que, sem ela, eles não sabiam se conseguiriam ficar por tempo suficiente para tornarem-se sócios. Essa foi a parte mais dura para ela, a sensação de que estava prejudicando os colegas. Ela certamente ficou em dúvida, mas, no final, decidiu que tinha de atender suas necessidades em primeiro lugar.

O EMPRESÁRIO INTERIOR E EXTERIOR

Quer você esteja ou não planejando um emprego por conta própria ou buscando uma outra ocupação, mudar de emprego é um ato empreendedor. Mesmo que isso só signifique que esteja procurando um conselheiro vocacional, atualizando seu currículo, ou checando os classificados de empregos, você já começou a trabalhar para si mesmo.

Só comecei meu negócio atual quando fiz 46 anos de idade. Eu tinha 35 quando obtive meu primeiro trabalho numa empresa com fins lucrativos. Mas quando resolvi trabalhar por conta própria, descobri duas coisas. Em primeiro lugar, gostei de ser meu próprio patrão. E, em segundo, para minha surpresa, na realidade eu tinha algum talento como empresário. Não tenho muita certeza do porquê. Algumas pessoas dizem que algumas pessoas nascem empresários, não se tornam. Certamente não aprendi isso na escola. (Eu era bom em música e em filosofia!) Recentemente, conclui que algumas dessas capacidades foram estimuladas durante meus anos como monge, quando passava grande parte do dia sentado sobre uma almofada de frente para a parede. Por mais estranho que possa parecer, existe um aspecto empresarial na meditação!

A maioria das pessoas começa uma prática espiritual formal esperando que lhe digam o que fazer, assim como fariam num emprego regular. Elas recebem instruções e tentam segui-las. Uma das perguntas comuns que os iniciantes fazem é "Estou fazendo direito?" Todo o processo parece estar pautado sobre fazer as coisas de certa maneira. É verdade que na vida do Budismo monástico há regras para tudo: para entrar na sala de meditação, para se curvar, para tomar banho, para comer e cozinhar. Naturalmente, as regras não são arbitrárias. Elas nos ajudam a prestar atenção, a mostrar respeito, a ter consciência e a ficar despertos. As regras não são exclusividade do Budismo. A Bíblia está cheia de regras. Ambos, o Talmude e o Corão, têm regras e costumes tradicionais que devem ser seguidas fielmente.

Mas, num certo ponto, percebemos que as regras existem para nos permitir conhecer a nós mesmos. A partir daí precisamos continuar por nossa conta e fazer das regras não algo para se seguir externamente, mas algo que expressamos a partir de dentro. A fim de formar nossa própria tradição espiritual, temos de nos tornar empresários do espírito.

Uma das principais características de qualquer empresário é essa disposição para "ver além", avistar o que ainda não é visível. Um mestre budista norte-americano certa vez me disse:

– Para identificar candidatos potenciais a mestre procuro alunos que sejam um pouco rebeldes, que não façam exatamente o que diz a tradição ou o que eu digo. Mas, naturalmente, não posso dizer-lhes isso antes. Eles têm de descobrir por si mesmos.

Essa é uma qualidade que temos de cultivar para sermos bem-sucedidos ao usar a prática espiritual da desistência. Temos de "ver além". Precisamos ver a nós mesmos não como somos hoje, mas como poderemos ser amanhã. Temos de fazer um inventário de nossas habilidades e talentos e entrar em contato com os que podem nos garantir o sustento. Temos de relacionar aquilo em que somos bons com o que nos torna plenos.

FAÇA A PERGUNTA: ESTOU PRONTO?

Se você já tem um bom emprego, um que lhe permita pagar as contas e manter um teto sobre a cabeça, eis um bom conselho: Dê um tempo! Não se apresse. Não aja por impulso, como Jason fez no capítulo 11, ou por pura exaustão. Se seu trabalho tem sido frustrante e difícil por meses ou anos, mais uns poucos meses não farão uma grande diferença. Dê um tempo a si mesmo para imaginar todo o processo. Acima de tudo, viva com a pergunta: Estou pronto?

Ponha a pergunta, ou outra da qual goste, no coração e faça-a várias vezes por dia. Respire com ela, ande com ela, coma e durma com ela. Esteja preparado para todas as respostas possíveis. Não! Eu não estou pronto. Nunca estarei pronto (a voz do medo). Sim! Eu farei isso hoje! (a voz da confiança). Eu nem mesmo sei o que quero (a voz da confusão). Essas vozes são todas você. Respeite-as todas. Não favoreça uma em detrimento da outra. Deixe-as todas falar, até que, com o passar do tempo, uma comece a prevalecer. Lembra-se da Voz da Verdade, que analisamos no capítulo 6? Se você não tiver certeza de qual das muitas vozes é a verdadeira, continue ouvindo. Se nenhuma voz que emergir for a certa, então com toda probabilidade você não está pronto. Continue trabalhando e ouvindo.

Como você sabe quando a voz é a verdadeira? Ao relembrar minha própria experiência de começar um negócio, percebo que não houve um momento em que eu pulei da cama de manhã e pensei, "Sim! É isso!" Para mim, a decisão funcionou noutra direção. Depois que já começara a desenvolver um produto nos momentos de folga, à noite, e ter uma sensação de como seria trabalhar por conta própria, houve um dia em que de repente compreendi que me sentia bem com o que estava fazendo. Trabalhar por conta própria era conveniente para mim.

FAÇA UM PLANO

Não é preciso dizer que você deveria fazer um plano. Isso inclui um plano financeiro, um plano de ação (rede de amizades, contatos, um plano de negócios, se estiver começando sua própria empresa), e um plano para "os amigos, a família e os entes queridos". Há muitos livros sobre negócios nas prateleiras das livrarias que o ajudarão com os detalhes práticos. Mas o preparo espiritual é igualmente importante. Tente visualizar como provavelmente se sentirá em cada passo da sua transição. Inclua alegria, terror, preocupação, dúvida perturbadora e uma hoste de outras curvas e reviravoltas do passeio nessa montanha-russa. Visualize essas emoções de antemão. Pratique sua reação.

Nos primeiros dias do meu negócio próprio, a preocupação era minha companhia constante. Como disse antes, achei a preocupação bastante útil. A preocupação ajudou-me a planejar. Ela costumava surgir sempre que eu não tinha um planejamento e ajudava a me apontar os lugares para onde eu tinha de ir. Quando me acostumei com o fato de que a preocupação iria ser minha companheira constante, quer eu quisesse quer não, ela tornou-se minha bússola, mostrando-me a direção em que eu tinha de ir.

Certa vez, nessa mesma época, eu tinha dinheiro apenas para umas poucas semanas. Tinha duas vendas pendentes, mas parecia que nenhuma delas fecharia logo. Minhas linhas de crédito e cartões de crédito já estavam esgotados. Na linguagem dos empresários iniciantes eu estava "raspando o fundo do tacho". Levava esse problema comigo para a cama todas as noites e me deparava com ele quando me levantava pela manhã. Não havia como escapar. Depois de fazer isso por duas semanas, acordei no meio da noite e pensei, "Eu já tenho um grande cliente. Eles estão satisfeitos com o produto. Eu poderia pedir para me adiantarem as taxas de manutenção do próximo ano". Será que eles concordariam com isso? Por certo, quando eu lhes pedi, eles concordaram com prazer. Esse pagamento ajudou a me manter. Contando essa história agora, parece uma solução tão óbvia, mas na época foi uma verdadeira descoberta compreender que eu havia estabelecido suficiente credibilidade com meus clientes para pedir e obter ajuda.

Esse é o exemplo de um plano que funcionou. Também explorei muitos becos sem saída, muitos esquemas aparentemente promissores que acabaram dando em nada. Eu conjugava vários planos – tinha um para o caso de minha conta bancária se esgotar antes de cair o depósito seguinte, outro se entrasse um cheque polpudo. Como um processo, planejar não é algo tão organizado como parece no papel. A realidade é muito mais confusa e tumultuada.

BUSQUE CONSELHO

Minha esposa e eu nos casamos jovens. Ela tinha vinte e dois anos e eu estava a um mês dos vinte. Buscamos conselho de um pastor unitarista cujo trabalho era aconselhar outros pastores. Visto que ambos freqüentávamos a escola dominical da igreja unitarista local, parecia um lugar natural para buscar conselho. O pastor, que era prestativo e nos dava muito apoio, reconheceu que parecíamos ter a cabeça no lugar e estar profundamente apaixonados, mas sua conclusão final foi de que éramos jovens demais e que deveríamos esperar.

Falamos com meus pais. Eles disseram que éramos jovens demais e que deveríamos esperar.

Falamos com os pais da minha mulher. Adivinhe o que eles disseram!

Então, depois de tudo isso, ignoramos o conselho de todos e nos casamos assim mesmo. Fico feliz de contar que estamos celebrando nosso trigésimo primeiro ano de casamento. Infelizmente, o pastor unitarista que consultamos se divorciou no ano seguinte ao que falamos com ele. Alguns poucos anos depois, meus pais se divorciaram também. Gostaria de poder dizer honestamente que o pensamento "Não disse?" nunca passou pela nossa cabeça.

Essa é uma história sobre buscar conselhos. Eis uma outra. Nos primeiros dias da minha firma de *software*, consultei um especialista em produção industrial sobre preços.

– A maioria dos seus clientes em potencial são firmas pequenas – ele disse. – Você deve manter o preço baixo. Cresça com o volume de vendas. Por algum tempo segui seu conselho, mas, como se viu depois, nossos primeiros e poucos clientes eram grandes firmas, para as quais o risco e o custo de um produto novo eram mais digeríveis. Sua dedicação ao produto e o sucesso que lhes proporcionou, ajudou a estabelecer o preço de mercado, que continua subindo. Depois que o produto foi aprovado por firmas maiores, as menores se mostraram mais dispostas a pagar um preço mais alto por ele.

Ouça todos os conselhos, mas lembre-se de que as outras pessoas não são você. O motivo pelo qual está enfrentando esta mudança é a sua voz interior, que só você pode ouvir. Não se intimide com as dúvidas dos outros, nem fique animado demais com o entusiasmo deles. Volte-se para dentro de si mesmo e continue a fazer a pergunta: "Estou pronto?"

E SE VOCÊ FALHAR?

Costuma-se dizer que o que diferencia o empresário é uma tolerância maior para o fracasso. Thomas Edison tentou milhares de combinações de materiais antes de conseguir inventar a lâmpada. Como muitos empresários, ele não considerou esses desapontamentos como fracassos, mas como dicas na estrada para o sucesso.

Quer sua nova aventura seja um emprego novo quer seja um negócio próprio, ele pode falhar ou passar por um período em que tudo indique um fracasso. Seu planejamento de contingência deve incluir essa possibilidade. Conheci vários empresários que vestiram uma capa de invulnerabilidade, pensando que o fracasso era impossível para eles. São esses que ficam no fundo do poço quando o verdadeiro fracasso realmente acontece. A auto-imagem desses empresários, sua confiança feita de papelão, não agüenta.

Não vá por esse caminho. Um velho ditado entre os bandidos profissionais diz, "Se não estiver bem preparado, não cometa o crime". Se não estiver preparado para falhar, é melhor não se aventurar em terras desconhecidas. Saber que pode falhar, e conhecer os sinais de perigo que avisam do fracasso, é a melhor maneira de não falhar. Esse é o lado positivo da preocupação, como discutimos no capítulo 5. A preocupação diz respeito a prestar atenção aos perigos que nos rodeiam.

OBSERVE TUDO

Certa vez, quando eu e alguns outros membros de nossa comunidade budista estávamos fazendo uma caminhada com Harry Roberts, ele de repente parou e ergueu a mão.

– Parem! – ele disse, apontando para nossos pés. – Isso é *yerba buena*. É uma planta medicinal valiosa. Não pisem nela. Devemos colhê-la e secá-la.

Nós não tínhamos conhecimento do valor da planta, mas Harry a notou enquanto passávamos. Ele estava atento às oportunidades à sua volta.

Sempre que você está começando algo novo, observe tudo. Você nunca sabe o que pode vir a ser importante. O fator sorte está presente em todas as coisas novas, mas ao menos metade da sorte deve-se ao fato de se prestar atenção até nas coisas mais insignificantes. Li certa vez que o homem que inventou o velcro teve essa idéia ao tentar limpar carrapichos de suas roupas depois de uma caminhada na floresta. Quando examinou o carrapicho mais de perto, viu como sua estrutura lhe permitia aderir ao tecido. Quantos milhões de pessoas já limparam carrapichos de suas roupas? Muitas, na verdade! E quantas inventaram o velcro?

PACIÊNCIA E MAIS PACIÊNCIA

Um engano que cometi ao começar meu próprio negócio foi subestimar o tempo necessário para me estabelecer. Os resultados que eu imaginava obter no final do primeiro ano, não aconteceram antes do final do segundo. Eu estava preparado para trabalhar arduamente durante dois anos, mas tive de fazê-lo por três. As coisas demoram mais do que pensamos.

A paciência é uma importante virtude espiritual. Na verdade, no Budismo, ela tem a mesma importância da meditação e da sabedoria. Mas a palavra *paciência* implica algo que provavelmente é um pouco passivo demais para o significado que lhe é atribuído pelo Budismo. Ao abrir nosso caminho para tomar uma decisão importante, necessitamos de aceitação, receptividade e a disposição de aceitar a confusão e a incerteza. Não se trata de simplesmente esperar, trata-se de trabalho!

Eis aqui um bom teste para sua capacidade de ter paciência. Quando sentir que está pronto para avançar, quando se sentir mais preparado do que nunca, quando todos os sinais forem "vá", então – pare! Deixe tudo de lado, sobre uma prateleira, e volte a esse sentimento daí a uma semana ou um mês.

E se acontecer o contrário, se não houver nenhum clarão no horizonte, então faça o mesmo – espere! Que lei cósmica diz que o processo demorará esse tempo e não muito mais? Quem disse a Edison que ele descobriria a combinação correta de filamento e bobina depois de mil tentativas e não de duas mil? (Eu creio que, no caso dele, demorou mais de cinco mil!) Se você ainda está ruminando sobre sua decisão, então algo o está impelindo a deixar tudo como está. Respeite essa energia. É a sua vida mais profunda trabalhando para emergir das profundezas para a luz do sol.

FICAR ONDE ESTÁ

E se você decidir, depois de tudo isso, que não está na hora, que você deve ficar como está, bom para você! O esforço não foi em vão. No próximo ano, ou daqui a dois anos, quem sabe? As circunstâncias podem mudar, e a decisão que você deixou de lado pode reaparecer numa roupagem nova.

Janice, a administradora jurídica que virou professora de yoga, chegou perto de desistir do emprego várias vezes. Uma vez ela até chegou a digitar sua carta de demissão no computador de casa, onde ninguém do escritório podia vê-la. Mas passou-se mais de um ano antes de finalmente imprimi-la e enviá-la. Ter a carta em seu computador doméstico ajudava-a a esperar a hora certa de agir.

HUMILDADE

A prática espiritual de desistir tira vantagem de nossa liberdade de escolha, uma liberdade mais ao alcance da pessoa economicamente bem situada do que daquela que ganha salário mínimo, para quem qualquer trabalho é uma dádiva. Portanto, aqueles de nós que têm a liberdade de escolher devem ser gratos. Por todo o mundo, as pessoas carecem dessa liberdade básica. Temos a responsabilidade de exercer esse privilégio com responsabilidade e humildade.

É por isso que, quando chega finalmente o grande momento e você pode enfim pedir demissão, dizendo ao chefe tudo o que tem vontade, seja generoso. Talvez esse não seja o discurso correto a fazer. Agora você é o forte que tem a vontade e a perseverança de traçar o mapa do seu destino. Talvez seu chefe, aquele que tornou seus dias de trabalho tão difíceis, tenha suas próprias ambições. Talvez ele o invejasse esse tempo todo. Devemos ser generosos com nossa boa fortuna. Nunca sabemos quando essa generosidade será recompensada.

Boa sorte!

PRÁTICAS PARA A DESISTÊNCIA

- Pergunte a si mesmo: "Como me sinto sobre meu emprego neste exato momento?" Faça essa pergunta todos os dias.
- Formule a pergunta: "Estou pronto?" Mantenha a pergunta e acompanhe-a enquanto ela se modifica. Respeite as várias respostas que surgirem.
- Se você fosse desistir do seu emprego hoje, teria um plano? Se não tem, pode fazer um? Talvez vários planos?
- Como poderá buscar o conselho de outra pessoa sem segui-lo cegamente ou ignorando o que não quer ouvir?
- Imagine-se largando o emprego e seu plano falhando. O que você faria? Como se sentiria?
- Qual foi a última vez em que algo "de sorte" lhe aconteceu? Com quanto você contribuiu para esse evento? Como pode cultivar a sorte?

parte cinco

Realização

A verdadeira realização não diz respeito a vencer, adquirir ou estar no topo. Ela diz respeito a compartilhar, dar e incluir.

SUCESSO é o objetivo convencional da vida de trabalho – concluir o projeto, assegurar a promoção, fazer a grande venda, melhorar os lucros. A sabedoria convencional sustenta que o sucesso é o que todos nós desejamos, e que quando formos bem-sucedidos, ficaremos satisfeitos, relaxados e calmos. Naturalmente, o sucesso é motivo de celebração. E ele muitas vezes leva a sentimentos de contentamento e bem-estar, que são compatíveis com a nossa caracterização deste setor da Roda da Energia como Frio Positivo. No entanto, no mundo profissional bem como na vida, o sucesso pode ser instável. Este ano pode ser lucrativo; o próximo, de muitas perdas. A promoção traz com ela uma porção de novos problemas. O novo cliente, tão procurado, pode mudar de idéia.

Do ponto de vista espiritual, existe um tipo diferente de sucesso, um tipo que não vem e vai segundo os ventos mutáveis do mercado, mas fica com você, pois está dentro de você. Isso é Realização.

A Realização é uma questão de espírito, caráter e até mesmo de psicologia. Os cientistas que estudaram a serotonina, uma substância encontrada no cérebro, descobriram dois fatos complementares: pessoas de sucesso têm níveis mais elevados de serotonina e níveis mais elevados de serotonina ajudam a estimular o sucesso. Até mesmo chimpanzés exibem esse fenômeno químico; o chimpanzé dominante tem um cérebro rico em serotonina. Um resultado prático dessa pesquisa é a nova geração de drogas antidepressivas, que atuam, em parte, elevando os níveis de serotonina. Parece que dentro do nosso corpo há processos em atividade que tanto sustentam como refletem a Realização.

Quando os seres humanos viviam em pequenos clãs e comunidades, a Realização era clara e descomplicada. Ao caçador que matasse o urso, trouxesse o animal para casa e lhe tirasse a pele davam uma festa. Cantavam-se canções e, pelo resto dos seus dias, ele seria conhecido como o Matador de Ursos. É difícil matar um urso, e perigoso. Esse trabalho requer habilidade, força e sorte. Não são muitas as pessoas que podem fazê-lo. Quando você o faz, não é só o animal que você tem de matar, mas o seu próprio medo, incerteza e dúvida. Você está mudado, e adquiriu muita força para si mesmo e para sua comunidade. O poder interior é um tópico que analisaremos com mais detalhes posteriormente, nesta seção.

No mundo de hoje, muita coisa que passa por sucesso exterior é, do ponto de vista espiritual, pura futilidade. Nossa sociedade aplaude a riqueza, a fama e a celebridade, mas como todos que lemos a revista *People* percebemos, essas coisas não são garantia de felicidade duradoura. Acompanhamos a crise pessoal das celebridades em parte para nos satisfazer com o fato de que esses protótipos de sucesso não entendem mais de felicidade duradoura do que nós mesmos – uma observação que nos consola quando comparamos nossa modesta posição social com a deles.

A verdadeira Realização não diz respeito a vencer, adquirir ou estar no topo. Ela diz respeito a compartilhar, dar e incluir. Existe espaço para isso no nosso trabalho? No local de trabalho atual, o impulso para o sucesso comum muitas vezes chega a atrapalhar o caminho da Realização. A natureza competitiva do trabalho moderno nos assegura que, onde existem vencedores, existem perdedores, e que o sucesso com freqüência é avaliado de modos que atrapalham, até mesmo impedem, a verdadeira Realização. Dois exemplos conhecidos são sacrificar a qualidade do produto para obter mais lucros e promover um gerente, não porque ele seja bom, mas porque ele mantém os custos baixos. Lucros e baixos custos geram o sucesso. Produtos de qualidade e bom gerenciamento são exemplos de Realização. Quando a Realização acontece, ela muitas vezes passa despercebida no ambiente de trabalho em que seu valor não é reconhecido. As medidas-padrão do sucesso no local de trabalho – aumento dos ganhos, lucro, participação no mercado, reconhecimento da marca – pedem realizações mais sutis como satisfação dos empregados, envolvimento com a comunidade, minimização da poluição e honestidade.

Uma vez, depois da leitura deste tópico, uma mulher se aproximou de mim quase em lágrimas. Ela havia trabalhado por dez anos como professora primária num bairro pobre. Era uma excelente professora e tinha referências para prová-lo. Mas nem uma vez nesses dez anos, ela disse, alguém havia reconhecido a dificuldade do seu trabalho. Se tivessem, isso significaria ainda mais para ela do que os sinais externos de sucesso. Depois de dez anos, ela deixou de lecionar definitivamente. Estava de volta à escola, estudando para outra carreira. Sabia que sua Realização era real. Podia vê-la nos olhos dos alunos. Mas como o sistema escolar não tinha um meio de reconhecer o que havia feito, ela não tinha ânimo para continuar.

Esta seção analisará os modos de descobrir a Realização bem como os modos de lidar com o sucesso convencional, que muda, esmaece e passa. Se pudéssemos descansar sobre nosso louros para sempre, como os deuses do Olimpo, como isso seria maravilhoso! Esse desejo mais profundo do ser humano, de ser feliz e ficar em segurança para sempre, é um problema duplo para nós. Esse estado não só é inatingível, como nem é tão agradável assim! Os deuses gregos não eram exatamente felizes. Na verdade, eles agiam de forma bastante semelhante à dos milionários entediados que viajam de jatinho por aí. E o Buda, que nasceu no luxo, como príncipe, mas deixou para trás as riquezas e o poder para tornar-se um andarilho asceta, fundamentou toda sua doutrina espiritual na compreensão de que, até mesmo como príncipe e rei, ele não conseguiu encontrar a felicidade duradoura.

Saber como administrar o próprio sucesso com graça – com dignidade, humildade, bom humor e generosidade – é um sinal de sabedoria. Mesmo que o sucesso mundano – um cargo pomposo, um gordo cheque de pagamento – seja instável e efêmero, a Realização não é. A Realização é uma das poucas coisas em nossa vida imprevisível que dura, mesmo depois da nossa morte. A Realização permite que olhemos para trás, ao ficarmos velhos, e digamos:

– Eu fiz aquilo. Estou feliz por tê-lo feito. Ajudou. Deixou uma marca.

Herb era um executivo aposentado na casa dos oitenta anos. Bem de vida e ainda saudável, ele certamente fora um exemplo de sucesso profissional. Exteriormente tinha sido bem-sucedido, mas, quando pensava em sua carreira, não sentia nenhuma satisfação profunda. Sentia tristeza. O trabalho no setor de seguros não lhe deu o sentimento de Realização.

Certo dia, Herb recebeu uma carta de Arnold, um homem que havia trabalhado para ele há algumas décadas. Arnold era homossexual, e nessa época o preconceito contra os homossexuais era forte. Embora Arnold não tivesse revelado seu segredo a ninguém na seguradora – ter feito isso significaria demissão – muitos dos superiores de Arnold suspeitavam da verdade. À medida que foi sendo deixado para trás nas promoções, Arnold veio a compreender que a mão do preconceito estava trabalhando. Herb fez questão de tomar Arnold sob sua proteção, de orientá-lo e de garantir que ele atingisse uma posição de acordo com seus talentos na firma. Herb sempre acreditou que as pessoas deviam ser tratadas com justiça, independentemente de sua religião ou vida pessoal. Ele não achava que o que fizera por Arnold fosse algo especial.

Quando Herb abriu a carta de Arnold, soube que ele o considerava uma das mais importantes pessoas de sua vida, a única que deixara uma marca. O agradecimento de Arnold a Herb era sincero. Herb ficou profundamente comovido com a carta.

– Essa carta provavelmente foi a coisa mais importante que aconteceu para mim em meu trabalho – ele me explicou. – E eu não sabia disso até então.

A carta valeu mais do que todos os anos de salário e de bônus de Herb, mais do que medalhas e opções de compra de ação, porque representou não só o sucesso exterior, mas a verdadeira Realização.

É pela graça dessas reflexões que somos capazes de olhar para nossa vida passada e dizer se ela valeu a pena. É o que, no final, nos permite ficar velhos e morrer com dignidade.

Esta seção analisará algumas áreas em que a energia Fria Positiva da Realização se expressa. O capítulo sobre o controle é, paradoxalmente, sobre desapegar-se do controle, sobre deixar que a sabedoria da situação se expresse. Generosidade é a expressão clássica do espírito realizador, quando o eu está aberto e desprotegido e pode compartilhar livremente com os outros. Do sentimento de Realização vem a gratidão, o estar grato por estar aqui, vivo com os outros. E por último, o poder expressa a Realização não quando se impõe de fora, mas quando mora dentro, na integridade do caráter maduro, desenvolvido.

"Controle" 15

Comecei este livro assinalando que o local de trabalho é uma área da nossa vida em que não estamos plenamente no controle. Em outras áreas da nossa vida, somos bastante independentes. Alugamos nossa própria casa, somos livres para pensar e dizer o que queremos, para influenciar a política e a vida comunitária, para viajar à vontade, para escolher uma religião e para gozar todos os frutos da civilização moderna. Mas, no local de trabalho, somos reféns de uma variedade de forças – nossos superiores imediatos, a política da empresa, a regulamentação do governo, as regras do sindicato, os caprichos do mercado de trabalho. Esse é um motivo pelo qual tantas pessoas estão dispostas a sacrificar a segurança de um salário mensal para trabalhar por conta própria. Esse sentimento de independência, de estar no comando do próprio destino, vale bastante. Certamente foi valioso para mim.

O vento move a pipa, mas você segura o fio. Você, o vento e a pipa são uma coisa só.

Mas num sentido espiritual, qualquer tipo de controle é uma ilusão. Nunca estamos plenamente no controle de coisa alguma – nem de nossa saúde ou nossas posses, nem do clima, nem de nossa esposa ou filhos, nem do nosso trabalho, nem da nossa comunidade, nem do nosso país ou de outras nações. (A única exceção, como eu já disse tantas vezes neste livro, é a nossa vida interior.) Todos os milagres da nossa tecnologia obscureceram o quanto nossa vida humana ainda é imprevisível e fora do controle. A primeira lição da doutrina budista é o princípio da instabilidade. Nada dura, nada é garantido, tudo muda. Esse é outro modo de dizer que não podemos controlar nada em nosso mundo, ao menos não por muito tempo. Tudo está continuamente escapando das nossas mãos.

Quando nos sentimos no controle – em outras palavras, quando as coisas estão correndo como desejamos – nos sentimos bem. Ficamos calmos, relaxados e à vontade. Na terminologia da Roda da Energia, estamos no reino do Frio Positivo. Mas, por baixo da superfície desse sentimento, existe certa ansiedade. Suponha que ocorra algo inesperado. Suponha que a situação favorável chegue ao fim. Suponha que o chefe mude de idéia. Suponha que o cliente é seduzido por um concorrente. Suponha que a maré suba e inunde o armazém. Suponha isto, suponha aquilo. É por isso que nos apegamos ao nosso sucesso – nos apegamos à nossa sorte, de modo que ela não se volte contra nós e nos escape.

Muitas das atividades administrativas no ambiente de trabalho – as reuniões, as circulares, as diretrizes e a formação de equipes – são esforços para controlar o que é inerentemente imprevisível. O próprio trabalho de equipe – hoje uma palavra popular no mundo dos negócios – é mais complicado do que parece. Uma equipe não é apenas um grupo de pessoas numa sala. É difícil criar e inspirar um senso de visão, de cooperação e de confiança que seja compartilhado, por mais talentoso que seja o gerente. A divisão Saturno da General Motors, por muito tempo citada como modelo de direção baseada em equipes, relatou recentemente que está mudando de opinião a respeito do trabalho em equipe. Muitos dos funcionários quiseram descartar a abordagem de equipe e voltar ao velho contrato de seiscentas páginas da United Auto Workers. Estou certo de que esse contrato volumoso parecia mais sólido e previsível do que a difícil e efêmera tarefa de manter um trabalho real de equipe.

Nos negócios, como na vida, não existem respostas fáceis. Muitas vezes digo em minhas palestras que, se os negócios fossem uma coisa segura, qualquer um poderia ser bem-sucedido. O que separa os que prosperam nos negócios dos que não prosperam é a capacidade de lidar com a incerteza. E administrar a incerteza é uma capacidade tão valiosa no mundo espiritual quanto no mundo dos negócios. Uma coisa é enfrentar a incerteza e a dúvida num retiro de meditação, onde o ambiente externo é calmo e controlado, mas outra é ter de lidar com elas quando reina o caos e o risco é elevado.

Talvez você tenha notado que coloquei o título deste capítulo entre aspas – "Controle". Este capítulo analisará um modo diferente de estar no "controle" chamado Controle por meio da Atenção.

De início parece haver uma contradição nesse nome. Como podemos controlar algo ou alguém apenas prestando atenção? Prestar atenção não é passivo demais, o oposto de controlar? Como prestar atenção pode bastar? Na verdade, Controlar por meio da Atenção é um paradoxo. Realmente significa desistir do controle, permitindo que as coisas aconteçam, deixando o imprevisto da situação vir à tona e se desenrolar, enquanto ficamos ativamente engajados no drama, não como espectadores porém como participantes.

Não é isso que habitualmente queremos dizer quando falamos "controle", mas essa capacidade ainda merece ser chamada controle no sentido mais amplo de maestria, de ter uma confiança interior profunda de que a situação prosperará. Pense em como você "controla" uma pipa. O vento move a pipa, mas você segura o fio. Você não larga a pipa, mas não a retém perto do peito também. Você a deixa voar. Sem você, a pipa não pode voar. Mas você não lhe diz para onde ela deve ir. Você, o vento e a pipa são uma coisa só. Controlar por meio da Atenção significa mergulhar na situação e confiar suficientemente em si mesmo e nos outros para deixar que o vento faça a maior parte do trabalho. Sem um pouco de sabedoria em nossos esforços para exercer o controle, acabamos como tantos diretores e chefes no local de trabalho, recorrendo à hierarquia e ao *status* para que os outros façam as coisas à maneira deles.

Penelope, uma gerente de segundo escalão de uma grande firma de aparelhos eletrônicos, tinha um chefe que costumava ter acessos de mau humor e ser vingativo e mesquinho nas reuniões da gerência. Penelope foi rápida em dizer que o chefe era capaz e em geral olhado com respeito, exceto por essa tendência infeliz, que a maioria da sua equipe tolerava visto que era inevitável.

Certa vez, depois de uma reunião particularmente horrível, Penelope decidiu que para ela bastava. Entrou no escritório do chefe, sentou-se e disse:

– Ralph, o modo como agiu naquela reunião foi inaceitável. Você sabe que nenhum de nós tinha nada a ver com a perda do prazo. Foi ridículo comportar-se daquela maneira. Por que fez isso?

Ralph pendeu a cabeça e não disse nada durante um longo tempo. Finalmente, olhou para Penelope e disse:

– Você está certa. Sinto muito. Pedirei desculpas a todos amanhã de manhã.

Desse momento em diante, Penelope notou uma mudança em Ralph. Ele não cessou de todo seu comportamento mal-humorado, mas ela podia perceber que ele estava tentando controlá-lo. Ele não era má pessoa, nem mesmo um mau chefe. Apenas havia sucumbido à sedução do poder, que o cercava como uma bolha de plástico e o separava dos sentimentos dos outros.

As ações de Ralph não eram inusitadas. Se você tem um cargo de liderança, deve ter ocasionalmente se comportado um pouco como Ralph. E se você é alguém que se reporta a alguém que tenha um cargo de liderança, talvez tenha passado por uma experiência semelhante à de Penelope. Pessoas como Ralph não se comportam da maneira como o fazem porque desejam ferir os outros. Elas também estão respondendo ao *stress* de não ter as coisas sob controle. Elas simplesmente não sabem agir de outro modo.

Se o seu emprego lhe confere um bocado de controle convencional, se você é chefe ou dono da empresa, ou um gerente sênior como Ralph, então este capítulo pode oferecer um modo diferente de expressar seu poder e seu sucesso de uma maneira que inclua a verdade da mudança, da incerteza e da instabilidade. E se a sua posição ou *status* no trabalho não é tão elevado, o Controle por meio da Atenção ainda pode funcionar para você. No exemplo de Ralph e Penelope, quem, naquele momento, era o verdadeiro "chefe"? Quem estava no controle? Penelope, que foi capaz de expressar a verdade da situação, independentemente do título fixado à porta.

INTERDEPENDÊNCIA E SIMULTANEIDADE

O Controle por meio da Atenção baseia-se em dois princípios espirituais: Interdependência e Simultaneidade.

Interdependência significa que, embora pareçamos estar separados, sermos pessoas diferentes, estamos profundamente conectados uns aos outros. Através da nossa humanidade essencial, a universalidade dos nossos desejos e necessidades e o nosso desejo de amar e ser amado, compartilhamos um destino comum com todas as outras pessoas. Analisaremos a Interdependência com mais detalhes no capítulo 17, "Gratidão".

Há muitas histórias budistas que exemplificam esse princípio. Uma mulher cujo filho havia falecido recentemente foi até o Buda com o filho morto nos braços e suplicou-lhe um remédio para restituir sua vida.

– Traga-me um punhado de sementes de mostarda – o Buda respondeu – de uma casa onde ninguém nunca tenha ficado doente ou morrido e eu a ajudarei.

A mulher fez o que ele lhe disse e bateu de porta em porta, perguntando se estavam livres da experiência da doença e da morte.

– Não – ouviu de uma pessoa depois da outra –, alguém morreu recentemente aqui. Nós também perdemos um filho.

No curso de sua jornada, a mulher compreendeu que sua tragédia pessoal nada mais era do que a condição humana compartilhada por todos. "Como sou egoísta em minha tristeza!", a mulher compreendeu quando se sentou na calçada pensando em sua condição. "A morte é um destino compartilhado por todos!" Compreendeu que não estava só em seu luto. Ela estava ligada a todos os demais e estes estavam ligados a ela. Foi assim que o Buda a ajudou.

O princípio da Simultaneidade é resultado dessa conexão. Significa que, quando um pensamento ou sentimento nos ocorre, é provável que esteja ocorrendo a outra pessoa ao mesmo tempo. Foi isso que a mulher com o filho morto compreendeu na história. Há um ditado na tradição budista chinesa que ilustra este ponto: "Quando Joe bebe uísque, Pete fica embriagado." Os seres humanos são mais parecidos do que diferentes. E, além do destino comum, também somos animais sociais, que evoluíram ao longo dos milênios para cooperar, juntar forças, compartilhar e interagir. Nossos pensamentos e sentimentos, nossas inspirações e conhecimentos intuitivos, não são só nossos, porém fluem naturalmente de uma pessoa para outra. Se eu tenho uma inspiração ou uma boa idéia, as chances são de que alguém, em algum lugar, esteja pensando algo a respeito. Se eu sorrir, meu vizinho ficará mais feliz. Se eu franzir as sobrancelhas, meu colega começará a se preocupar. No local de trabalho, essa afinidade natural entre as pessoas muitas vezes é mascarada pela organização, pela hierarquia e pela cultura da competição. Mesmo assim, a Simultaneidade pode ser um recurso, como logo veremos.

O QUE É ATENÇÃO?

A atenção é a capacidade central da vida espiritual. Toda prática espiritual a requer num grau ou noutro. A atenção significa notar o que de fato está acontecendo, em oposição ao que imaginamos estar acontecendo. Por exemplo, quando prestamos atenção à nossa respiração na meditação, estamos sintonizando uma realidade muito mais fundamental do que os diálogos interiores e exteriores, que habitualmente absorvem grande parte do nosso período de vigília. O holofote da atenção mental pode ser apontado para qualquer lugar, mas com que freqüência ele é conscientemente apontado para onde queremos? Essa diferença é uma linha limítrofe entre a vida convencional e a vida espiritual.

Uma das minhas histórias favoritas diz respeito ao mestre budista japonês do século XVI, Ikkyu, abade de um famoso templo budista. Certo dia, um rico patrono lhe fez uma visita e perguntou a Ikkyu se este criaria um pergaminho caligráfico para ele. Amavelmente, Ikkyu pegou papel e pincel e rapidamente escreveu o caráter chinês para atenção.

Isso não era bem o que o patrono tinha em mente.

– Talvez o Mestre possa escrever mais alguma coisa? – perguntou educadamente.

Sem dizer uma palavra, Ikkyu pegou o pincel e escreveu novamente o mesmo caráter: "Atenção!"

O patrono estava ficando aborrecido. Ele esperava obter um poema inspirador que pudesse pendurar no cômodo central da sua mansão para impressionar as visitas.

– Certamente o Mestre ainda não terminou seu poema.

Igualmente aborrecido, Ikkyu pegou o pincel e em rápida seqüência escreveu três vezes: "Atenção! Atenção! Atenção!"

No sentido espiritual, a atenção é mais do que a observação comum e a audição, é diferente da concentração necessária para resolver um enigma de palavras cruzadas ou enfiar uma linha na agulha. A atenção espiritual inclui ficar atento ao que não é evidente aos olhos e aos ouvidos, estar aberto ao que ainda não foi dito, estar consciente dos limites da situação. Ela funciona melhor quando nosso foco é suave, como a luz no lusco-fusco do amanhecer ou do entardecer. Na penumbra, não podemos ver os contornos das coisas com tanta clareza, mas sim a *possibilida-*

de do que as coisas podem ser; incluindo a contribuição que nós mesmos podemos dar para a situação. É por isso que o lusco-fusco é uma hora de magia e poesia, quando o limite entre o mundo interior e exterior se torna tênue. O que é aquilo fazendo barulho nos arbustos? Será uma codorniz ou será um urso? Não podemos ver, portanto, nossa imaginação inclui ambas as possibilidades.

É por isso que os alunos de artes marciais aprendem a cultivar um "olhar suave", em que não olham diretamente para o oponente, mas para o espaço que o cerca. Isso parece estranho quando você tenta fazer pela primeira vez, mas na verdade é a única maneira de ver o quadro inteiro. Ao mesmo tempo, simplesmente porque esse tipo de atenção é "suave", não significa que seja passivo ou distraído. Ao contrário, é concentrado e cheio de energia.

Suponha que você combinou de se encontrar com sua esposa ou parceira no saguão do hotel da cidade, mas esqueceu-se de especificar em qual entrada. Você não consegue entrar em contato com ela, portanto tudo o que pode fazer é ir ao hotel e ficar num local central de onde possa ver todas as entradas e portas giratórias.

Talvez seja uma ocasião especial, como um jantar de aniversário. Portanto, o fato de encontrar-se ou não tem um grande significado. Você sabe exatamente por que está ali e o que quer realizar. Mas para ter mais chance de localizar sua amada, você não pode ficar olhando fixamente para uma porta. Você tem de suavizar o olhar, movendo os olhos de porta em porta, para certificar-se de não deixar escapar seu alvo. Você tem de se abrir para múltiplas possibilidades.

DESAPEGUE-SE DO CONTROLE

Como essa abordagem pode ser aplicada no local de trabalho?

William era vice-presidente de operações de uma cadeia de lojas de roupas femininas. A equipe dele era responsável pelo gerenciamento de quarenta lojas em todo o país. Devido ao rápido crescimento da firma, todo o departamento de William vivia diariamente sob uma ameaçadora nuvem de crise iminente. Sempre havia algum tipo de emergência em uma das lojas, quer fosse um atraso no embarque do navio, um cano de água quebrado, a demissão súbita do gerente de uma loja ou alguém cortando a ligação do computador da loja com algum escritório doméstico.

William havia conquistado sua posição porque tinha o dom de resolver problemas e sabia como fazer para que as coisas fossem feitas. A parte mais importante do seu dia era o encontro matinal com a equipe, em que eles reviam e organizavam as tarefas do dia por ordem de prioridade. Esses encontros eram famosos pelo seu ritmo rápido e sua brevidade quase militar. O formato era sempre o mesmo. Um membro da equipe relataria um problema; depois de rápida discussão, William ratificaria a solução da equipe ou proporia uma outra, pessoal. Ele designava quem seria responsável pela tarefa e continuaria em frente.

A revisão do desempenho anual da firma incluía comentários dos subordinados. William estava com sua revisão em mãos na época em que o encontrei e, embora o placar do seu desempenho geral fosse alto, seus subordinados criticavam seu estilo de gerenciamento, usando frases como "ele não ouve", "imperioso", "excessivamente crítico", "impaciente com as sugestões".

Por alguns anos, eu tive um emprego semelhante ao de William e tinha recebido algumas dessas críticas. Meu temperamento é rápido e impaciente, e verbalmente dominador. Quando quero, consigo que as coisas sejam feitas do meu jeito, mas é desnecessário dizer que esse modo não é o melhor para estimular o trabalho de equipe. Com o passar do tempo, tentei aplicar o que havia aprendido em meu treinamento budista e descobri os seguintes passos:

1. Quando eu estava numa reunião ou conversando com uma pessoa, sempre que surgia uma boa resposta ou solução, quer fosse minha ou de outra pessoa, em vez de imediatamente agir ou falar, eu visualizava essa resposta "entrando no aposento", como um sopro de fumaça, e a deixava ficar ali durante um momento.

2. Se percebia que a conversa estava divagando ou se tornando improdutiva, em vez de agir imediatamente para dar-lhe novo foco, eu a deixava fluir. Às vezes eu achava útil verbalizar essa intenção: "Deixe fluir, deixe fluir." Outras vezes eu invocava um mantra pessoal: "Esperar, esperar, esperar..."

3. Se sentia um impulso incontrolável de falar, tentava falar de forma neutra, e dizia o mínimo possível. (Isso era difícil!)

4. Eu observava e prestava atenção ao que ia acontecer em seguida.

Às vezes, eu achava que "jogar" minha impaciência num objeto físico da sala ajudava, como num vaso de flores ou numa peça da mobília. Isso funcionava melhor do que morder a língua! Eu dava à minha impaciência um lugar onde descansar e a mim mesmo um lugar seguro onde concentrar minha atenção.

O que descobri é que muitas vezes a conversa tomava o rumo que eu queria, quer eu interviesse quer não. Pelo fato de a energia da solução já estar no aposento, ela dava um jeito de expressar-se. O que é mais importante, pelo fato de eu não estar impondo a minha vontade como costumava fazer, o grupo tinha mais a sensação de que as decisões estavam sendo tomadas pelo grupo, não apenas por mim.

Também achei a prática bastante difícil, assim como achou William quando decidiu tentá-la. Para pessoas impacientes como William e eu, a experiência de deixar a situação tomar seu próprio curso pode ser crucial. Mas sempre que consigo fazer isso, sinto satisfação. Com o tempo, minha equipe começou a ficar mais unida e menos dependente de mim.

De início, a experiência de William não foi tão positiva quanto a minha. Para ele, o principal efeito de seu esforço para praticar o Controle por meio da Atenção foi que tudo demorava mais. Muitas vezes, quando o tempo para o encontro diário da equipe se esgotava, ninguém tinha apresentado uma solução à qual ele fosse favorável e ele ainda tinha de impô-la.

– Que tipo de soluções vinham à tona?

– Elas não eram ruins – William admitiu. – Mas em geral não eram tão boas quanto as minhas. A maioria das pessoas não tem a minha experiência de como resolver esses problemas.

– Alguma vez as soluções foram melhores que as suas? – perguntei.

– Às vezes eram – William admitiu.

Perguntei-lhe se já havia tentado "jogar" sua solução num objeto físico. William admitiu que achava essa idéia bizarra e nunca se sentira à vontade tentando fazer isso.

– Bem, o que me diz disso – eu disse. – Sempre que lhe ocorrer algo, diga-o silenciosamente para si mesmo. Veja se as outras pessoas na sala conseguem ouvir o que você diz.

William achou que isso era quase tão estranho como "jogar" seus pensamentos sobre um vaso de flores, mas concordou em tentar.

Na semana seguinte, seu relatório foi mais estimulante. Por mais estranho que pareça, quando "gritava" silenciosamente para o grupo, às vezes parecia haver uma mudança na direção do grupo rumo à solução que ele preferia.

O Controle por meio da Atenção é um método que depende da fé em que nossos semelhantes estejam em sua melhor forma, que saibam o que você sabe, que pensem o que você pensa. Em última análise, isso não é tanto controle como respeito. William já era o dono da situação. Todos olhavam para ele como o que tomaria a decisão final. Em outras palavras, todos já estavam prestando atenção nele! Ele apenas precisava prestar atenção nos outros!

Deborah Tannen analisa um pouco desse terreno em seu *bestseller You Just Don't Understand*. Ela descreve dois estilos diferentes de comunicação, um que vê a conversação como um tipo de competição e outro que a vê mais como uma colaboração. Um traço do estilo competitivo da conversação é o fato de que a pessoa presta muita atenção aos breves intervalos da conversa em que ela pode introduzir algo ou, em alguns casos, interrompê-la. A pessoa que usa o estilo da colaboração está mais interessada em extrair tudo da outra pessoa, em ouvi-la atentamente.

Embora esses dois estilos sejam diferentes, ambos requerem bastante atenção. O falante competitivo está procurando um ponto onde intervir, ao passo que a pessoa colaboradora presta atenção receptiva às palavras da outra. O estilo de William era mais competitivo, e foi por isso que sugeri que tentasse uma abordagem mais colaboradora. Para começar, alguém cujo estilo seja mais colaborador, e cuja principal dificuldade seja conseguir dizer uma palavra, uma combinação dos dois estilos pode ser a resposta. Ambos os métodos mudam sutilmente a dinâmica do dar e receber na conversa. O estilo colaborador está mais perto em espírito do Controlar por meio da Atenção, mas algumas das técnicas que mencionei, como a de "gritar" silenciosamente, fazem uso do estilo competitivo de energia. Em cada estilo, o que conta é a atenção propriamente dita. Prestar atenção é uma energia poderosa. Ela só parece particular e invisível para a pessoa que está fazendo isso. Para os outros, é uma força palpável, quer estejam conscientes do fato quer não.

A ESPERA PELO MOMENTO CERTO

O Controle por meio da Atenção não é apenas um estilo de comunicação; ele reflete um gesto de generosidade e paciência, e pode ser um meio de ensinar, de dar uma boa sugestão e de dar uma opinião.

Uma das partes mais árduas de ser um líder é ter de fazer críticas aos subordinados. Às vezes não importa o que você faça, a crítica é mal recebida. Ninguém gosta de ser criticado. Qualquer crítica, mesmo se feita com habilidade, pode causar ressentimento no funcionário. Depois de certo tempo, muitos líderes evitam fazer críticas, embora essa também não seja uma boa solução.

Existe um meio termo entre evitar as críticas e fazê-las, que é prestar bastante atenção à situação sem dizer nada até o momento correto. Se alguém que trabalha para você tem um problema, observar de perto essa pessoa não está longe de fazer algo a respeito. A própria atenção torna-se uma força para a mudança, bem como um meio de encontrar o melhor momento para intervir.

Aprendi isso pela primeira vez observando como Suzuki Roshi nos ensinava. Ele não dava muitas instruções diretas e raramente fazia críticas. Em vez disso, observava alguém durante semanas, sem dizer nada enquanto não surgisse o momento oportuno. Então ele dizia o que queria dizer. Como era o momento certo, suas palavras tocavam a pessoa diretamente no coração.

Certo verão no mosteiro, era minha tarefa limpar a cela de Suzuki. Embora tivéssemos vassouras comuns, eu queria limpar as coisas à moda japonesa, portanto varri o chão de madeira todas as manhãs com uma toalha úmida. Em geral ele estava por perto quando eu fazia isso, às vezes estava na cela realizando outro trabalho ou apenas ficava do lado de fora, em seu jardim. Eu encerava o chão diligentemente, e por mais de duas semanas ele nunca disse nada.

Certa manhã ele se aproximou, sem palavra, tirou a toalha de mim, dobrou-a num retângulo comprido e estreito ajoelhou-se e, apoiando as mãos no chão, fez uma demonstração passando a toalha no chão em longos movimentos, para cima e para baixo. Era um modo muito mais eficiente de fazer o trabalho. Ele poderia ter mostrado isso para mim no primeiro dia, mas acho que queria que eu tentasse primeiro por conta própria. Embora eu não tivesse consciência do fato, ele estivera me observando todos os dias. Foi isso que tornou sua intervenção tão eficaz para mim. Não foi apenas o fato de ele me mostrar um método diferente de fazer a tarefa. Ele também demonstrou sua preocupação comigo. Isso foi mais importante do que a toalha.

Existe uma história sobre o monge poeta Ryokan, que viveu no Japão no século XVIII, que ilustra o mesmo ponto. O filho dissoluto de um destacado mercador da cidade de Ryokan havia se metido em encrencas e era a desgraça da família. Como último recurso, o mercador convidou Ryokan para passar algumas semanas em sua casa como seu hóspede, na esperança de que Ryokan pudesse fazer algo para ajudar o jovem a dar uma virada em sua vida.

Os dias se passaram e, para a decepção do mercador, Ryokan parecia não fazer nada. Dificilmente falava com o rapaz. Às vezes o mercador chamava Ryokan de lado e lhe implorava que dissesse algo ao filho. Ryokan sorria e concordava com a cabeça, mas mais tempo se passava sem que dissesse nada. Finalmente, no dia da partida de Ryokan, quando ele estava em pé no vestíbulo, vestindo suas roupas de viagem, o filho dissoluto chegou até a entrada da porta e, de acordo com seu dever social, curvou-se para amarrar as sandálias de palha do honrado hóspede.

De repente, sem saber por que, o jovem olhou para o rosto de Ryokan e viu uma única lágrima correndo pela face de Ryokan. Compreendeu que a lágrima era por sua causa. Depois disso, assim diz a história, o filho tornou-se um outro homem. Olhar para o rosto de Ryokan o transformou. O mercador ficou muito contente e enviou uma carta de agradecimento a Ryokan, incluindo um caro presente. "Não sei o que você fez", escreveu o mercador, "mas meu filho é uma outra pessoa."

Ryokan devolveu o presente com uma curta nota: "Obrigado por seu presente, que não posso aceitar. Não fiz nada para mudar seu filho. Tudo o que aconteceu foi ele mesmo que realizou."

Ryokan não estava sendo modesto, apenas confiante. Podemos imaginar como o filho deve ter se sentido durante a visita de duas semanas. Ele não era tolo. Ele sabia que esse era outro esquema do seu pai para transformá-lo. Todo dia esperava que o sacerdote ralhasse com ele, dizendo-lhe que não era bom como o pai. Mas Ryokan não disse nada. Ele apenas observou o jovem de perto, sem criticar ou comentar. Confiou na boa índole do rapaz, em sua maturidade emergente.

Ryokan entendeu que, se observarmos atentamente e confiarmos bastante, a transformação acontece a seu próprio modo. Seria bom se os locais de trabalho modernos fossem suficientemente pacientes e respeitosos, para nos deixar crescer dessa maneira. Alguns locais de trabalho são assim. Alguns diretores entendem instintivamente esses princípios e os executam todos os dias em suas interações com os outros.

A maioria das pessoas quer se destacar e fazer o melhor. Se não tentarmos controlá-las, porém deixá-las flutuar que nem a pipa no final de uma corda, quem sabe o que pode acontecer?

PRÁTICAS PARA O "CONTROLE"

- Quando tiver vontade de dizer algo numa reunião ou conversa, espere. Veja o que acontece se simplesmente observar e ouvir.
- Quando sentir que precisa criticar alguém, primeiro passe mais tempo simplesmente observando essa pessoa. Espere pelo momento oportuno.
- Você consegue encontrar instâncias de Simultaneidade e Interdependência em seu trabalho? Você encontra ecos dos seus pensamentos e idéias nas contribuições dos outros? Você pode construir com base nessas conexões, de um modo que estimule o trabalho de equipe e a cooperação, em vez da competição?
- Se você tem um cargo de liderança, pode usar estes princípios para liderar e dirigir sem "usar sua autoridade para conseguir o que quer"?

Generosidade 16

Como nos sentimos quando somos generosos? Confiantes, descontraídos, receptivos, à vontade – exatamente como descrevemos a região Fria Positiva da Roda da Energia. A Generosidade é uma expressão palpável da abertura do eu, da nossa disposição para sentir a dor das outras pessoas e desejar a felicidade delas. Generosidade também é o que impede a vida espiritual de tornar-se interiorizada demais, centralizada demais no eu. Através do espírito da generosidade, experimentamos de modo direto a nossa ligação com os outros. As pessoas muitas vezes associam o Budismo com a meditação, mas na classificação sêxtupla das virtudes espirituais budistas, a meditação é a quinta. A Generosidade é a primeira.

A Generosidade não é um acréscimo espiritual; ela é fundamental. É por isso que há tantas áreas da nossa vida – família, igreja, comunidade e filantropia – em que nós nos doamos incondicionalmente, sem pensar em recompensa. Não cobramos dos filhos os custos da sua formação. Depois de ajudarmos nosso amigo a se mudar não lhe enviamos uma conta. Não cobramos o tempo que passamos no hospital como voluntários. Antes que existissem empregos, antes que houvesse ocupação, antes que houvesse dinheiro, antes que houvesse até mesmo vilas ou cidades, as pessoas praticavam a generosidade. Trata-se de algo que sabemos instintivamente como fazer.

Estar presente é o maior de todos os gestos de generosidade. Quando não há nada mais a fazer, quando estamos numa situação que parece totalmente irremediável, ainda existe algo que podemos fazer: podemos estar presentes.

Naturalmente, as pessoas não deixam a generosidade em casa quando vão trabalhar. Mas a energia do local do trabalho não é como a da igreja ou da família. Somos pagos pelo que fazemos – é o que faz do trabalho um emprego. E, é claro, esperamos ser tão bem pagos quanto possível. Quando foi a última vez que você ouviu alguém entrar no escritório do chefe para pedir uma *redução* de salário? Como último recurso, membros do sindicato podem se oferecer como voluntários para aceitar um corte no pagamento a fim de salvar seus empregos, mas, via de regra, no mercado de trabalho, as habilidades de cada um têm uma etiqueta de preço.

No mundo do trabalho remunerado, competimos com os outros pelas recompensas, negociamos pelo quinhão melhor e medimos nosso valor para o nosso empregador pelo padrão universal de todo o comércio – o dinheiro. No reino da generosidade, todas essas considerações são deixadas de lado. O valor do que fazemos não precisa ser avaliado. Ele já existe. Não precisamos ser recompensados. Por definição, um ato generoso não busca recompensa.

Todos nós transitamos com freqüência entre esses dois mundos. No meio do nosso dia de trabalho, convidamos nossa boa amiga para almoçar a fim de nos solidarizar com ela pelo seu recente divórcio. Enquanto estamos ajudando nosso filho com seu dever de casa, toca o telefone e é o chefe com um pedido urgente. Não é difícil mudar de um modo para o outro, mas é muito mais difícil conciliá-los.

No centro budista onde passei muitos anos como professor, começamos vários pequenos negócios a fim de nos sustentarmos – um restaurante, uma padaria, uma livraria e uma loja de roupas. Não descrevíamos essas iniciativas como negócio. Pensávamos nelas como uma extensão da vida espiritual. Nós as chamávamos de "lugares de prática". A fim de sustentar o centro, as pessoas recebiam pelo seu trabalho apenas metade do valor de mercado. Os empregos de garçom, padeiro e costureiro eram considerados oportunidades para aprofundar a prática espiritual na companhia de pessoas que pensavam da mesma forma. Na superfície, isso parecia uma fusão maravilhosa dos planos espiritual e comercial, mas havia tensões subjacentes. Em certo ponto, escrevi um memorando a meus colegas que lideravam o centro sugerindo que pagássemos a cada um o preço do mercado pelo seu trabalho, e deixássemos que cada pessoa desse voluntariamente uma parte do salário como uma doação palpável (com isenção de taxas). Dessa maneira, a contribuição de cada trabalhador para o centro e a do centro para cada trabalhador podiam ser mantidas separadas.

A sugestão não foi bem recebida. Nessa época do nosso desenvolvimento, imaginávamos que dinheiro não era importante, portanto fazer uma diferença entre trabalho e doação seria confuso em vez de esclarecedor. Seja como for, com o passar do tempo, as pessoas começaram a se sentir exploradas. Finalmente, os negócios acabaram transformando-se em empresas mais convencionais, administradas independentemente.

GENEROSIDADE NO TRABALHO

A história dos negócios do centro demonstra que, mesmo com a melhor das intenções, não é fácil juntar o plano espiritual com o comercial. Acho que uma das nossas falhas era determinar de forma autoritária como a generosidade de cada pessoa supostamente deveria se expressar. Isso não deu certo. Para a generosidade ser autêntica, ela tem de fluir livremente do coração – não como um pensamento, mas como um sentimento.

Minha observação é que as pessoas tentam ser generosas com seus colegas do local de trabalho sempre que podem. Como eu já disse, a generosidade é intrínseca a quem nós somos. Mas porque o local de trabalho atua segundo suas próprias lógica e leis, a generosidade nem sempre funciona ali do modo como funciona em nossa vida pessoal. Às vezes ela pode ser mal-interpretada ou trazer maus resultados. Em outras ocasiões, como na história a seguir, ela funciona mesmo que as pessoas beneficiadas não tenham muita certeza do que está acontecendo.

APENAS SEJA GENTIL

Um ator de cinema muito famoso, vamos dar-lhe o nome de Curtis, contou esta história sobre a generosidade no local de trabalho. Um cenário de filmagem, ele explicou, é como uma corte medieval. O diretor é o rei. Os atores, principalmente as estrelas, são os nobres e o pessoal da corte; muitas vezes eles têm aliados e podem lutar com o rei. Todos os técnicos e trabalhadores são os servos, que recebem ordens de modo profissional, mas não têm um *status* real.

Curtis, um budista praticante, decidiu que sua prática espiritual requeria que ele tratasse todos como iguais, com gentileza e respeito, independentemente do *status* dele ou dela no mundo do cinema. Ele não fez isso para fazer alarde, para criticar ou para fazer propaganda de suas crenças espirituais. Ele simplesmente sentia-se melhor agindo dessa maneira.

Curtis não estava preparado para a reação que seu comportamento despertou. As pessoas muitas vezes se aproximaram dele com olhares intrigados no rosto e perguntaram: "Curtis, o que você está fazendo? Trata-se de algo espiritual? Por que está sendo tão gentil com as pessoas?"

– É um negócio frio – Curtis me explicou. – Até mesmo os atores não são muito respeitados. O diretor se aproxima de você e dá um tapinha na lateral do seu pescoço dizendo: "Curtis, você precisa melhorar mais. Olhe para todas essas rugas. Será que podemos colocar um xale no seu pescoço ou algo parecido?" – Curtis fez uma imitação perfeita do diretor de Hollywood de voz grossa. – Ser bom para as pessoas, tratá-las como igual, como seres humanos comuns, é radical. Isso mexe com as coisas num nível profundo.

Fiquei interessado em saber se o fato de mudar de atitude trouxe algumas conseqüências adversas para Curtis. Mas quando lhe perguntei sobre isso, ele apenas riu.

– É Hollywood – ele disse, dando de ombros – e eu sou ator. Todos sabem que atores são excêntricos. Eles acharam que se tratava de esquisitice minha.

– E você manteve a atitude? – perguntei.

– Mantive – Curtis disse. – E comecei a ser alvo de comentários. Acho que isso ajudou minha carreira. É um negócio competitivo e ser conhecido como alguém prestativo e com quem é fácil trabalhar pode ser uma vantagem nos próximos chamados de trabalho.

No ambiente de trabalho de Curtis, e provavelmente em muitos outros, ser simplesmente gentil pode ser considerado estranho. Isso com certeza é algo em que se pensar. Faz com que imaginemos que tipo de mundo criamos em nosso trabalho.

Em meus seminários, muitas vezes entramos numa discussão aberta sobre que tipos de generosidade funcionam bem no local de trabalho. Eis aqui algumas delas.

O DISCURSO CORRETO

O discurso verbal é uma parte integral e necessária da maioria dos empregos. Alguns empregos – na maior parte, cargos de liderança, por exemplo – giram em torno de escrever e falar. É fácil criar num padrão de discurso "eficiente" – rápido, brusco, carente de cortesia e elegância. Afinal, como diria um homem de negócios durão, "Não estamos num jantar festivo, estamos no trabalho!" Mas o discurso, tanto escrito quanto falado, também pode ser um dos melhores meios de praticar a generosidade. Eficiência e generosidade não precisam se excluir mutuamente.

O Budismo inclui um ensinamento chamado Discurso Correto. Tradicionalmente, o Discurso Correto significa uma fala que seja gentil, inofensiva, honesta e respeitosa. As pressões de um movimentado local de trabalho às vezes tornam difícil praticar o Discurso Correto com a perfeição de um monge budista, mas podemos nos esforçar nesse sentido. No sentido mais amplo, o Discurso Correto é uma fala *consciente*: prestamos atenção ao que estamos dizendo e ao modo como estamos dizendo. Algumas vezes o que expressa a generosidade na fala é uma questão de timbre, de ritmo, de expressões faciais e de linguagem corporal, além das palavras em si.

Até a crítica pode ser expressa de maneira tal que demonstre generosidade. Por exemplo, considere a diferença entre estas duas abordagens:

– Jeffrey, seu desempenho é digno de uma reprimenda. Você terá de mudar. E logo!

– Jeffrey, estou preocupado com seu desempenho. Ele não está realmente de acordo com o padrão que eu esperava. Sei que está se esforçando, e gostaria de conversar com você para saber do que precisa para corrigir a situação.

Ambas as afirmações passam a mensagem, mas a segunda inclui algum tipo de reconhecimento, participação e respeito. Por exemplo, sempre vale a pena mencionar o esforço de uma pessoa, mesmo que ela não realize o que se esperava dela. Bons líderes muitas vezes têm uma noção intuitiva de como fazer sua constatação de maneira que as pessoas se sintam respeitadas pelo que são. Um dos melhores diretores que já conheci era capaz de fazer isso sem dizer absolutamente nada. Só o modo como ouvia já era suficiente, tanto que as pessoas de outros departamentos muitas vezes o consultavam informalmente para pedir opiniões sobre seus problemas. Mais de uma vez, quando estava indo para casa à noite, vi pessoas do lado de fora do escritório dele, nunca funcionários que trabalhavam diretamente para ele, esperando por uma oportunidade de falar alguns minutos com ele.

– Gosto de falar com Ernie sobre as coisas – foi como uma pessoa explicou o fato para mim. – Ele faz com que me sinta bem a meu respeito.

O Discurso Correto sempre tem de ser suave e gentil. Algumas vezes uma expressão de frustração, irritação ou até mesmo raiva pode funcionar como Discurso Correto se for feita com o espírito correto. Tudo depende, em última análise, da intenção por trás das nossas palavras e da habilidade e atenção consciente com que elas são proferidas.

VERDADE GENTIL

Outro aspecto do Discurso Correto é a honestidade. A verdade em si mesma pode ser uma dádiva, se for revelada com o espírito certo. Eu digo "Verdade Gentil" porque a verdade também pode machucar. Não queremos apenas chegar para um dos nossos colegas de trabalho e dizer-lhe friamente: "Sabe, você tem mau hálito. Ninguém consegue ficar perto de você." Temos também de ser cuidadosos ao distinguir entre a *nossa* verdade, que pode ser apenas a nossa opinião, e *a* verdade, da qual todos podem compartilhar.

No capítulo anterior, o fato de Penelope confrontar Ralph falando sobre o mau humor dele nas reuniões pode ser um exemplo de Verdade Gentil. Se a intenção de Penelope fosse ferir Ralph, ou fazer-lhe mal, então seu comentário não seria qualificado de generoso. Mas a resposta de Ralph – "Você tem razão. Sinto muito. Pedirei desculpas a todos amanhã de manhã" – prova que havia mais na crítica de Penelope do que suas palavras. Como sua intenção foi a de ajudar Ralph e não a de magoá-lo, a verdade que ela lhe ofereceu serviu como uma dádiva, não apenas para Ralph, mas para a própria Penelope e para todos os membros da equipe de Ralph.

Lembro-me de um incidente que envolveu Suzuki Roshi durante seus dias como sacerdote de um templo no Japão. Certo dia ele estava do lado de fora do templo com outro sacerdote, quando um trabalhador chamou-os do telhado, onde estava fazendo alguns reparos.

– Aí estão vocês, um par de sacerdotes preguiçosos que não trabalham para viver. Que bem vocês fazem para alguém?

Suzuki olhou para o homem por um instante sem dizer nada. Por fim, gritou para ele:

– Aquele templo vizinho tem um belo telhado.

Ora, além do fato de o templo vizinho ser bem conhecido em todo o distrito pela beleza do seu telhado, que importância esse comentário teve para o comentário rude do trabalhador? Nenhuma, a menos que entendamos as palavras de Suzuki Roshi como uma oferta da verdade. Se quisermos levar esse pensamento além, podemos dizer que Suzuki Roshi estava introduzindo na conversa algo com que ele e o homem podiam concordar, independentemente da opinião deste sobre os sacerdotes ou sobre ele.

PRESENÇA

Alguma vez você já notou como a palavra *presente* pode ser usada como adjetivo, substantivo ou verbo? Estar presente significa estar ali. Um presente é uma dádiva. E "presentear" significa oferecer um presente. Quando os senadores ou os congressistas americanos não querem ir nem contra nem a favor, como eles votam? Dizem "Presente!"

Estar presente é o maior de todos os gestos de generosidade. Quando não há nada mais a fazer, quando estamos numa situação que parece totalmente irremediável, ainda existe algo que podemos fazer: podemos estar presentes. Quando uma pessoa está sofrendo, com dores, ou muito triste ou doente, em vez de nos sentirmos desamparados ou deixarmos a cabeça ferver com mil soluções inúteis, podemos simplesmente estar presentes. A presença é, portanto, o segredo por trás do tópico do capítulo anterior: o Controle por meio da Atenção. Lembre-se da história de Ryokan e do jovem genioso, ou de William e sua equipe de pessoas hábeis em lidar com os problemas? Em ambos os casos, o que salvou o dia foi o poder da presença.

Em meu escritório, atuo tanto como presidente quanto como programador, e parece que nunca consigo fazer tudo o que preciso. Todos querem um pouco do meu tempo para isto ou aquilo. A fim de poder cumprir as minhas próprias responsabilidades e ter certeza de que no final do dia realizei algo, costumo encurtar a conversa e dar um pouco menos de mim do que meus empregados gostariam. No meu emprego anterior, tive um colega que costumava demonstrar sua impaciência com a frase "Vamos em frente!" Mas quando se está numa posição como a minha, só o fato de estar presente já serve. Estar presente é um ato generoso – e, embora de modo indireto, produtivo. Eu tenho de ficar me lembrando disso.

Para estar realmente presente, não é suficiente jogar-se numa cadeira como um saco de batatas. Estar presente de uma forma que demonstre generosidade significa estar plenamente presente, com todas nossas faculdades, atenção e cuidado. Tente isso da próxima vez em que se pegar esgueirando-se para fora da sala. O que a sua presença por mais dez ou quinze segundos lhe custaria? E o que você e as pessoas que estão com você teriam a ganhar?

Certa vez quando fui hospitalizado para fazer uma cirurgia, um pastor do bairro me visitou. Quando conversávamos, a senhora de meia-idade que limpava meu quarto todos os dias entrou para varrer o chão e esvaziar as latas de lixo. Quando ela saiu, o pastor apontou para a porta e disse:

– Ela é a agente de cura.

De início não entendi muito bem o que ele quis dizer. Mas depois, quando pensei mais sobre isso, compreendi que, cada vez que aquela mulher entrava em meu quarto, eu me sentia melhor. Sua presença silenciosa, não importuna, enquanto fazia seu trabalho, na verdade tinha uma qualidade atenciosa, terapêutica. Na hierarquia dos funcionários do hospital ela indubitavelmente estava no fundo, mas eu apostaria que, em sua própria comunidade, as pessoas a tratavam com admiração e respeito. Ela tinha o poder de mudar todo o clima no quarto apenas por estar ali. Não aprendemos como fazer isso na faculdade ou na escola de administração. Essa capacidade provém da fé, do caráter, de Deus.

VER E OUVIR COM O CORAÇÃO

Ver as pessoas plenamente é diferente de apenas olhar para elas. Ouvir as pessoas profundamente não é o mesmo que simplesmente registrar o que elas estão dizendo. O órgão que vê com generosidade não é simplesmente o olho. O órgão que ouve com generosidade não é simplesmente o ouvido. É o coração. Ver e

Ouvir com o Coração significa oferecer-se, agir com generosidade, com total atenção. Essa não é uma ação passiva. É um ato consciente da vontade, da intenção.

"Ouvir com o Coração" não é uma expressão metafórica. Na verdade, ouvimos com o coração, a partir do peito, no centro do nosso corpo. Já falamos dessa prática antes, no capítulo 13, quando apresentamos a meditação Amigo do Coração. Essa é uma extensão dessa prática para as outras pessoas.

Imagine que Cathy, sua subordinada, enfia a cabeça pela fresta da porta do seu escritório e diz: "Não estou me sentindo bem. Acho que vou para casa mais cedo." Se você levantar rapidamente os olhos do trabalho e disser: "Tudo bem, espero que esteja melhor amanhã", isso é ouvir com o ouvido. Se, em vez disso, você captar plenamente a mensagem, se abrir o coração não apenas para o que Cathy está dizendo mas também para o que ela está sentindo e sentir total empatia por ela, então você não estará ouvindo apenas com o ouvido, mas com o coração. Seu coração pode abranger o conhecimento da história de Cathy, como o fato de ela estar sofrendo de uma doença crônica que a certa altura pode requerer uma cirurgia e, que além de não estar se sentindo bem, Cathy está aborrecida com essa possibilidade, até mesmo com medo dela.

Você pode dizer: "Eu gostaria de demonstrar esse cuidado e essa empatia por todos aqueles com quem trabalho, e fazer o melhor que puder, mas não posso ser responsável pela vida pessoal de todo mundo." Essa é uma objeção razoável, e não estou pedindo que você se torne o santo do escritório! Seja como for, como um exercício de generosidade, você pode experimentar diferenciando a audição comum e o tipo de audição que acabei de descrever. Da próxima vez em que estiver com um amigo, ou com alguém de quem goste, veja se pode sentir o que muda quando você Ouve com o Coração. O que pode descobrir é que, enquanto a sua mente presta atenção no conteúdo da conversa, alguma outra parte de você, o seu coração, entra em sintonia com o sentimento por trás das palavras. Nesse sentido, o coração é outro tipo de órgão sensorial, cuja funcão é sentir o que os outros sentem. E então, no trabalho, observe a próxima vez em que estiver ouvindo de forma mais mecânica – por exemplo, ao ouvir uma apresentação aborrecida – e veja se pode sentir qual é a diferença e o que está faltando. Nessa situação, o coração, como um órgão do sentimento, não é ativado. Ele está dormindo.

Você não é obrigado a fazer esses gestos sutis de generosidade num momento específico ou com determinada freqüência. Não deve se envergonhar se sentir que não consegue fazer isso muitas vezes. Mas às vezes, quando achar que pode, faça uma tentativa. A mudança da energia do olho e do ouvido para o coração pode parecer algo particular, invisível. Mas a outra pessoa pode senti-la e apreciá-la, quer esteja consciente do fato ou não.

Não há necessidade de dizer nada especial ou inusitado para que se note essa mudança na energia. No exemplo que mencionei anteriormente, talvez tudo fosse diferente se você fizesse uma pausa antes de dizer a Cathy: "Tudo bem." Nessa pequena pausa, pode acontecer uma porção de coisas, uma porção de energia pode se mover. Se você acrescentar: "Sinto que continue tendo esse problema. Estou preocupado com você", isso também ajuda. Mas, mesmo que você diga que está preocupado, se de fato não sentir isso, a generosidade não fluirá realmente. Se você sentir no seu coração a sinceridade da sua energia, então Cathy também a sentirá.

GENEROSIDADE PARA COM UM ANTAGONISTA

No local de trabalho, pode haver pessoas que não gostem de você, que querem atacá-lo, que gostariam de vê-lo falhar. Não existe nada de especial sobre a generosidade para com um antagonista, ela é apenas mais difícil. Estamos zangados com essa pessoa. Não queremos ajudá-la, queremos nos proteger dela, ou mesmo feri-la. Nossa mente está cheia de comentários ferinos, de acusações e de listas de faltas e falhas.

Anna trabalhava numa firma de propaganda. Ela era uma das duas melhores diretoras contábeis da firma, sendo a outra Cecile. No entanto, parece que o chefe dela, o diretor-senior, ia se mudar para outra divisão, abrindo lugar para uma promoção que favoreceria Anna ou Cecile. A recomendação do chefe para a diretoria-geral seria muito valiosa.

Um dia Anna precisou consultar Cecile sobre algo. Quando ela desceu até o escritório de Cecile, notou que a porta estava semi-aberta. Empurrando delicadamente a porta, ela enfiou a cabeça na fresta e pronunciou o nome de Cecile.

A resposta de Cecile foi repreendê-la por não ter batido na porta.

– Como pode entrar aqui dessa maneira? – ela gritou para Anna. – Esse é o seu problema. Você não tem respeito pelas outras pessoas!

Essa explosão pegou Anna desprevenida. Ela rapidamente pediu desculpas e se retirou. Mais tarde nesse mesmo dia, Anna soube que Cecile havia ido diretamente ao chefe e se queixado da atitude de Anna. Algumas semanas depois, foi anunciada a nova promoção. Cecile havia conquistado o cargo.

Parece que Anna foi prejudicada por uma colega inescrupulosa? A situação dela lhe faz lembrar de experiências semelhantes em sua própria vida profissional? Dada essa situação, como Anna poderia praticar a generosidade para com sua adversária, Cecile?

Não é fácil ser generoso nessas circunstâncias. Mas qual seria a alternativa? Anna continuar a alimentar rancor contra Cecile dali para a frente? (Lembre-se de que Cecile passou a ser chefe de Anna!) Totalmente frustrada, Anna teria pedido demissão? (Na vida real é o que Anna de fato fez!) Ou Anna deu um jeito de superar a situação, por mais injusta que tivesse sido, e tratar Cecile com a justiça e a dignidade que Cecile lhe negou?

Se você está numa situação como essa, tem de decidir pessoalmente o que acha melhor fazer. Se está disposto a tentar ser generoso com seu antagonista, eis algumas sugestões que podem ajudar.

Em primeiro lugar, você pode oferecer a ele (e a si mesmo) a dádiva de não tentar fazer as coisas ainda piores. No caso de Anna, isso significa conter sua raiva e relacionar-se com Cecile de modo profissional. Isso não significa submeter-se a Cecile. Significa honrar o que está certo e admirável em si mesmo. Na medida em que essa abordagem impede Cecile de levar adiante sua indisposição contra Anna, esse resultado na verdade ajudará a ambas.

Em seguida, você pode praticar o "ficar de lado". Nos tempos dos duelos com pistolas, os antagonistas ficavam de lado um para o outro enquanto erguiam e apontavam as pistolas, a fim de apresentar um alvo tão pequeno quanto possível. Quando você contribui com a habilidade que o seu antagonista tem de ferir você, agindo de forma a apresentar um grande alvo, você não só está ferindo a si mesmo mas permitindo que seu antagonista mostre o que há de pior nele mesmo. Nenhum antagonista é totalmente mau. Existem qualidades que redimem cada um de vocês. Um modo de demonstrá-las é ser um modelo delas para seu antagonista. Aja do melhor modo possível, e seus antagonistas terão dificuldades para agir do pior modo possível.

E, como sugestão final, pratique o Ver e Ouvir com o Coração, tomando cuidado especial de permanecer no coração mesmo que todos os seus sinos de alarme lhe digam que está sendo desrespeitado, atacado ou desafiado. Na conversa em pauta, isso muitas vezes significa manter uma espécie de silêncio receptivo ou dar uma resposta mínima, ao não aceitar o embate. Isso beneficia você e serve como uma dádiva para o seu antagonista.

Essa é a magia da generosidade. Quando ela é real, dar de nós mesmos livremente é o melhor modo de nos ajudar, ao passo que um comportamento egoísta e tacanho, mesmo que pareça vir em nosso benefício, tende a nos diminuir a longo prazo. A generosidade nem sempre faz sentido do ponto de vista racional, mas faz do ponto de vista espiritual. Isso porque, no reino espiritual, as pessoas não são separadas, elas estão ligadas – pelo temperamento, pela natureza e pelo destino compartilhado.

Crianças pequenas se doam dessa maneira porque ainda não desaprenderam a agir por impulso e não perderam a inocência. É por isso que é um prazer estar junto delas, porque seu entusiasmo em compartilhar seu mundo conosco é maravilhoso. Não podemos ser crianças inocentes no trabalho. Mas podemos nos proteger e ao mesmo tempo ficar abertos às oportunidades de nos doar.

SER ESTRATÉGICO

Num conto popular da antiga Índia, uma cidade estava sendo aterrorizada por uma cobra cujos ataques agressivos já haviam resultado na morte de algumas pessoas. Eles tentaram capturar a cobra, mas ela era rápida demais para eles. Em desespero, os habitantes da cidade chamaram um homem santo. O homem santo achou a toca da cobra e a repreendeu:

– Você não deve ferir mais ninguém. Isso é contra as leis de Deus.

A cobra ficou arrependida e prometeu que não machucaria mais ninguém. Na vez seguinte em que os habitantes da cidade encontraram a cobra, eles a atacaram com paus e pedras e bateram nela até quase a morte. A cobra rastejou para onde estava o homem santo e se queixou:

– Olhe para mim! – a cobra disse. – Por causa do seu conselho estou quase morta. Como isso pode constar das leis de Deus?

– Eu disse que era para você não picar mais ninguém – o homem santo disse. – Não disse que não podia silvar.

A generosidade no local do trabalho não significa desistir de todo bom senso e estratégia sobre como sobreviver e nos proteger no emprego. Mas significa que, quando surgir uma alternativa – quando tivermos uma oportunidade de abrir nosso coração e deixar a generosidade fluir, em vez de fechá-lo e nos armarmos –, podemos escolher o caminho do coração.

Algumas vezes somos surpreendidos e ficamos deliciados com o resultado. E mesmo que o resultado não seja bom, não desista. Fazer a coisa mais difícil, ser generoso quando parece uma loucura fazer isso, pode fazer os outros se sentirem bem. E mesmo que isso não aconteça, você se sentirá bem e é mais provável que tente repetidas vezes, até o dia em que seus esforços derem frutos e algo brilhante acontecer.

Eu não sei o que teria acontecido se Anna tivesse ficado em seu emprego. Não sei se Cecile conseguiu a promoção por causa de suas maquinações e queixas. Ao se demitir, Anna pode ter tomado a decisão certa – para ela. Mas eu sei, porque também estive lá, que para Anna lutar fogo contra fogo, tornando-se tão impiedosa e calculista como ela imaginava que Cecile era, isso não funcionaria.

Confie no coração, use o coração, mas cuide bem dele. Seja prático, seja sábio, proteja-se, silve quando precisar, como a cobra do conto popular, mas lembre-se de quem você realmente é. O título na sua porta, a descrição do trabalho em seu currículo, a resposta que dá quando as pessoas lhe perguntam o que você faz, não são tudo.

Vamos praticar a generosidade sempre que pudermos, porque, neste mundo, ela é a nossa vocação mais profunda e confiável. Herb, o executivo aposentado cuja história abriu esta seção, aprendeu muito depois que sua carreira acabou, que o que contava no final não eram os milhões de dólares das apólices de seguro que vendeu, mas os atos de generosidade que fez gratuitamente e que deixaram uma marca mais duradoura nas outras pessoas.

A generosidade é a Realização mais profunda e elevada de todas.

PRÁTICAS PARA A GENEROSIDADE

- Quando você estiver ouvindo alguém, veja se consegue notar a diferença entre ouvir com o ouvido e ouvir com o coração. Qual é essa diferença?

- Lembre-se da dádiva da Presença. Simplesmente estar presente é o maior de todos os gestos de generosidade.
- Pratique a gentileza, particularmente quando estiver irritado ou quando as coisas não estiverem bem. A gentileza dificilmente dá errado.
- Preste atenção ao que diz e ao modo como o diz. Você consegue praticar o Discurso Correto quando fala consciente? Até mesmo uma crítica pode conter algum tipo de generosidade.
- Como você pode dar a si mesmo e ao seu antagonista a dádiva de não tornar as coisas ainda piores?

Gratidão 17

O tema deste capítulo é a interdependência. A interdependência nos ensina que estamos todos ligados e que, não importa o que façamos, isso tem um efeito de longo alcance sobre os outros, muito além do que podemos saber. O reverendo Kosho Uchiyama, um sacerdote budista do Japão moderno que também era um artista das histórias em quadrinhos, gostava de desenhar seres humanos como abobrinhas de cara engraçada, cada um com sua carinha separada, mas conectadas a uma fonte comum por uma longa haste sinuosa. Essa fonte comum é o que nutre a todos nós, e quando nossa abobrinha pessoal tem a sorte de crescer forte e saudável, de tornar-se rica e poderosa, ela pode tirar força de todas as outras abobrinhas, bem como da raiz da planta. Temos de lembrar que, se nossa abobrinha particular se torna ambiciosa demais, exigindo demais das raízes e dos ramos, o resto da planta sofrerá e nós acabaremos enfraquecendo também.

Cada pessoa deste mundo é uma jóia brilhante.

A interdependência, até certo ponto, é um sinônimo de vida espiritual. Se a palavra *espiritual* significa alguma coisa, ela significa nossa conexão com algo maior que nós mesmos – com nossa comunidade, com toda a vida, com o cosmos, com Deus. É por isso que todo o Budismo pode ser resumido nessa única palavra: *Interdependência.* O Buda ensinou que, quando nos vemos como entes separados, nós sofremos. Mas quando nos vemos como seres interligados, conectados e contínuos com tudo o mais que vive, mesmo com a grama, com os rios e com as pedras, sentimo-nos livres e repletos de alegria.

Tudo o que fazemos expressa essa conexão, especialmente o trabalho. O trabalho é um dos principais meios de expressar nossa filiação à vasta rede chamada vida. Não somos eremitas, vivendo em cavernas remotas e sobrevivendo de raízes e frutos silvestres. Vivemos em comunidades, para as quais cada um contribui a seu modo. Alguns de nós são professores, outros banqueiros; também há farmacêuticos e encanadores. Todos somos necessários. Nenhum de nós conseguiria sobreviver sozinho. Não existe nada como uma aboboreira com apenas uma abobrinha. Se alguém me pedisse para explicar em poucas palavras a relação entre o trabalho e a espiritualidade, eu diria apenas isto: O trabalho é interdependência, e interdependência é a essência do espírito.

Você pode achar difícil encontrar algo intrinsecamente espiritual no trabalho que faz. Isso não acontece porque há falta de espírito, mas porque ele está oculto. Na medida em que podemos encontrar uma prática espiritual que revele a Interdependência no local de trabalho – e este é o propósito deste capítulo –, não estamos acrescentando nada de novo, apenas iluminando algo que já existe.

EXPRESSAR GRATIDÃO

O que significa ser grato? Por que dizemos "obrigado" quando alguém nos serve ou ajuda?

Durante a maior parte do tempo, não pensamos muito sobre isso. É apenas algo que todos fazemos algumas vezes por dia. Agradecemos ao porteiro por segurar a porta aberta para nós quando entramos num hotel. Agradecemos ao carteiro por nos entregar um pacote em nosso escritório. Agradecemos ao médico que nos dá um remédio para curar nossa doença. Quantas vezes por dia dizemos essa palavra mágica – *obrigado* – sem parar para perguntar "Por que estou dizendo isso? O que realmente quero dizer?

Dizer "muito obrigado" tem algo que ver com a Interdependência e com a solidão. Se todos vivêssemos sós, se não houvesse ninguém para nos ajudar, se não houvesse ninguém que sorrisse para nós, nos estendesse a mão ou nos amasse, o mundo seria um lugar intoleravelmente cruel. Quem gostaria de viver nesse mundo? Quando expressamos nossa gratidão, estamos reconhecendo que mais uma vez, para nossa surpresa, o mundo ainda nos quer e cuida de nós. O mundo nos convida a ser parte de algo maior que nós mesmos, nos convida a ser parte do todo.

Quando dizemos "muito obrigado", estamos agradecendo ao mundo pelo fato de, apesar de tudo, o amor continuar. Estamos contentes e gratos, e o sorriso em nosso rosto e a energia em nossa voz confirmam esse fato.

EXPRESSANDO GRATIDÃO PARA O ÉTER

Como podemos dar vida a esse sentimento no local de trabalho? Um modo é expressar, em nossas palavras e ações, um sentimento de gratidão.

Pelo fato de a minha firma vender *software* a grandes corporações, grande parte da nossa propaganda e atividade de vendas envolve telefonar para executivos atarefados, arranjar visitas *in loco* para demonstrar nosso produto e assim por diante. Não é estranho que recebamos um chamado telefônico de um cliente em potencial e acabemos gastando alguns milhares de dólares para cruzar o país a fim de demonstrar o que temos a oferecer.

Quando isso acontece, temos grande interesse em fechar a venda. Algumas vezes o cliente telefona de volta e toma ele mesmo a iniciativa. Em outras vezes, apesar de nossos repetidos telefonemas e mensagens na secretária eletrônica, não obtemos nenhuma resposta. Você pode pensar que se trata de uma questão de cortesia – especialmente quando fizemos um esforço significativo e tivemos gastos para atender o convite do cliente – que este ao menos nos informe se teremos chance com ele ou não.

Mas essa não é a prática padrão nos negócios. Para a maioria das empresas, somos um mero vendedor e a etiqueta usada com os vendedores segue uma lógica como esta: Você é vendedor. Nós não lhe devemos nada. Você tem um produto para vender e podemos estar interessados. Mostre-nos o produto. Se gostarmos dele, nós lhe telefonaremos. Se não gostarmos, não o faremos.

Isso não é considerado rude. É apenas como o negócio é feito em nosso mundo contemporâneo. Você pode se deparar com isso na sua própria vida profissional. Eu já estou acostumado. Mas o budista em mim pensa: Algo não está muito certo. Existe algo linear demais, lógico demais, frio demais nesse tipo de raciocínio. Trata-se de uma atitude baseada no tempo e no dinheiro. O executivo atarefado pensa, estou sendo pago para ser eficaz. Não é eficaz, nem uma boa forma de usar o meu tempo, ligar para um vendedor de quem não vou comprar nada só para lhe dizer isso.

Essa é uma forma válida de pensar, caso você acredite que o executivo e o vendedor estão separados e são diferentes. Mas isso não é verdade. O vendedor e o executivo trabalham no mesmo tipo de atividade. Eles conhecem as mesmas pessoas. Hoje o executivo está seguro na sua posição, mas amanhã a situação pode mudar. Amanhã pode estar procurando emprego e o vendedor para o qual não via nenhuma razão de retornar o telefonema talvez pertença à rede de contatos que pode ajudá-lo a encontrar um emprego. Além disso, se o vendedor com quem ele decidir fechar negócio não trabalhar direito, o executivo pode ter de voltar atrás e admitir seu erro para o vendedor que originalmente rejeitou.

Mas essas são simples explicações ou racionalizações pelas quais podemos desejar ligar para o vendedor de volta, mesmo que não haja nada para dizer a não ser "obrigado, mas não, obrigado". O melhor motivo para retornar a ligação do vendedor é que isso leva nossa consideração ao mundo, ao "éter" da Interdependência. Não sabemos se resultará algo daí. Somos como alguém que coloca uma mensagem numa garrafa e a joga no oceano. Além disso, se um número suficiente de pessoas começar a jogar garrafas no oceano, este se encherá de garrafas, e algum tipo de rede começará a se formar. Alguma comunidade ondulatória de gente que envia mensagens tomará forma.

Este não é um *mumbo jumbo* místico; é um bom modo de viver e até mesmo de fazer negócio. A atitude do "o que vou lucrar com isso" é o modo com que as pessoas no local de trabalho racionalizam a atitude rude e as ações egocêntricas. Esse tipo de raciocínio às vezes traz um benefício direto, a curto prazo, mas a longo prazo o árbitro mais poderoso do nosso sucesso no local de trabalho é a nossa reputação, e a reputação não pode ser comprada ou barganhada. Ela é o que somos e a soma total do que fazemos. Quando agimos de coração, baseados no que sentimos que devemos fazer, em vez de fazer o que é eficiente, estamos realmente criando um tipo mais profundo de eficácia.

Jerry, um corretor de valores, me contou uma história sobre uma fase anterior da sua carreira, quando um rico cliente seu tinha alguns títulos de dívidas de empresas. Como o cliente insistisse em ficar de posse dos títulos, o corretor não conseguiu notificá-lo a tempo de que as ações haviam sido "chamadas" pelas firmas que as haviam emitido. Isso significava que as ações tinham apenas seu valor nominal, um valor muito menor do que teriam se o cliente tivesse tomado conhecimento disso a tempo. Assim, o cliente perdeu uma grande quantia de dinheiro.

Muito embora a firma de Jerry não tivesse nenhuma responsabilidade legal pelo que ocorreu – o cliente havia insistido em manter as ações consigo, apesar das objeções da firma –, Jerry não se sentia bem em deixar as coisas como estavam. Tecnicamente ele estava limpo, mas, do ponto de vista ético, sentia-se responsável. Decidiu pagar toda a soma correspondente à perda do cliente tirando dinheiro da sua própria conta. O cliente, que havia saído bastante zangado, passou a se sentir gratificado por esse gesto de generosidade – e esse não foi o final da história. Nas semanas seguintes, enquanto o cliente estava no seu clube de campo, jogando golfe, ou jantando com amigos, que história você acha que ele contava a todas as pessoas que encontrava? Nenhuma outra que não fosse a história desse corretor maluco e das ações vencidas! Nos meses seguintes, Jerry conseguiu muitos clientes novos graças a essa inesperada propaganda boca a boca.

Histórias como essas nos inspiram porque parecem descrever reações e atitudes que fogem à norma do local de trabalho. Certamente, nem todo corretor reembolsa seus clientes excêntricos tirando dinheiro do próprio bolso. Raramente um cliente em potencial que não efetiva a compra escreve ou telefona ao vendedor. (Sou testemunha disso!) Mas mesmo que isso ocorra uma vez em cem, ou uma vez em mil, é motivo para sentir esperança. Os responsáveis pela apuração de votos têm uma frase para assuntos públicos que têm apoio superficial – "uma milha de largura e uma polegada de profundidade". Às vezes eu sinto que a aparência de insensibilidade e cinismo que se tornou o estereótipo da cultura empresarial moderna é simplesmente isso – uma aparência. Por baixo dessa suposta camada de cinismo, outra atitude espera o momento de vir à tona – a gratidão.

Os leitores que tiverem idade suficiente para se lembrar do grande *blackout* de 1965, na Costa Leste, se lembrarão de como universitários e donas de casa saíram às ruas com lanternas em punho para controlar o trânsito, de como as pessoas iam de porta em porta a fim de verificar se vizinhos estavam bem, de como nas várias cidades – de Boston a Nova York, a Washington D.C. – estranhos de repente se tornaram amigos confiáveis. Os sociólogos analisaram esse acontecimento durante anos. Como isso pôde acontecer? E o mais importante, como causar uma transformação como essa sem ter de apagar todas as luzes outra vez? E como fazer isso durar?

Ninguém sabe a resposta. Um budista poderia dizer que todos somos Budas à espera de que isso aconteça.

GRATIDÃO PELO NOSSO SUCESSO

Para pessoas que tiveram sucesso no trabalho, que estão no auge, que conquistaram riqueza, poder e influência, a prática da gratidão é particularmente importante. Para qualquer pessoa de sucesso, existe uma tentação real de olhar para a pessoa no espelho e dizer: "Olhe para mim! Eu consegui! Não sou o maior?" Antes do advento da nossa cultura de celebridade, orientada pela mídia, esperava-se que uma pessoa rica se comportasse com humildade, modéstia e recato – ao menos em público. Comportar-se de outro modo seria considerado mal-educado e grosseiro, a marca do "novo" rico. Hoje dificilmente se considera um comportamento demasiado insultuoso grosseiro, enquanto se for rico, poderoso ou famoso. Quando um astro do rock quebra seu quarto de hotel isso apenas acrescenta algo ao seu carisma e vende mais discos. Quando o presidente de uma empresa tem fama de humilhar e diminuir seus subordinados, ele é considerado decidido e forte. Seu salário sobe.

Mas ninguém conquista o sucesso sozinho. Nossos pais, nossos professores, nossos amigos, nossa família, nossos colegas, nossos empregadores, nossos clientes, até mesmo nossos concorrentes, todos contribuem de alguma maneira para o nosso sucesso. Essa lista poderia se estender infinitamente. No sentido mais profundo, ela pode vir a incluir o mundo todo e tudo o que existe nele. Essa é a visão budista.

ENTENDA A INTERDEPENDÊNCIA

No meu mosteiro budista, recitávamos um cântico, antes de cada refeição, que começava com as palavras "Setenta e dois trabalhos trouxeram este alimento para nós. Devemos saber como ele chegou até nós". Esse é um cântico sobre o trabalho que as pessoas fazem e como ele nos afeta e beneficia. Os setenta e dois trabalhos representam toda a profusão de esforços e influências que produzem o alimento que comemos, desde os vermes da terra que arejam o solo, até as formigas e lesmas que o fermentam, os pássaros e insetos que o polinizam, até chegar aos fazendeiros que o plantam e adubam, às bestas de carga (ou tratores) que o colhem, e aos comerciantes que o transportam e vendem.

Na era pré-industrial, uma pessoa mediana tinha um conhecimento de primeira mão de todos esses trabalhos. Na verdade, li recentemente que, até a Segunda Guerra Mundial, mais de três quartos dos alimentos que os norte-americanos consumiam era cultivado e produzido por amigos e vizinhos. Nos dias de hoje, a rede de Interdependência é tão complexa que dificilmente alguém pode rastreá-la por inteiro. A invenção da linha de produção simboliza o mundo moderno. Analisando as partes que compõem uma tarefa complexa e destinando cada uma dessas partes a um trabalhador diferente, o trabalho pode ser feito com mais eficácia. Há chance de que o trabalho que você faz seja uma versão de uma linha de produção. Você contribui com uma pequena peça para o todo maior.

Os benefícios dessa eficiência são óbvios. Quando andamos pelo supermercado do nosso bairro, as prateleiras de frutas, verduras, comida congelada, sorvetes, vinho e cerveja, são, se você parar para pensar, algo perto de um milagre. E tudo chega todos os dias com a precisão de um relógio, porque cada trabalhador na ampla engrenagem da distribuição de alimentos faz uma pequena parte de um trabalho enorme.

Todos nos beneficiamos com esses sistemas elaborados que, nos últimos dez ou quinze anos, estenderam-se para cobrir todo o globo terrestre. Essa nova economia global é o último passo de um processo de crescente complexidade comercial que vem se desenvolvendo há vários séculos. No entanto, do ponto de vista espiritual, existe um preço a pagar por toda essa especialização. O que se perde, quando as atividades que sustentam e alimentam nossa vida são tão dispersas e fragmentadas, é a noção do todo.

Os seres humanos têm um talento inato para perceber a totalidade. Fazemos isso naturalmente. Foi assim que evoluímos. Quando nossos ancestrais olhavam para a savana, com sua grande variedade de plantas e animais, todos coexistindo juntos, era claro para eles onde se encaixavam na paisagem, o que os alimentava e o que era necessário fazer para sobreviver. Sacrificamos esse senso de totalidade ao fragmentar nosso mundo em tantos componentes eficientes e eu acho que estamos apenas começando a entender o que isso custou para nós, para nossa sociedade e para nossos filhos.

Essa totalidade não significa somente que tudo está interligado, mas, mais profundamente, que em cada coisa, em cada pessoa nós encontramos o todo expresso e refletido. Esse é o significado mais profundo da Interdependência e o modo como ela se liga com a gratidão e com nossa prática espiritual.

A REDE DE JÓIAS DE INDRA

O Budismo tem uma bela metáfora para esse tipo de Interdependência, a chamada a Rede de Jóias de Indra.

Imagine, dizem os textos budistas, uma ampla rede, como a de um pescador, na qual cada nó seja um diamante. Imagine essa rede arremessada no espaço, como estrelas e galáxias, estendendo-se em todas as direções. Agora imagine que você se aproxima mais da rede, chegando tão perto que pode espiar o âmago de um desses diamantes. O que você vê? Nesse único diamante, você vê o reflexo de toda a rede. Se você passar para o diamante seguinte e olhar para dentro, você a vê outra vez – a rede inteira está contida e é refletida por cada jóia que a compõe.

Agora imagine que, em vez de estar fora da rede e de vê-la como um observador, você é parte dela. Imagine que você é uma das jóias da rede, e que cada pessoa deste mundo também é, como você, uma jóia brilhante. Cada um de nós reflete todos os outros. Quando você olha nos olhos da sua companheira, você se vê e a todos os demais. Quando ela olha nos seus, ela vê a mesma coisa.

Essa visualização extraordinária do modo como o mundo funciona foi criada há mais de dois mil anos por monges anônimos que passaram toda a vida estudando a consciência. Ela foi criada antes da física moderna, antes da teoria da relatividade, antes da ecologia e do movimento ambiental, antes da teoria da evolução. E, no entanto, a Rede de Jóias de Indra é surpreendentemente presciente ao antecipar todas essas descobertas científicas. Não é só o Budismo que entende o mundo dessa maneira; é como todos nós estamos começando a entendê-lo. Os físicos modernos chegam a ponto de descrever matematicamente como cada partícula atômica do universo influencia todas as outras, mesmo à distância de anos-luz.

A VISÃO DA JÓIA NA TESTA

Se a Rede de Jóias deve ser mais do que uma imagem inspiradora, como ela funciona na prática? Como ela pode nos ajudar a enfrentar nosso dia de trabalho? Qual é a conseqüência prática da compreensão de que, quando vemos o diamante que é a outra pessoa, simultaneamente vemos a nós mesmos e a todos os demais?

Um sentimento que pode surgir dessa percepção é a sensação de que, sob a superfície do relacionamento que mantemos com nossos colegas de trabalho, existe um senso mais fundamental de que eles são parte do nosso sucesso e nós somos parte do sucesso deles. Isso não é uma gratidão superficial ou um agradecimento comum. Não se trata da questão de agradecer seu colega por ajudá-lo a reorganizar seu escritório. O tipo de gratidão que você vê na Rede de Jóias é mais incondicional que isso. É o sentimento de que, porque você está aqui, seus companheiros de trabalho estão ali e, e porque eles estão ali, você está aqui. Também é uma sensação de que, sob nossas diferenças superficiais, existe uma humanidade básica da qual todos compartilhamos.

Uma prática espiritual que pode trazer essa consciência à vida é a de Ver a Jóia. Imaginar que cada pessoa é uma jóia numa vasta rede é uma metáfora inspiradora, mas também pode ser uma prática diária. À medida que você passa pelo seu dia de trabalho, tente, tantas vezes quanto possível, ver as pessoas ao seu redor como se tivessem uma jóia brilhando na testa. Seja sutil. Não encare fixamente a testa da pessoa com quem está falando, e não pisque os olhos como se de fato tentasse ver a jóia. Essa é uma prática de visualização. A jóia está em seu olho mental. Você a vê porque opta por vê-la, porque se sente gratificado ao vê-la.

Se você achar estranho ou pouco natural tentar ver uma jóia na testa das pessoas, tente em vez disso vê-las como um Buda, um ser espiritualmente desperto. E, se mesmo a imagem de um Buda lhe causar mal-estar devido às suas crenças religiosas, tente vê-las como santos ou como pessoas honestas, quer sejam quer não. (Especialmente se não forem.) Tente imaginar sua natureza interior, a alma delas, se você quiser, tão radiante como uma jóia, infinitamente preciosa e sagrada, como o sentimento que temos ao olhar para um bebê recém-nascido. A inocência e o frescor desse milagre do nascimento é inigualável. Não perdemos, na verdade, essa qualidade do milagroso à medida que crescemos – ela apenas fica carregada com a personalidade, a história e a emoção. Todos somos como bebês recém-nascidos sob a pele. Como é que achamos tão difícil tratar os outros dessa maneira?

Precisamos não limitar essa visualização às pessoas. Tente visualizar uma jóia no solo, no estacionamento, junto aos pedaços de asfalto e vidro quebrado que sujam o pavimento. Veja se consegue colocar um diamante no fundo do vidro da máquina copiadora quando inserir um documento nela.

O ambiente do escritório carece de poesia e de paisagens naturais. Mas se você acha que uma grande vista como a do Yellowstone Park ou do Yosemite é diferente do seu cubículo revestido de plástico e iluminado por luz fluorescente, você se esqueceu da mensagem da Rede de Jóias. Fite profundamente a Montanha Half Dome do Yosemite e você verá seu cubículo. Olhe para seu cubículo com a distorção certa da sua visão e poderá ver as grandes nuvens num céu recortado pelas montanhas. Esses atos de intenção espiritual podem transformar seu local de trabalho mundano numa paisagem de descoberta espiritual.

A Rede de Jóias está em toda parte.

NOTE O "MUITO OBRIGADO"

Outra prática que pode ajudar a estimular uma percepção da Interdependência no local de trabalho é notar sempre que você ou alguém diz "muito obrigado".

Essas duas palavras chegam tão pronta e mecanicamente aos nossos lábios que torná-las mais conscientes requer um esforço especial. Você pode se surpreender, se tentar essa prática por alguns dias, com a freqüência com que essas palavras surgem na conversação, e como quão pouco realmente são notadas. Veja se consegue colocar uma etiqueta em sua mente para que sempre que ouvir ou pronunciar essas palavras – "muito obrigado" – algo desperte, note e silenciosamente acene concordando. Ali estão outra vez, você diz a si mesmo, essas duas palavras, interligadas no discurso diário e na polidez comum, mas servindo como um poste de sinalização para uma realidade mais profunda.

E sempre que diz as palavras "muito obrigado", veja se consegue mudar o ritmo habitual de falar e dizê-las com um pouco mais de profundidade e sentimento. Sim, digo automaticamente muito obrigado quando você me passa o telefone no escritório, mas também posso ser grato pela sua presença, por todas as pessoas aqui, por este emprego, pelas liberdades que tenho, por minha saúde, por este mundo, por tudo. Existe um movimento religioso no Japão, baseado parcialmente no Budismo, cuja principal prática espiritual é dizer "Muito Obrigado!" com tanta sinceridade e freqüência quanto possível. Nessa religião essas duas palavras são uma oração universal.

Veja se consegue usar essas duas simples ferramentas espirituais – as palavras "muito obrigado" e a imagem de um diamante belo e refletivo – junto com você durante o seu dia de trabalho. Veja se pode usá-las para iluminar sua mente e alegrar seu coração. A agitação do dia de trabalho é sua realidade superficial, mas a Rede de Jóias é como as coisas realmente são. Ou "As coisas são como é", como costumava dizer meu mestre, sem dar ouvidos aos que tentavam melhorar sua gramática porque, de acordo com a visão espiritual dele, essa era a única maneira de dizer isso. Existem muitas coisas no mundo, algumas boas, outras más, algumas harmoniosas, outras destrutivas. Mas existe apenas uma Rede de Jóias, e tudo o que você vê e ouve já está nela.

"As coisas são como é", é outro modo de expressar gratidão, de dizer "muito obrigado".

Seja como for que você se sinta acerca do seu trabalho, da firma para a qual trabalha, do seu chefe e dos seus colegas de trabalho, o seu trabalho o sustenta, alimenta você, ajuda você e lhe dá uma oportunidade de continuar crescendo e descobrindo novas chances.

A PRÁTICA DE SER GRATO

Falamos anteriormente sobre antídotos – o Meio Sorriso como um antídoto para a raiva, a gentileza como resposta a um antagonista, a paciência e o ato de ouvir como antídotos para o controle. A gratidão pode funcionar como um antídoto também. Eis aqui uma prática simples que você pode fazer. Sempre que estiver amuado, queixando-se da vida, pense imediatamente em algo pelo que ser grato. Você pode até mesmo tentar pensar em dez coisas pelas quais deve ser grato. Isso leva algum tempo. Demore o tempo que for preciso para enunciar as coisas devagar:

Minha família.
Saúde perfeita.
Meu amigo do peito.
Um salário regular.
O ar que respiro.

E assim por diante. Quando terminar a lista, já terá se esquecido do que o deixou tão amuado!

O interessante sobre essa prática é que ela não é difícil. Se eu fosse lhe pedir para fazer uma pausa agora em sua leitura e pensar em duas ou três coisas pelas quais ser grato, estou certo de que não teria nenhuma dificuldade. A realidade da gratidão é tão forte, está tão profundamente presente em nossa vida, que desviar a atenção para a gratidão é uma das maneiras mais confiáveis de alterar seu estado mental. Se você fizer isso todos os dias, é interessante ver como a lista muda, pois quantas vezes algo que acabou de acontecer – uma pequena gentileza ou um prazer inesperado no curso do nosso dia – espontaneamente passa a fazer parte da lista.

E se você obteve sucesso real em seu trabalho, se tudo está indo bem, então por todos os meios esteja certo de incluir o fato no início da sua lista. Tantas pessoas gostariam de estar no seu lugar e ter o que você tem. O que você conquistou é especial, mas não é sua propriedade pessoal exclusiva. Ela é o resultado de muitas causas. A resposta mais apropriada para o fato é ser grato.

Uma das práticas espirituais mais comuns é dar graças às refeições – como uma importante prática budista, bem como dos cristãos e judeus. Mas num sentido mais amplo, todo momento é uma refeição, toda ocasião alimenta você. Nosso trabalho, que nos dá o sustento, é tão nutritivo quanto qualquer banquete. Nesse sentido, devemos dar graças antes de cada dia de trabalho, dar graças por tudo que torna nosso trabalho um sucesso e uma satisfação. No final do livro, descrevo uma prática de visualização que serve para isso.

INTERDEPENDÊNCIA E MEIO DE VIDA CORRETO

Como reflexão final sobre a Interdependência no local de trabalho, vamos analisar o Meio de Vida Correto. O ensinamento budista do Meio de Vida Correto se refere a uma ocupação que provoca o mínimo de danos e sofrimento a outros seres, quer aos homens, às plantas ou aos animais. Para os budistas tradicionais, ocupações como açougueiro, curtidor de couro e soldado devem ser evitadas, visto que esse trabalho está ligado com a matança de outros seres. Para os monges budistas, até mesmo a agricultura era proibida, porque arar o solo causava mal às criaturas que viviam ali, tais como insetos e vermes.

Esse tipo de ensinamento fazia sentido no mundo antigo, onde havia uma divisão clara dos papéis espirituais. Os leigos trabalhavam duro para se sustentar e às suas famílias, e os monges faziam sua parte ao "trabalhar" em questões espirituais. O Meio de Vida Correto ainda constitui um ensinamento poderoso para o mundo atual. Por exemplo, está certo ganhar a vida cortando árvores onde vive uma espécie ameaçada de extinção? Ou queimar florestas tropicais para formar fazendas? Ou fabricar pesticidas que poluem os rios e correntes de água? Essas são questões políticas, éticas e espirituais prementes e tão oportunas e atuais. Poderíamos dizer que as conseqüências práticas de um sustento que prejudica, apontadas primeiramente por Buda há mais de dois milênios, agora chegaram a um ponto crítico em que afetarão a todos.

Certamente o trabalhador de um matadouro está mais diretamente ligado à matança do que um professor. O presidente de uma companhia de petróleo tem responsabilidade mais direta pela contaminação do ambiente por substâncias nocivas do que um construtor de violinos. Mas, na realidade, todos temos nossa parcela de responsabilidade no dano a outros seres num grau ou em outro. Ao lermos um jornal, estamos apoiando a destruição das florestas. Se usamos um sabonete, um rio em algum lugar fica mais poluído para que possamos ficar mais limpos. Não há como fugir dessa Interdependência.

Alguns dos meus amigos budistas examinam suas compras e atitudes cuidadosamente, para minimizar esse tipo de colusão. Eles se recusam a trabalhar para, comprar de, ou investir em firmas que poluem ou causam danos. Eles não usam couro; não comem carne. Usam papel em vez de plástico (embora aparas de papel também poluam). Reciclam suas garrafas e latas. Esse é um esforço maravilhoso. Se todos vivêssemos dessa maneira, isso começaria a alterar a dinâmica de nossa economia de consumo e forçaria os fabricantes a modificar suas práticas comerciais. O crescimento da indústria de alimentos orgânicos é um bom exemplo de como a consciência dos consumidores criou novos mercados, bem como uma saúde melhor. Ao mesmo tempo, temos de lembrar que, para muitas pessoas que trabalham por um salário, comida orgânica é um luxo difícil de adquirir.

Essa é uma razão pela qual não quero estar no negócio de classificar ocupações numa escala de "certo" e "não tão certo"; como a comida orgânica, a escolha do trabalho é um luxo que muitos trabalhadores não podem ter. A capacidade de escolher uma linha de trabalho tende a se restringir a pessoas com certa instrução, habilidades sociais e experiência de mercado. Para muitas pessoas, apenas ter um emprego, qualquer um, é realização suficiente. Temos de lembrar que não ter um emprego também é causa de sofrimento e mal, não só para a pessoa desempregada, mas também para a família, os filhos e os amigos dessa pessoa.

Temos de compartilhar a responsabilidade pelo tipo de mundo que criamos. Se for para mudar nosso mundo, se for para ele se tornar mais humano, menos destrutivo e mais cuidadoso com seus recursos, ambiente e seres vivos, então a mudança real terá de vir de dentro de nós mesmos. Quando um número suficiente de pessoas estiver pronto a viver de forma diferente, de colocar os valores espirituais no topo da lista de prioridades, então uma transformação mais profunda nos meios de subsistência pode realmente começar.

Enquanto isso, minha abordagem ao Meio de Vida Correto é tirar o certo-*versus*-errado da equação e, em vez disso, enfatizar o sustento *consciente*. Em vez de fazer julgamentos sobre os trabalhadores e classificá-los em alguma escala de aceitabilidade espiritual, enfatizo que eles devem ser mais conscientes e perceber melhor o que estão fazendo no trabalho. Certamente é possível que isso os leve a ficar insatisfeitos com a atual ocupação e a pensar em buscar outra. Alguém que trabalha para uma firma de cigarros, por exemplo, e que examina de perto as conseqüências dos produtos à base de tabaco para nossa sociedade, pode achar que não consegue continuar. Mas uma das principais razões por que a indústria do tabaco está finalmente sendo responsabilizada pelo mal que provoca são as ações corajosas dos funcionários das companhias de tabaco que se apresentaram com documentos e provas. Se esses funcionários todos tivessem permanecido no emprego, não haveria ninguém para contar a verdade ao mundo. Esse é ainda outro exemplo da diferença que fizemos no início desta seção entre sucesso e Realização. Muitas dessas pessoas sacrificaram o sucesso no trabalho em favor de seus princípios. Na verdade, algumas delas foram despedidas! Mas de todos os dez mil trabalhadores da indústria do tabaco, quantos envelhecerão sabendo que, quando de fato importava, eles fizeram a coisa certa?

Quando eu ainda era sacerdote budista, fui procurado, depois do meu sermão semanal, por um homem que, com alguma hesitação, revelou ser policial. Ele também era budista porém precisava esconder isso dos colegas. Ele queria saber se eu achava que um budista podia ser policial.

Pensei na questão por um momento e respondi:

– Bem, não tenho certeza de que me sentiria bem carregando uma arma e tendo a responsabilidade de usar força letal.

Quando vim a conhecer o homem, vi o quanto o trabalho dele era difícil e como eu estava contente de ele estar disposto a fazê-lo. A quem eu daria a preferência para portar uma arma? A uma pessoa que tivesse pensado pouco sobre os temas mais profundos do crime, da transgressão e da proteção do mal, ou a alguém como esse homem, que havia pensado bastante sobre isso?

Posteriormente, o homem me confiou que nossa conversa havia mudado sua disposição de continuar na profissão. Ele apreciou minha singeleza ao expressar minhas próprias reservas, que se equiparavam às dele. Ele disse que, pelo fato de eu ter dúvidas, mas não ser dogmático ou preconceituoso, isso o encorajara.

Acho que a parte mais importante do Sustento Correto não é o "certo", mas o próprio sustento. Houve um tempo não tão distante do passado da humanidade em que não havia coisas com emprego; havia apenas a caça, a colheita, a agricultura e algumas ferramentas essenciais fabricadas pelo homem. À medida que o trabalho se tornou cada vez mais especializado e se divorciou do seu propósito original, tornou-se mais difícil dar ao trabalho significado intrínseco e valor espiritual. Não faz muito tempo, um sapateiro podia andar pelas ruas de sua cidade e ver o fruto de sua profissão nos pés das pessoas que passavam. Seu orgulho pelo seu trabalho não era uma abstração. Era parte de seus relacionamentos pessoais, do seu lugar na comunidade, e, em última análise, do seu lugar com Deus.

Quando o seu trabalho é processar aplicações de crédito para um conglomerado financeiro multinacional, onde está esse orgulho? Onde fica a realização? Qual é essa conexão? Ela não vem prontamente com o trabalho. Você tem de criá-la a partir dos seus próprios recursos, esforços e sentimento de respeito próprio.

O propósito primário deste livro não é mudar o mundo. Não é transformar o local de trabalho ou o comércio ou a natureza do trabalho. Não é nem mesmo transformar as organizações. Seu principal propósito é transformar os indivíduos.

Se, ao transformar uma pessoa, este livro contribuir para a transformação do trabalho, da sociedade e do comércio, então está ótimo. Quando essa pessoa entrar no local de trabalho com a resolução de ser mais consciente e perspicaz em seu trabalho, de tratar seus colegas de trabalho com mais cuidado e compaixão, e de tratar o *stress* e as tensões que vêm com seu trabalho como oportunidades para crescer interiormente e desenvolver-se, então ela já conseguiu o Meio de Vida Correto.

PRÁTICAS PARA A GRATIDÃO

- Tente ver todos no trabalho como um diamante numa grande Rede de Jóias. Como um ato de visualização consciente, imagine um diamante na testa de cada um dos seus colegas de trabalho.
- Preste atenção quando alguém perto de você disser "Muito obrigado". Pense nessas duas palavras como num poste de sinalização para o mundo espiritual.
- Sempre que estiver de mau humor, pense em uma, duas, três ou até mesmo dez coisas pelas quais agradecer. Eis alguns exemplos para começar:

  Respiração.
  Saúde.
  Alimento.
  Um amigo.

Poder 18

Você sabe lidar com o poder?

Se sabe, então você é uma pessoa rara. A maioria das pessoas tem dificuldade com o poder. O poder é um grande sedutor e corruptor. O ditado de lorde Acton sobre o poder – "O poder tende a corromper, e o poder absoluto corrompe absolutamente" – é tão citado que se tornou um clichê. Quando essas palavras foram escritas, reis e imperadores ainda detinham o poder absoluto. Isso não é tão freqüente hoje, mas o poder ainda corrompe, e no local de trabalho, o poder, como o dinheiro, sempre é um problema. Muito poucos locais de trabalho funcionam como democracias. Mesmo os que afirmam sê-lo não são tão democráticos quanto parecem. Eu trabalhei tanto para organizações idealistas, sem fim lucrativos, quanto para corporações que visavam lucro, e a principal diferença que vi é que, no setor dos lucros, os relacionamentos de poder são mais visíveis e mais diretos.

O poder da integridade é baseado num firme senso interior de valores que permite que você seja fiel aos seus princípios independentemente do que esteja fazendo ou de onde esteja.

À primeira vista, o poder parece ser um estado de intensa energia. O diretor que grita e bate com o punho na mesa para que tudo seja feito a seu modo parece estar demonstrando poder. O policial que apita para você quando o impede de atravessar a rua está demonstrando poder. Mas, se você já passou algum tempo com alguém que tem poder *real*, a energia em geral é serena e sutil. Certa vez fiz uma apresentação numa companhia de dois bilhões de dólares. No meio da apresentação, o diretor-executivo entrou e sentou-se no fundo da sala. Não disse nada, mas o sentimento de cada um no aposento mudou notoriamente. Estávamos na presença do poder. O diretor que grita não está exercendo poder; ele está frustrado porque não tem poder. O poder real é silencioso. E o Poder Interior, que é o tema deste capítulo, é o mais silencioso de todos. Ele é quase invisível, mas pode mover montanhas.

Na escritura budista, houve uma vez um monge cruel que muitas vezes tramou para matar Buda. Em uma das suas tentativas, ele deu licor para um elefante a fim de intoxicá-lo e o mandou para cima de Buda. Mas, quando o elefante se confrontou com o semblante sereno de Buda, que não fez nenhum esforço para sair do caminho, ele se tornou dócil e se ajoelhou diante do Buda para ser acariciado.

Até mesmo os animais, assim nos diz a história, reagem ao efeito do Poder Interior.

TIPOS DE PODER

Há muitos tipos de poder, muitos modos de uma pessoa dobrar outra à sua vontade. Naturalmente, o poder máximo é uma força mortal. Embora esse poder ainda seja exercido no mundo todo por nações contra nações e por governantes opressivos contra seus cidadãos, temos de ser gratos porque no trabalho nossos supervisores não seguram um chicote na mão nem apontam armas de fogo para nós. A escravidão e a servidão são relíquias de um passado mais cruel. Os tipos de poder que encontramos no trabalho são mais sutis do que isso.

Preeminente num sistema capitalista é o poder de propriedade. Os proprietários, ou acionistas, governam com supremacia. Certa vez perdi meu emprego porque a firma para a qual eu trabalhava pertencia a um conglomerado no Japão. Os executivos japoneses nunca tinham me encontrado e pouco sabiam sobre a companhia para a qual eu trabalhava, exceto por algumas folhas de papel que resumiam nossos ganhos desapontadores. No entanto, eles tinham o poder de acabar com meu ganha-pão, mesmo estando do outro lado do oceano.

Na maioria das firmas de qualquer tamanho, o poder da hierarquia vem em seguida. O presidente, diretor-executivo ou chefe é investido com considerável poder sobre os outros – de contratar e despedir, de promover ou rebaixar, de oferecer ou vetar um bônus ou um aumento. Se você é gerente ou chefe, você exerce esse poder. Você pode ser a pessoa mais amável do mundo, e seus subordinados podem lhe dizer que gostam de você e o respeitam, mas, em certa medida, eles são cautelosos com você. Você tem poder.

Existem outros tipos de poder no local de trabalho. O conhecimento é poder, particularmente em nosso mundo altamente tecnológico. Quando os computadores saem fora do ar, tudo pára, até que os administradores do sistema, cujos conhecimentos especializados mantêm o resto da companhia como refém, podem fazer o sistema voltar a funcionar outra vez.

Dinheiro é poder. Alguns pensam que ele é o poder supremo. Conheci certa vez um membro de uma família aristocrática da Europa, uma senhora distinta na casa dos sessenta anos. Certo dia, quando estávamos falando sobre suas experiências durante a Segunda Guerra Mundial, ela disse:

– Deixe-me contar um segredo. Não importa o que qualquer pessoa lhe disser, as guerras sempre acontecem por causa do dinheiro!

Não sei se isso é sempre verdade, mas durante muito tempo me lembrei do comentário dela. Pode ser mais verdadeiro do que gostaríamos de acreditar.

A beleza física confere poder. Para uma estrela de cinema ou modelo, a beleza pode valer milhões e deslanchar toda uma carreira. Nossa aparência física e presença muitas vezes podem ser um ingrediente importante na nossa capacidade de influenciar os outros. Certa vez li um estudo que analisava a altura física dos executivos do sexo masculino e concluiu que em média eles eram de sete a dez centímetros mais altos que o adulto médio comum. Esse foi apenas um estudo. Com a crescente diversidade de executivos em cargos de liderança (muitos dos quais do sexo feminino), essa estatística é menos importante do que já foi um dia. Mas a presença física e a aparência contam mais do que gostaríamos de admitir.

A informação é, cada vez mais, uma profunda fonte de poder. Uma participante dos meus *workshops* disse que já trabalhara como especialista em compensação para a companhia Fortune 500. Ela tinha acesso à informação sobre o salário de cada funcionário – quem recebia bônus e qual seu valor, quem obteve aumento e quem não, bem como os planos de opção acionária dos altos executivos. Ela nos disse que andava por uma sala imaginando qual seria o efeito se ela contasse a duas pessoas que se sentavam lado a lado e faziam o mesmo trabalho, que uma ganhava anualmente vinte mil dólares a mais do que a outra.

– Alguém lhe ofereceu um suborno para você abrir o jogo? – alguém perguntou.

Ela concordou vigorosamente com a cabeça.

– Vocês não acreditariam nas coisas que as pessoas me diziam.

Esse é o poder da informação.

POR QUE O PODER CORROMPE

O que há no poder que tende a trazer à tona o pior que existe em nós? Por que quando tiramos o melhor funcionário de uma equipe e o transformamos num supervisor, quase sempre ele se transforma num tirano mesquinho do dia para a noite? Trata-se da mesma pessoa, com as mesmas qualidades que lhe garantiram a promoção. Mas no exercício do poder recém-descoberto, emerge uma sombra, um lado escuro da nossa natureza. Qual é o sentido disso tudo?

Todos temos um profundo desejo de estar no controle, seguros e a salvo, livres da preocupação e da ansiedade. Essa necessidade é uma das mais profundas forças que estão por trás de todos nossos pensamentos e ações. Mesmo que sejamos adultos responsáveis e maduros, e saibamos que não viveremos para sempre, que não poderemos ter tudo o que queremos, que não poderemos ser felizes o tempo todo e saibamos que sofreremos dores, teremos azar e desapontamentos no curso da nossa vida, isso não nos impede de querer ficar livres de tudo isso.

Em outras palavras, a criança dentro de cada um de nós quer ser a estrela de um conto de fadas em que todos os desejos sejam realizados. Querer isso, mesmo que intelectualmente saibamos que não poderemos tê-lo, é o que os budistas chamam de apego. Não precisamos nos envergonhar de admitir que nos sentimos assim. Isso acontece com todo mundo. Trata-se da condição humana.

É por isso que o poder nos corrompe. O poder nos dá a ilusão de que chegamos um pouco mais perto desse sonho do conto de fadas, de que podemos controlar as circunstâncias da nossa vida, de impedir que aconteçam coisas desagradáveis e de evitar a dificuldade e o sofrimento. E não se trata inteiramente de uma ilusão. Se você for rico, tem o poder de evitar muitos dos inconvenientes da vida comum. Você nunca terá de enfrentar a agitação da hora do rush – poderá contratar uma limusine. E, se as avenidas estiverem realmente lotadas, poderá contratar um helicóptero. Ou talvez ter um helicóptero!

Já sucumbi a algumas dessas tentações. Quando eu era um monge budista, enfrentava o inverno sem aquecimento central. Eu andava mais a pé do que de carro. Minha alimentação era frugal, simples. Eu via essas dificuldades modestas como parte do meu treinamento espiritual, portanto elas não me incomodavam. Agora, durante minhas viagens de negócios, fico irritado se o hotel onde estou é barulhento, se meu assento, no avião, fica na fila do meio, ou se o serviço do restaurante é lento. Porque vivo uma vida de mais riqueza e mais controle aparente, meu estado mental é menos flexível e menos receptivo do que na época em que eu era monge. Pelo fato de eu ter mais Poder Externo, sou tentado a usá-lo para tornar minha vida mais protegida e tranqüila. Mas isso tem o efeito inverso. Pelo contrário, eu tenho menos Poder Interior. Sou mais vulnerável e fraco.

O poder é uma ilusão, mas uma ilusão muito convincente. Construímos toda uma sociedade ao redor da premissa de que o poder, particularmente o poder do dinheiro, é uma coisa boa. Segundo as imagens que nos bombardeiam de cada tela de televisão, não existe nada mais excitante e glamuroso do que uma vida repleta de dinheiro e de poder.

BOM PATRÃO, MAU PATRÃO

Uma grande amiga que estava lendo o manuscrito deste livro comentou:

– Você não parece retratar uma imagem muito boa dos patrões.

Considerei o comentário dela e concluí que provavelmente ela estava certa. Existem bons e maus patrões, mas acho que a maioria das pessoas já teve dificuldades com o patrão em alguma época da vida. Outro amigo, que tinha sua própria empresa, foi convidado a dar uma palestra numa escola de comércio da vizinhança.

– Quantos de vocês têm um bom patrão? – ele perguntou à classe de mais ou menos cinqüenta alunos.

Umas poucas mãos se levantaram.

– Quantos de vocês têm patrões infernais?

Mais da metade da classe ergueu as mãos.

Além da corrupção intrínseca do poder, a maioria das pessoas que tem cargos de liderança recebem pouco, se algum, treinamento sobre como administrar o poder e suas corrupções. Signifique o que significar, treinadas ou não, as pessoas ascendem ao poder, exercem poder e, em muitos casos, abusam do poder. Se os patrões não fazem bem seu trabalho, não é porque eles sejam pessoas ruins, mas porque as organizações não os treinam para saber como lidar com o poder, ou não lhes proporcionam um sistema de valores que coloque o poder na perspectiva correta.

O PODER DA INTEGRIDADE

Os tipos de poder que analisei até agora estão relacionados com o caráter. James Hillman estudou o poder em seu livro *Kinds of Power*. Em acréscimo aos que já mencionei, ele analisa mais um, que ele chama Purismo. O Purismo, exemplificado por líderes como Martin Luther King e Gandhi, é bastante diferente dos outros tipos de poder. O poder do Purismo, que eu chamaria de Integridade, não está baseado numa categoria exterior ou na riqueza, no conhecimento ou na beleza, mas no caráter, num firme senso interior de valores que permite que você seja fiel aos seus princípios independentemente do que você esteja fazendo ou de onde esteja.

Gandhi é um bom exemplo. O momento culminante da luta da Índia pela independência aconteceu quando Gandhi chegou, sozinho, ao palácio do vice-rei para negociar a independência com o Império Britânico. Na versão cinematográfica desse momento (com Ben Kingsley no papel principal), Gandhi subiu lentamente as escadarias, despido a não ser pelo pano cingindo os rins, enquanto o vice-rei e seus criados espiavam por trás das cortinas.

– Eis que ele está chegando! – sussurrou o vice-rei, temeroso com o incorruptível poder desse velho esquelético descalço.

Esse é o poder da integridade. Ele é, segundo o dr. Hillman, uma força mais potente do que qualquer outro tipo de poder, porque ele é incondicional e provém totalmente de dentro. É por isso que tantos heróis espirituais, como Gandhi, morrem assassinados. A morte é a única maneira de detê-los.

PODER EXTERIOR E PODER INTERIOR

Todos os tipos de poder que mencionei, exceto o poder da Integridade, pertencem à categoria de Poder Exterior. O Poder Exterior é relativo. Para que funcione, algumas pessoas têm de ter mais do que as outras. O presidente da sua companhia tem mais poder do que você. Você tem mais poder do que o faxineiro que varre o chão. Este tem mais poder do que o indigente que vive na rua. O indigente tem mais poder do que um cão de rua.

A hierarquia do Poder Exterior é mutável. Você é uma estrela em ascensão num dia e uma notícia velha no outro. Uma nova direção entra com seus rostos bem barbeados e idéias brilhantes. Um ano depois o preço das ações despenca e todos eles são despedidos. Este ano o valor da sua opção por compra de ações sobe e você pensa em se aposentar mais cedo. No ano seguinte a companhia está com a corda no pescoço e você fica preocupado em manter o emprego.

Os jogos de poder que as pessoas fazem no local de trabalho podem ser os aspectos menos agradáveis do trabalho. Muitas pessoas que vêm aos meus cursos deixaram grandes firmas ou estão pensando em fazer isso. Quando pergunto qual é a parte mais difícil da sua vida profissional, elas muitas vezes dizem: "A política."

Essa busca por poder e a influência dentro de uma companhia certamente não é um exemplo de seres humanos fazendo o melhor que podem, mas reflete a realidade da vida organizacional. A sabedoria convencional diz que a competição no local de trabalho traz à tona o melhor das pessoas. Conquanto a competição interna possa ser boa para as companhias, cobra um preço alto dos relacionamentos humanos.

É por isso que acho tão importante cultivar não apenas o Poder Exterior, que leva ao sucesso convencional no local de trabalho, mas também o Poder Interior, que leva à verdadeira Realização e à satisfação espiritual.

As pessoas costumam pensar que existe alguma relação entre o Poder Interior e o Poder Exterior, que se trabalharem muito, forem leais à companhia, honestas e justas ao lidar com as pessoas, então serão recompensadas com estabilidade no emprego, promoções, *status* e reconhecimento. Uma das grandes mudanças dos últimos dez anos foi o colapso desse sistema. Nossa economia agora é global. Até mesmo os diretores das companhias não são donos do próprio destino. Não é apenas o nosso país que está passando por uma mudança avassaladora, mas todo o mundo, e os velhos tempos do emprego estável e do futuro seguro provavelmente acabaram para sempre. Diante de uma mudança tão rápida como essa, o que o trabalhador que luta para manter a previsibilidade e a segurança da sua vida deve fazer? Hoje as pessoas têm de assumir responsabilidade pelo próprio futuro em vez de confiar em que o empregador o faça para elas. Isso significa que precisam tornar-se mais independentes, mais capazes de se firmar por si mesmas, tanto no sentido material quanto no espiritual.

CULTIVE O PODER INTERIOR

Muitas das práticas e técnicas descritas neste livro são, na verdade, meios de cultivar o Poder Interior. Em resumo, cada vez que eu disser "Você é o chefe de sua vida interior", estou afirmando o Poder Interior. Sempre que tornamos a intenção espiritual consciente, sempre que capturamos um momento de percepção nas constantes distrações de nosso trabalho, estamos marcando um ponto para o Poder Interior.

Para tornar isso mais explícito, você pode experimentar fazer duas listas: uma de todas as áreas em que sente que tem poder no emprego e outra de todas aquelas em que sente que não tem. Essa lista pode se parecer com isto:

Tenho Poder

Sou o único com privilégios de supervisor na rede.
Estabeleci a estratégia de direção para a minha área.
Controlo quatorze pessoas em meu departamento.
Recebo um orçamento de 172.000 dólares por ano.
Posso promover ou rebaixar, dar bônus ou negá-los.

Não Tenho Poder

Não estabeleço meu próprio salário.
Não posso controlar como a companhia se sairá como um todo.

Não posso controlar o mau humor do meu patrão.

Não posso garantir que o desempenho da minha equipe será tão bom quanto eu gostaria.

Não posso forçar ninguém a gostar de mim no local de trabalho.

E depois, perto dos itens da lista do "Não Tenho Poder", veja se consegue pensar em atos de Poder Interior que complementem cada uma. Por exemplo, perto do "Não estabeleço meu próprio salário", você pode colocar, "Mas eu tenho o Poder Interior sobre minha atitude relativa ao dinheiro". E ao lado do "Não posso forçar ninguém a gostar de mim no local de trabalho" pode pôr "Tenho Poder Interior sobre a gentileza e o respeito com que trato meus colegas".

Um teste para verificar se está confiando no Poder Interior em vez de no Exterior é a percepção da energia. Como mencionamos anteriormente, o Poder Interior é silencioso, como o tronco de uma velha árvore, ao passo que o Poder Exterior é quente e barulhento, como um trator ou uma televisão em volume alto. As energias Quente Positiva do Conflito – raiva, medo, ansiedade, preocupação – são o esforço psíquico de mobilizar algum poder sobre uma situação na qual nos sentimos inseguros e desamparados. Mas quando você pode dizer, por exemplo (quer silenciosamente, quer em voz alta), "Agora estou realmente zangado" em vez de "Que se dane!", o Poder Interior veio à tona e, em certo sentido, virou-se para sua raiva quente e disse: "Obrigado, eu assumo daqui em diante."

Esse tipo de mudança tem sido uma prática importante para mim. Minha agilidade mental é definitivamente uma forma de Poder Exterior que posso usar para dominar e controlar situações. Quando recebo uma má notícia em meu negócio, meu primeiro impulso é pegar o telefone e entrar em ação. Mas eu sei agora que, conquanto essa reação possa muitas vezes parecer superficialmente eficaz, a longo prazo ela não funciona tão bem como a paciência, a deliberação e o prestar atenção a todas as coisas que começam a acontecer quando *não* ajo imediatamente. É verdade que, numa pequena porcentagem do tempo, talvez 10%, a resposta rápida é a melhor, assim como quando o fogo acende no fogão. É para essas circunstâncias que nossas emoções reativas, como o medo e a raiva, evoluíram para nos ajudar.

CARÁTER E TENTAÇÃO

O caráter é a chave para essas transformações. Quanto mais pudermos confiar no caráter, tanto mais nós o tornamos a pedra de toque de como vivemos nossa vida, e tanto menos ficamos à mercê dos acontecimentos e forças exteriores. Quanto mais o modo como nos sentimos com relação a nós mesmos e à situação em que estamos enraizados em algo interno em vez de em algo externo, tanto melhor será o trabalho da nossa vida, e menos nos sentiremos vítimas das circunstâncias.

Ter Poder Interior significa que, independentemente do caos e das circunstâncias mutáveis ao seu redor, você tem algo sólido em que se basear. Você sabe quem é. A integridade pessoal tem sofrido um bom golpe nos últimos anos, não só no mundo dos negócios mas em toda a parte. Uma grande porcentagem dos alunos de faculdade conta que trapaceia regularmente. Funcionários que não têm do patrão o devido reconhecimento dão o troco fazendo seu trabalho de qualquer jeito.

Lembra-se de Matsu, o astro do filme *Rickshaw Man*? Mais adiante no filme, há uma cena em que Matsu deve conduzir um general do exército pela cidade. O general lhe pergunta:

– Você conhece o caminho?

– Naturalmente – Matsu responde.

– Tem certeza de que sabe onde está me levando? – O general torna a perguntar.

– Com certeza! Quantas vezes tenho de lhe dizer? – responde Matsu.

O adido do general dá um passo à frente para jogar Matsu no chão. Mas o general acena que não com um sorriso nos lábios. Como militar, ele está impressionado com o espírito de Matsu, com seu Poder Interior. Ele gosta do fato de que ninguém, nem mesmo um general, pode humilhá-lo. Ele acena para Matsu continuar.

Pode parecer fora de moda enfatizar a volta aos valores espirituais como um modo de lidar com o local de trabalho, mas é o único recurso que ninguém pode nos tirar. Além disso, a quantidade de experiências negativas que temos no trabalho, mesmo aquelas que não são faltas nossas – o *stress*, a raiva e a preocupação, o medo, o tédio e o desânimo – são exacerbadas com a falta de Poder Interior. Quando podemos ser fiéis aos nossos princípios, a raiva e o medo não assomam tanto, e as ações dos outros, mesmo dos nossos superiores, não são tão ameaçadoras. Quanto mais pudermos recorrer ao nosso interior para obter consolo e apoio, menos as irritações do local de trabalho nos incomodarão. Quanto mais pudermos retornar aos fundamentos da nossa vida espiritual, menos as tentações do sucesso no local do trabalho nos corromperão.

É por isso que as histórias sobre a vida de grandes mestres espirituais incluem um momento de grande tentação, um momento em que o engodo do Poder Exterior parece prestes a prevalecer. Quando Satã tentou Jesus no deserto, oferecendo-lhe o mundo inteiro em troca da sua aliança, Jesus ficou tentado. Mas no final, ele foi fiel aos seus princípios, e quem perdeu foi Satã. Quando Buda estava em meditação profunda embaixo da árvore da iluminação, Mara, o Senhor da Ilusão, tentou–o com belas mulheres, com temporais de granizo, com dúvidas. E quando tudo isso falhou, Mara desafiou Buda dizendo:

– Levante-se desse assento. Eu, Senhor da Ilusão, governo o mundo. Sou dono desse assento, não você.

Em resposta, Buda estendeu a mão e tocou o solo com a ponta dos dedos.

– Você pode ser dono de todo o mundo, Mara – respondeu Buda –, mas este lugar onde estou sentado me pertence e não posso ser tirado daqui.

A própria terra tremeu concordando. Com isso, Mara foi derrotado. Ele sabia que Buda tinha razão. Até os dias de hoje, as estátuas de Buda em todo o mundo retratam esse momento mostrando a mão direita de Buda esticada na assim chamada postura de tocar o solo.

Gandhi usou o mesmo Poder Interior contra os ingleses. Ele não tinha armas, exércitos, nenhuma riqueza do império. Tudo que tinha eram suas convicções e a confiança de que seus milhões de seguidores leais não se moveriam diante de porretes, chicotes e armas de fogo.

E, por último, o Poder Interior lhe dará força para superar as incertezas do local de trabalho. Em situações de verdadeira adversidade, isso pode significar a diferença entre o triunfo e a derrota. E, se você está por cima, se o trabalho da sua vida é plenamente satisfatório e você não imagina como poderia torná-lo ainda melhor, nesse caso o Poder Interior lhe dará a perspectiva para ser vaidoso, arrogante ou excessivamente orgulhoso.

Embora o ambiente de trabalho dos tempos modernos seja uma invenção recente e continue a crescer e a mudar, os valores espirituais sobre os quais estive falando ao longo deste livro são muito antigos, tão antigos quanto a própria humanidade. Na história da antiga Índia ou da Judéia, da antiga Grécia ou de Roma, os dramas humanos são parecidos com os de hoje. A raiva, a cobiça, a tentação, a arrogância e a ambição coexistiram em desequilíbrio com a generosidade, a integridade, a honestidade, a compaixão e o perdão. Nossa Roda da Energia quádrupla do Conflito, Estagnação, Inspiração e Realização reflete esses mundos antigos de forma tão eficaz como reflete o nosso.

O Poder Exterior vai e vem. O Poder Interior, uma vez conquistado, fica com você durante toda a vida. Você talvez pense que no local de trabalho moderno não existe lugar para valores espirituais infinitos, que ele os varre para o lado como coisas irrelevantes para os objetivos da eficiência e do lucro. Pode parecer assim, mas na realidade isso não acontece. Foi o que Mara pensou também, mas ele estava enganado. O Poder Interior é mais forte.

PRÁTICAS PARA O PODER

- Faça uma lista das áreas do seu trabalho em que você tem poder e das áreas em que não tem. Complemente a lista "não tenho poder" com os meios pelos quais o Poder Interior pode suprir essa falta de poder.
- Quais são os diferentes tipos de Poder Exterior que estão presentes no seu local de trabalho? Quais você exerce? Como?
- Reflita sobre situações, no trabalho, em que o Poder Interior veio à tona. Como você sentiu a energia? Como ela difere da energia do Poder Exterior?

parte seis

CONSIDERAÇÕES FINAIS

A Transformação do Trabalho 19

Eu disse antes que não pretendo mudar as empresas, mas transformar as pessoas. Isso não quer dizer que eu não gostaria de ver as empresas mudarem, mas que não tenho muita certeza de como fazê-lo de uma maneira duradoura. Mesmo quando uma empresa tem um diretor-executivo de visão, uma pessoa que transforme a cultura da companhia pela força da convicção, líderes desse tipo vêm e vão. Empresas são compradas e vendidas. Os lucros aumentam e diminuem. Não existe permanência na cultura organizacional.

Certa vez fui a um seminário sobre Gerenciamento com Qualidade Total com o dr. W. Edwards Deming, o homem que recebeu o crédito de ter levado controle de qualidade para o Japão, depois da Segunda Guerra Mundial. O dr. Deming foi enfático sobre como as organizações mudam.

– As mudanças partem de cima! – ele disse.

Quando alguém lhe perguntou como definiria esse "de cima", Deming se curvou na direção do microfone e afirmou:

– De cima significa de cima!

Ele se referia ao presidente ou diretor-executivo. Mas o tempo médio de posse de um presidente, segundo um recente estudo, é de três anos a três anos e meio, tempo que mal dá para começar a fazer mudanças antes que surja um novo "de cima". Eu estava instituindo a filosofia do dr. Deming em meu último empre-

Quando acreditamos que o mundo nos faz, que ele determina o que podemos e o que não podemos fazer, então nos vemos como pessoas pequenas e fracas. Mas quando entendemos que nós fazemos o mundo – individual e coletivamente – então nos tornamos seres magníficos e fortes.

go, com todo o apoio do presidente e do quadro de diretores, quando a firma foi vendida. Os novos proprietários viam o gerenciamento de qualidade como uma moda passageira. Perdi o emprego.

Não obstante, as organizações e sociedades são a soma total de todas as pessoas que fazem parte delas. Transformar uma pessoa é começar o processo de transformar muitas pessoas. Se nosso local de trabalho deve se tornar mais humano, zeloso e devotado ao bem-estar das pessoas e menos obcecado com a eficiência e o lucro a curto prazo, então essa transformação maior deve começar por uma pessoa por vez. Lembra-se da Rede de Jóias de Indra? O diamante de uma pessoa reflete toda a rede.

O local de trabalho reflete os valores e as prioridades da sociedade maior. Nosso sistema de capitalismo de mercado livre cria empregos e define seus propósitos, que são produzir riqueza e gerar lucros. E até no setor em que não se visa lucro – na educação, no cuidado à saúde e nos serviços sociais e até mesmo no governo – em geral a norma é, cada vez mais, a mentalidade da eficiência pró lucro.

Existe um motivo para o nosso sistema ter eclipsado todas as outras alternativas, tais como o comunismo, o estilo europeu do socialismo, a economia asiática com controle centralizado. O mercado livre é flexível. Ele dá poder às pessoas, estimula a inovação e a ousadia de correr riscos, e tira o melhor das pessoas (embora alguns argumentem que também tira o pior delas). Há dez anos, o modelo de corporação ao estilo japonês era visto como o futuro do mundo. Hoje, o sistema econômico norte-americano é invejado pelo resto do mundo. Resta ver se nosso domínio irá continuar ou se cairá, vítima de outra mudança nos rumos.

Meu próprio caso é um argumento a favor do modelo norte-americano. Fui capaz de sair do meu antigo emprego com a indenização do seguro no bolso, uma boa idéia para um produto, algumas habilidades e energia, e criei não só um negócio viável mas alguns novos empregos. Não precisei pedir permissão a ninguém. Não tive de subornar burocratas do governo ou aplacar membros do crime organizado. Nem mesmo precisei de muito dinheiro. Em qualquer outra parte do mundo, em outro sistema de economia, eu não teria conseguido fazer o que fiz. Não existiriam incentivos para que eu assumisse esse risco. No regime comunista, meu empenho provavelmente teria sido considerado um crime.

Os que aceitam a General Motors e a Microsoft como exemplos de capitalismo têm de se lembrar que grande parte da riqueza do capitalismo e da criação de empregos não é produzida pelas corporações Fortune 500, mas pelas pequenas empresas. No nível pessoal o capitalismo parece uma coisa boa. Mas ele sofre de uma porção de deficiências, inclusive a falta de uma bússola moral. Por exemplo, da perspectiva puramente econômica, a companhia de tabaco e a fábrica de máquinas coração-pulmão são equivalentes. Ambas satisfazem a necessidade de mercado. Ambas acrescentam algo ao grosso do produto nacional. Ambas geram empregos. O fato de o produto da companhia de tabaco ceifar vidas e a máquina coração-pulmão salvá-las está fora de questão, do ponto de vista econômico. (Depois de quarenta anos de luta do movimento antifumo, os verdadeiros custos do tabaco para a sociedade estão se tornando finalmente visíveis e sendo alvo da legislação. Mas demorou um tempo enorme.)

Outro problema do capitalismo é que, enquanto ele recompensa o sucesso, ele não protege contra o fracasso. Na verdade, a natureza do jogo diz que, para que haja vencedores, deve haver perdedores. Os jornais de hoje estão repletos de tragédias econômicas no Japão, de especialistas norte-americanos aconselhando os japoneses a aceitar taxas de desemprego mais altas a fim de serem mais eficientes, mais parecidos com os norte-americanos. Os especialistas podem ter razão, mas o que dizer sobre todos esses trabalhadores japoneses desempregados e suas famílias? A coisa não seria tão ruim se os perdedores do capitalismo fossem empresários como eu, que assumem riscos conscientemente na esperança de lucrar. Mas o que dizer sobre toda uma fábrica ser desativada porque há uma quebra nos mercados financeiros globais, ou porque os trabalhadores da Malásia farão o mesmo trabalho a um dólar por dia? Não basta dizer "Eles conhecem os riscos". Se é o *seu* trabalho que está sendo eliminado, se é o bem-estar da sua família que está em perigo, isso não é nenhum consolo. Estamos emergindo de um longo período em que esperava-se que o governo, com seus programas de desemprego e prosperidade, providenciasse uma rede de segurança. Os gritos de "fim à prosperidade como a conhecemos" parecem politicamente corretos, mas fazem pouco para assegurar que os excluídos da rede de segurança de fato encontrem empregos. Se esses empregos existem ou não, isso quem define não é o governo, porém o mercado, que pode ter outras prioridades.

Algumas pessoas talvez argumentem que aceitar o fato de que existem vencedores e perdedores é precisamente o que países como o Japão precisam para tornarem-se mais competitivos na economia global moderna, e que o doloroso períodos de desemprego por que passaram os Estados Unidos no início dos anos 90 é exatamente o que faz com que sua economia fosse dominante agora. Há dez anos, o antigo sistema japonês que garantia empregos para a vida inteira estava sendo aclamado como o sistema do futuro. Agora os especialistas o despacharam para a lata de lixo histórica. Talvez a verdade mais profunda seja que todos nós estamos no meio de um experimento global a longo prazo quanto ao tipo de sociedade que desejamos, e ninguém ainda conhece o resultado.

O fato de outros sistemas econômicos terem tropeçado não significa que o nosso sistema seja infalível. Parafraseando a definição de democracia de Winston Churchill, o capitalismo de mercado livre é o pior sistema que existe, exceto por todos os outros. Aprendemos como criar a liberdade econômica, mas ainda não sabemos como assegurar a justiça econômica. Somos a geração mais rica da história humana, mas será que somos a mais sábia? E o que acontecerá agora que o mundo inteiro quer ser como nós, com nossas três televisões, dois carros, uma conta de luz mensal maior do que a renda per capita de alguns países pobres? Poderá o planeta nos sustentar? Ou os sapos de três pernas, que estão agora se multiplicando em lagoas de águas límpidas de toda a América são um dos muitos sinais de aviso de que ele não pode?

Apresso-me a acrescentar que, embora eu não tenha três televisões (só uma, na qual gosto de assistir reprises de *Seinfeld,* Jim Lehrer e beisebol), tenho dois carros, três computadores, um grande piano Steinway e uma casa confortável. Aprecio o tempo em que componho e toco música, adoro ir ao cinema e uma vez por dia tomo uma xícara de café *premium*, mesmo sabendo que talvez eu esteja contribuindo para a destruição das árvores em cuja sombra ele nasce na América do Sul. Embora esteja bem claro que eu não sou um asceta, certa vez vivi sem todas essas coisas e, se for necessário, viverei novamente. Esses prazeres não definem a minha vida ou minha verdadeira felicidade. E não posso gozar plenamente dessas coisas, a menos que esteja também disposto a trabalhar e a desejar a mesma felicidade para todos os demais neste mundo. Na verdade, controlar a população planetária é o meio mais direto de lidar com sapos de três pernas. Como o próprio Dalai Lama diz, "Existem demasiadas vidas humanas preciosas na Terra!" No entanto, mesmo que o mundo não estivesse superpovoado, as questões fundamentais permaneceriam. Como devemos viver como seres humanos? Como devemos organizar nossa vida econômica, social e espiritual?

Quando eu era jovem, separei-me do fluxo principal da sociedade na esperança de que o Budismo tivesse as respostas. Agora sinto que ele pode ter algumas, mas não todas. O Budismo foi formado há muito tempo, quando as sociedades humanas eram mais simples, quando havia poucas cidades e a população global era uma minúscula fração do que é hoje. Além disso, Buda não era primariamente um reformista social, não era um arquiteto de sistemas econômicos ou sociais, porém um contemplativo. Hoje, por mais que eu aprecie a profundidade dos conhecimentos do Budismo, eu os vejo unicamente como uma das muitas fontes de sabedoria que se devem unir para criar uma solução abrangente.

Uma das contribuições-chave do Budismo é o ensinamento de que a maior parte do sofrimento humano e da injustiça tem suas origens no desejo – desejo de riqueza, de poder, de segurança e de vida longa. Todos somos, num grau ou noutro, prisioneiros desses desejos. Essa é a nossa natureza humana, e o comércio é simplesmente a expressão coletiva de todos esses desejos e necessidades individuais. Quer desejemos um filão de pão, um nariz mais afilado, um carro mais rápido, uma educação melhor para nosso filho, um remédio para nossa dor ou uma noite num concerto dos Rolling Stones, existe uma transação comercial que pode satisfazer esse desejo.

Mas os desejos não são todos equivalentes. Embora o desejo por um filão de pão seja diferente do desejo por um relógio Rolex – quer material quer espiritualmente – nossa sociedade de consumo é baseada na premissa de que esses desejos são equivalentes, de que vale a pena satisfazer todo desejo humano. A indústria da propaganda existe principalmente para estimular esses desejos e, em alguns casos, para inventá-los. Esse mercado não faz perguntas ou juízos de valor. Em vez disso, presume que o melhor modo de satisfazer a maioria das pessoas é deixá-las perseguir livremente seus próprios interesses. Mesmo que o sistema legal estabeleça limites – no caso de proibir as drogas, por exemplo – esses limites são arbitrários. A nicotina vicia tanto quanto a heroína, e podemos argumentar que é igualmente nociva.

Foi deixado a cargo dos líderes espirituais, como Buda, desafiar as nossas suposições fundamentais sobre o desejo humano. Embora conhecido pela posteridade como um grande mestre espiritual, Buda foi, até a idade de 29 anos, o equivalente a um bilionário dos tempos de hoje, um príncipe cheio de riquezas e privilégios. Seu despertar espiritual começou quando ele compreendeu que toda sua riqueza e poder não lhe poderiam trazer a verdadeira felicidade. Passou então a viajar disfarçado entre as pessoas comuns, quando viu em primeira mão o sofrimento daqueles cujo trabalho era a base da sua própria riqueza. Pouco tempo depois, ele deixou o palácio para sempre e tornou-se um monge peregrino. A mensagem essencial de Buda é que a natureza humana não é algo que não possa sofrer transformação. Diferentemente de Thomas Hobbes, de Adam Smith e de outros pensadores ocidentais que aceitaram a natureza humana como algo predeterminado e cuja filosofia forma a base do comércio moderno, Buda sentiu que nossa natureza humana é passível de transformação ou, para ser mais exato, de transformação pessoal.

Se isso é verdade, então o mercado livre é ainda mais livre do que habitualmente pensamos. Suponha que todos de repente se convencessem de que os relógios Rolex causam ataques cardíacos. O mercado de relógios Rolex sofreria um colapso repentino. As pessoas jogariam fora seus velhos relógios, ninguém compraria novos, e logo as fábricas de relógios Rolex estariam fechando. Isso não é uma mera fantasia. Essas coisas acontecem. Não faz muito tempo, o "Alar" assustou os consumidores convencendo-os de que as maçãs continham um pesticida perigoso. O preço das maçãs caiu precipitadamente. Algumas fazendas de maçãs quase faliram. Descobriu-se que o susto foi um alarme falso, e que as maçãs não faziam mal. Mas era tarde demais para alguns fazendeiros.

O mercado começa na mente.

Para dizer em outras palavras: O mercado não nos controla, nós controlamos o mercado – ao menos na medida em que os nossos valores interiores e nosso caráter sejam mais fortes do que o encanto dos anúncios e posses. Se quisermos realmente que nosso sistema de comércio e as condições de emprego mudem, então devemos começar por nós mesmos. A soma total daquilo que cada um de nós tem ou "deve saber viver sem" é que cria a economia que nos dá empregos e nos sustenta. Se construirmos um sistema econômico baseado mais em filões de pão e menos em relógios Rolex, mais em compaixão do que em competição, mais em valores espirituais do que materiais, podemos acabar com um mundo muito diferente daquele em que vivemos hoje em dia. O mestre budista vietnamita contemporâneo Thich Nhat Hanh certa vez disse que, se cada norte-americano deixasse de tomar um aperitivo e de comer um prato de carne por semana, isso alimentaria a população do seu país de origem durante um ano. Mas o que levaria os norte-americanos a fazer isso? Por que o jejum é uma prática espiritual tão comum em todo o mundo? É por que nos ajuda a lembrar o que é de fato importante? A derradeira solução para as desigualdades e falhas do mercado livre capitalista não é econômica, mas espiritual. No final, são nossas crenças e valores profundamente arraigados que criam o mundo no qual todos estamos destinados a viver.

Se a ênfase nos valores espirituais se tornar suficientemente forte entre um grupo grande de pessoas, o mercado começará a refletir esse desejo. Já existem muitos mercados que são quase inteiramente criação dessa mudança de valores, tais como a indústria de alimentos orgânicos ou de terapias alternativas. Centros de meditação e programas corporativos de expansão da consciência estão respondendo a uma necessidade do mercado. E o próprio local de trabalho? O mercado de empregos atua como qualquer outro mercado, segundo as leis da oferta e da procura. Agora mesmo, por exemplo, existe uma carência mundial de programadores de computador, o que é motivo para os bons salários e benefícios desses profissionais. Mas convém lembrar o velho adágio: "Imagine que eles façam uma guerra e ninguém apareça." Suponha que o dinheiro não seja mais o principal atrativo para a percepção talentosa e espiritualmente consciente dos que buscam emprego. Meus seminários estão repletos de pessoas para as quais o encanto da riqueza já não basta. Para elas, a qualidade de trabalho e de vida é o que conta. E isso reflete uma tendência mais ampla. Um instituto de pesquisas estima que nos próximos dez anos 25% dos norte-americanos se tornarão "saudosistas" e lutarão para recuperar até certo ponto a vida que tinham.

Houve uma época em que a semana de trabalho era de seis dias, em que os convênios de saúde, a flexibilidade do horário, a licença-maternidade e um grande número de benefícios que agora consideramos garantidos não existiam. Há 75 anos, um trabalhador que insistisse nesses pré-requisitos seria ridicularizado e expulso do escritório do chefe e provavelmente despedido. Muitos executivos argumentariam que acatar as necessidades espirituais dos trabalhadores é ir longe demais. Li recentemente sobre um diretor-executivo de uma firma do meio-oeste que se queixou à sua equipe de recursos humanos sobre as confusas idéias da "Nova Era" adotadas por alguns diretores do nível médio.

– Quero que vocês desenvolvam um teste para identificar essas pessoas – ele resmungou – para que possamos nos livrar delas.

Estou disposto a apostar que "essas pessoas" eram os diretores mais talentosos dessa empresa.

Por outro lado, algumas companhias progressistas estão estabelecendo programas de bem-estar, aulas de yoga, salas de meditação e oração e academias no local de trabalho. Agora existem programas empresariais de treinamento em conscientização e mestres budistas de meditação que são contratados para liderá-los. As firmas em geral precisam de ganhos polpudos para sustentar isso, e é provável que esses programas sejam os primeiros a serem cortados quando os rendimentos caírem. O fato de esses programas existirem já é um primeiro passo, mas eles não são necessariamente um sinal – ainda – de uma mudança fundamental no âmago da cultura dos negócios.

Quantos de nós, nos negócios, paramos para perguntar a nós mesmos: Por que estamos fazendo tudo isso? Com que finalidade? O que é o lucro, realmente, e por que ele é tão importante? Toda essa ampla atividade comercial mundial de fato contribui para a felicidade humana, para o contentamento, para uma vida melhor para as pessoas, segundo se supõe. Se não contribui, por que fazê-la? E ela está realmente dando mais felicidade para mais pessoas? Essa ampla e interligada economia global que criamos presumivelmente existe para satisfazer ao menos alguns desses objetivos. Será que satisfaz? Nós a controlamos ou ela nos controla? Ela existe para o benefício de todos ou apenas para o benefício de uma elite?

E se a felicidade é o objetivo último, então o que é felicidade, afinal de contas? Acaso é ter mais dinheiro no banco? Mais carros na garagem, mais casas na praia? A maioria das pessoas concordaria com que a felicidade, em sua raiz, é um valor espiritual, não um valor material. É isso que Jesus e Buda ensinaram, o que todos os grandes líderes espirituais ensinaram.

Mas por que procurar ser feliz? Por que ganhar a vida? Por que viver afinal? O filósofo Albert Camus começa sua obra-prima *O mito de Sísifo* escrevendo, "Julgar se vale a pena ou não viver a vida implica responder à pergunta fundamental da filosofia". Cada um de nós, quer compreendamos ou não, faz a nós mesmos essa pergunta todos os dias, e todos os dias renovamos esse julgamento a favor da vida. Queremos continuar vivendo, apesar de todas as disparidades. Até mesmo nos divertimos com isso, sempre que possível.

É possível imaginar um mundo onde podemos esperar fazer mais do que nos sustentar, descobrindo não só a necessidade em nosso trabalho mas também a alegria? Esse poderá ser o direito reivindicado pelos trabalhadores do século XXI? Se parece demasiado pedir isso, eu argumentaria, por que pedir menos? Dito isso, essa mudança dos valores fundamentais e da estrutura não acontecerá rapidamente. Pode levar dez, vinte, cinqüenta ou até mesmo cem anos. Muitas pessoas nos países em desenvolvimento estão apenas emergindo da mais pura pobreza – assim como aconteceu na Europa há algumas centenas de anos. E mesmo nos Estados Unidos, o mais rico país do planeta, ainda existe muita pobreza. As pessoas nas nações emergentes podem precisar ter suas três televisões e dois carros por tempo suficiente para se assegurar de que esses luxos não constituem tudo e o fim de toda existência humana, como os canais da televisão americana que recebem em seus satélites os fazem acreditar. O próprio Buda precisou de 29 anos e ele era um sábio nato! O materialismo, como o credo reinante da existência humana, talvez tenha de completar seu ciclo de vida, tal como os sistemas de crença anteriores fizeram. Mas, no final, não são nossos desejos humanos que estabelecerão as grandes prioridades no futuro a longo prazo da nossa espécie, porém nossas aspirações espirituais.

É para esse fim que escrevi este livro, e é em prol desse objetivo que eu estimulo você a acreditar em si mesmo, a confiar em si mesmo e a exigir o melhor de si mesmo e do seu local de trabalho. Quando acreditamos que o mundo nos cria, que ele determina o que podemos ou não fazer, nos vemos como seres fracos e pequenos. Mas, quando entendemos que nós criamos o mundo – individual e coletivamente –, então nos tornamos seres magníficos e fortes. A luz que se irradia da Rede de Jóias como um todo é a soma de seus seis bilhões de diamantes. Esse céu estrelado, no qual você e eu brilhamos com mais luz do que qualquer sol, é nosso único lar.

ualizar o Local de Trabalho como um Lugar Sagrado 20

Para encerrar, gostaria de compartilhar com você uma meditação orientada que faço no início de todos os meus seminários. Essa meditação é um ato consciente de imaginação para ver seu local de trabalho como um local sagrado, e ela está baseada no princípio de que, se você quer trazer algo de bom para o mundo, primeiro tem de imaginá-lo em sua mente.

Vivemos num mundo científico que acredita na base material das coisas. A frase "Está tudo na sua cabeça!" em geral menospreza algo como que dizendo "Não é real. É apenas sua imaginação". Mas tome a mesma frase – "Está tudo na sua cabeça!" – e vire-a de ponta-cabeça. "Está tudo na sua cabeça!" também pode ser a afirmação de que a imaginação é o manancial do mundo inteiro. Está tudo na sua cabeça, tudo, na sua cabeça e na cabeça daqueles seus companheiros humanos, em toda parte.

Com esse espírito, peço que você se sente em silêncio, feche os olhos e esvazie a mente de todos os pensamentos impertinentes. Fixe a atenção na respiração, na sensação do peito e do estômago subindo e descendo. Fique assim por um instante, até sua mente ficar clara, como a tela em branco de um pintor antes de ser tocada pela primeira pincelada.

Veja seu local de trabalho como um local sagrado, e todas as pessoas que ali trabalham como seres sagrados.

Agora imagine seu local de trabalho como ele se parece, visto de fora. Veja-o como costuma vê-lo quando se aproxima dele todas as manhãs. (Se você trabalha em casa, imagine sua casa vista pelo lado de fora, como a veria ao voltar de um passeio.) Com toda a probabilidade, a construção em si não tem nada de extraordinário. Talvez seja um escritório num prédio alto ou uma fábrica no rés-do-chão. Se você trabalha ao ar livre, talvez seja uma área de concentração ou um setor de expedição.

Em qualquer caso, deixe que sua imaginação altere sua imagem desse lugar. Dê-lhe um teto diferente, o teto de uma igreja ou templo. Veja se a arquitetura do lugar está refletindo seus ideais espirituais.

Agora imagine-se entrando no lugar. O aposento em que você trabalha está vazio. Seus colegas ainda não chegaram. Passe os olhos da sua imaginação pelo lugar. Na vida real, sem dúvida seu local de trabalho está repleto com a costumeira bagunça, papéis empilhados sobre as escrivaninhas, grande quantidade de faxes em desordem perto do aparelho de fax, latas vazias no lixo, deixadas pela equipe de zeladores. (Se você trabalha em casa, talvez o seu escritório doméstico, que ninguém mais vê, esteja numa bagunça ainda maior!) Contra esse quadro mundano, sobreponha uma imagem diferente, aquela do interior de uma igreja ou templo. Imagine o sentimento que tem quando entra nesse templo e visualize esse sentimento invadindo seu local de trabalho.

Agora imagine seus colegas de trabalho entrando e tomando seus lugares, um por um. Se trabalha em casa, imagine seus clientes, pessoas com quem você se comunica por fax, por telefone ou *e-mail* tomando seus lugares em qualquer parte do país ou do mundo. De início, você os vê como habitualmente são. Alguns deles são seus amigos. Alguns deles o aborrecem. Outros você não conhece bem ou nunca viu. Ali está o seu chefe, atrasado como sempre, acenando à medida que passa pelas escrivaninhas e cubículos até chegar ao seu escritório particular. Sobre cada uma dessas pessoas, com quem passa a maior parte do tempo todos os dias, mais tempo do que com qualquer outra pessoa da sua vida, você tem alguma opinião, nutre alguma simpatia ou antipatia.

Quando essas pessoas tomam seus lugares, deixe essas atitudes e opiniões habituais de lado. Imagine que um tipo diferente de força visual se abre dentro de você, de modo que pode ver seus colegas não como parecem vistos do exterior, porém como eles realmente são. Deixe essa natureza mostrar-se como uma jóia radiante no meio da testa de cada pessoa, brilhando como uma luz suave, agradável. Imagine todo o aposento (ou chão da loja ou local de construção ou cozinha do restaurante) sendo iluminados por essa luz sutil. Seus colegas de trabalho estão cumprindo suas tarefas habituais, aparentemente inconscientes dessa luminosidade. Mas você pode vê-la, porque optou por fazer isso, porque quer vê-la, como um ato consciente de intenção espiritual.

Mantenha essa visão por alguns minutos. Veja seu local de trabalho como um lugar sagrado, e todas as pessoas que ali trabalham como seres sagrados. O materialista, o cético em nós, pode sussurrar: "Não é assim que as coisas REALMENTE são. Isso é apenas fantasia, minha imaginação." A vida espiritual dentro de você responde: "Este É o modo como as coisas realmente são, e o modo como costumamos ver as coisas tem um véu que esconde isso."

Lembre-se: "Está tudo na sua cabeça!"

Como você optou por manter essa visão do seu local de trabalho e dos seus colegas, ela passou a ser tão real quanto tudo o mais.

Agora, lentamente, uma pessoa de cada vez, levanta-se da cadeira e deixa esse aposento, até que você se veja outra vez sozinho num espaço vazio. É final do dia; você é o último a sair. Sai pela porta da frente (ou pela porta do seu escritório doméstico), fechando mentalmente as janelas e apagando as luzes. Antes de ir embora, volte-se para trás e olhe mais uma vez para o local de trabalho visto de fora. O telhado de igreja ou templo da sua imaginação desaparece devagar. O prédio está novamente como era antes.

Deixe que sua visão se dissipe e desapareça lentamente. A tela da sua mente está outra vez vazia. Volte a atenção novamente para o ritmo da sua respiração.

Como se sente? Há uma pequena voz sussurrando: "Não sei não sobre aquele idiota fulano de tal. Certamente não há um diamante na testa DELE!"

Essa é a complexidade e a maravilha da nossa condição humana. O aborrecido e o elevado, o sagrado e o profano, o profundo e o trivial, o significativo e o que não tem sentido, tudo coexiste em nossa vida, como os habitantes de uma pequena vila ou cidade. Não gostamos necessariamente de todos. Algumas vezes talvez até desejemos matar um ou outro. Mas compartilhamos do mesmo destino. Temos os mesmos sonhos. E sem os outros, não somos nada.

Terminarei como comecei, citando uma última vez meu mestre Harry Roberts, que disse: "Ter alegria no trabalho é a melhor coisa para um ser humano."

Se isso é verdade, se o trabalho merece ser mais do que um modo de ganhar o sustento, então como podemos encontrar um caminho não só para ter alegria no trabalho mas para tornar essa alegria abundante, de modo que possa ser compartilhada por todos?

Possam todos os seres estar despertos.
Possam todos os seres ser felizes.
Possam todos os seres viver em paz.

PRECE UNIVERSAL PELO
BEM-ESTAR DE TODOS OS SERES

LIDERANÇA E A NOVA CIÊNCIA

Margaret J. Wheatley

Nossa compreensão do universo está sendo radicalmente alterada pela "nova ciência". As descobertas revolucionárias da física quântica, da teoria do caos e da biologia molecular estão abalando os modelos científicos que predominaram nos últimos séculos. Margaret Wheatley mostra como a nova ciência traz insights poderosos para a transformação do modo pelo qual organizamos o trabalho, as pessoas e a própria vida.

Escrito em estilo leve, que torna a nova ciência acessível a não-cientistas, este livro pioneiro oferece:

- uma elucidativa exploração de como a nova ciência pode mudar a nossa forma de entender, desenhar, liderar e gerenciar organizações;
- um sumário de fácil leitura de um amplo leque de descobertas da nova ciência;
- uma nova luz sobre as questões mais desafiadoras que as organizações enfrentam hoje: o equilíbrio entre ordem e mudança, autonomia e controle, estrutura e flexibilidade, planejamento e inovação;
- inspiração e direção para que os leitores comecem sua própria jornada de descobertas aplicando idéias da nova ciência em seu trabalho e em sua vida.

UMA JORNADA PELAS DESCOBERTAS DA NOVA CIÊNCIA QUE MUDARÁ DEFINITIVAMENTE A SUA COMPREENSÃO DE LIDERANÇA, ORGANIZAÇÃO E DA PRÓPRIA VIDA.

EDITORA CULTRIX

A TEMPESTUOSA BUSCA DO SER: Um Guia para o Crescimento Pessoal Através da Crise de Transformação

Christina Grof e *Stanislav Grof*

Muitas pessoas estão passando por uma profunda transformação pessoal associada a uma abertura espiritual. Em circunstâncias favoráveis, esse processo resulta em cura emocional, numa mudança radical dos valores e num grande conhecimento da dimensão mística da vida. Para alguns, essas mudanças são graduais e relativamente calmas, mas, para outros, podem ser tão rápidas e inesperadas que interferem em suas atividades cotidianas. Infelizmente, muitos profissionais da saúde não reconhecem o potencial positivo dessas crises; em geral, as encaram como manifestações de doença mental, tratando-as com medicação supressiva.

A Tempestuosa Busca do Ser é o resultado de anos de experiência pessoal e profissional de Christina e Stanislav Grof, que criaram o termo "emergência espiritual" para caracterizar esses estados incomuns de consciência. Este livro destina-se, pois, a pessoas cujas vidas estão de algum modo sendo afetadas por essas crises: para as pessoas que atualmente estão passando por essa emergência, para seus familiares, para seus amigos e para profissionais da saúde mental em geral.

Os Grofs narram uma rica série de emergências espirituais e as formas que estas tomam, discutem como elas podem ser diferenciadas de doenças mentais e oferecem sugestões práticas sobre como conviver e lidar com crises psicoespirituais. Este livro leva o leitor a uma jornada inspiradora através dos desafios da emergência espiritual até a promessa de renovação e renascimento.

* * *

Christina Grof é professora formada em Hatha Yoga e desenvolveu, junto com Stanislav Grof, a respiração holotrópica — uma técnica experimental de psicoterapia. Em 1980, fundou a Spiritual Emergence Network, uma organização internacional que oferece apoio às pessoas que estão passando por crises de transformação.

Stanislav Grof, M.D., é um psiquiatra com mais de trinta anos de pesquisa sobre estados incomuns de consciência. É ex-diretor da Psychiatric Research, no Maryland Psychiatric Research Center e autor de mais de noventa artigos e de seis livros na área de sua especialidade.

Os autores deste livro foram os organizadores do volume *Emergência Espiritual*, publicado por esta mesma Editora.

EDITORA CULTRIX

O HOMEM NA SUA PLENITUDE

Sam Keen

O que a nossa cultura diz que os "homens de verdade" têm de fazer? Que se filiem a uma agremiação, que se destaquem no futebol, no vôlei ou no basquete. Que transem com uma porção de garotas. Sejam durões. Não revelem seus sentimentos. Dominem, tenham sucesso, vençam...

O problema com essas velhas definições é que elas não funcionam mais — e talvez nunca tenham funcionado. Os homens (e as mulheres) de hoje estão em busca de uma nova visão da masculinidade. Este demolidor livro de Sam Keen, filósofo e escritor de vanguarda, que se dedica às questões da consciência e da espiritualidade humana, apresenta uma visão alternativa das virtudes e da virilidade para a época contemporânea. Trata-se de um guia estimulante para os homens que estão à procura de novos ideais de força, potência e bravura para uma vida mais plena e apaixonada.

Em nenhum outro período da história houve tantos homens intranqüilos e questionadores em busca de novos papéis, de novos modos de ser e de cura para o macho ferido dentro deles. *O Homem na sua Plenitude* ajuda a fornecer respostas significativas. O livro abre com uma discussão franca a respeito da dependência masculina inconsciente à "Mulher", não a uma determinada mulher, mas ao domínio primitivo que as mulheres exercem sobre os homens. Somente quando eles passam a conhecer os mistérios exclusivamente masculinos é que se tornam capazes de construir relacionamentos carinhosos, satisfatórios uns com os outros, com suas companheiras e com suas famílias.

O Homem na sua Plenitude enfrenta com coragem ritos de passagem ultrapassados que empobrecem, prejudicam e alienam os homens. Ele oferece uma "nova jornada do herói", novas rotas para a consecução das qualidades heróicas e de uma masculinidade desenvolvida, auto-realizadora e espiritualmente fundamentada. Examina o passado, reavalia os homens e o sexo, os homens e a guerra, os homens e o trabalho, proporcionando novos modelos para ajudá-los a ir da fragmentação à totalidade em cada aspecto de suas vidas.

EDITORA CULTRIX

ZEN NO TRABALHO

LES KAYE

Um mestre zen que soube conciliar sua dedicação ao zen com a carreira de sucesso numa grande empresa americana divide com o leitor a sabedoria e a experiência que ele adquiriu ao integrar a prática espiritual ao trabalho.

Les Kaye é abade do Kannon Do, centro de meditação zen em Mountain View, Califórnia. Durante mais de trinta anos ele combinou a carreira na IBM, ocupando vários cargos técnicos e administrativos, com uma prática ativa e cada vez mais aprofundada do zen. De fato, enquanto estava na IBM, evoluiu de noviço a mestre zen.

Esses mundos aparentemente díspares podem se combinar, e a meta deste livro é justamente explicar como isso pode acontecer. Com a clareza e a ternura de um mestre talentoso, Kaye entremeia a exposição dos conceitos zen de impermanência, unidade, atenção e iluminação, entre outras idéias básicas do zen, com relatos que explicam como ele aplicou esses ensinamentos no seu emprego convencional na IBM, e como encontrou nas atividades profissionais, da mais gratificante à mais profana, um caminho para uma maior compreensão espiritual.

EDITORA CULTRIX